司法解释适用指引丛书

— 09 —

道路交通
司法解释适用指引

司法实务版

人民法院出版社 编

人民法院出版社

图书在版编目（CIP）数据

道路交通司法解释适用指引 / 人民法院出版社编. 北京 ： 人民法院出版社，2024. 12. -- ISBN 978-7-5109-4305-8

Ⅰ. D922.145

中国国家版本馆CIP数据核字第2024N3V741号

道路交通司法解释适用指引

人民法院出版社　编

策划编辑　姜　峤
责任编辑　尹立霞
出版发行　人民法院出版社
地　　址　北京市东城区东交民巷27号（100745）
电　　话　（010）67550637（责任编辑）　67550558（发行部查询）
　　　　　　65223677（读者服务部）
客服QQ　2092078039
网　　址　http：//www.courtbook.com.cn
E-mail　courtpress@sohu.com
印　　刷　三河市国英印务有限公司
经　　销　新华书店

开　　本　787毫米×1092毫米　1/16
字　　数　305千字
印　　张　17.25
版　　次　2024年12月第1版　2024年12月第1次印刷
书　　号　ISBN 978-7-5109-4305-8
定　　价　58.00元

编写说明

为准确理解和适用司法解释，助力人民法院统一法律适用，更好地满足法律工作者办案与查询的需求，我们编写了本套丛书。本丛书在每本以某一类别或某一司法解释为主题，汇集与该司法解释相关的最高人民法院司法政策精要、司法解释、司法观点、人民法院案例库案例、法答网精选答问以及相关的法律、法规、规章、司法文件等内容，兼具检索与研习功能，能够让广大法律实务工作者全面、快捷、方便地查找到该类案件办理所需的全部材料。

本丛书立足审判，涵盖婚姻家庭、劳动争议、公司企业、诉讼证据、民事诉讼、刑事诉讼、贪污贿赂渎职案件等27个法律专业领域，品类丰富齐全，为立案、调解、仲裁、诉讼、执行等工作提供权威指导，更好地服务司法审判、公众学法、学者科研、律师办案。本书为其中的《道路交通司法解释适用指引》。

本丛书各栏目具体编写情况如下：

【司法政策精要】该栏目摘编自最高人民法院公布的各种审判指导意见、会议纪要，最高人民法院院长对审判工作有重要指导意义的讲话，最高人民法院分管副院长在全国性审判工作会议上的讲话等。文中序号为原文序号，未作删改。

【司法解释】该栏目收录最新公布的司法解释，并在司法解释后附“导读及适用要点”，摘编自最高人民法院专家法官对该司法解释的权威解读，为该司法解释的准确适用提供参考、借鉴。

【司法观点】该栏目针对当前审判实务中难点、疑点、热点以及前沿问题，全面系统地总结和梳理了最高人民法院类案审判实践中的裁判理念和法律适用问题，帮助读者全面快速了解最高人民法院对审判实践中重点、难点问题的立场、观点，准确把握审判实践的具体方法、办案依据和裁判尺度。

【人民法院案例库案例】该栏目收录了人民法院案例库中的相关指导性案例及参考案例，精选裁判要点及裁判要旨，为司法实务提供了权威、规范、全面的案例指引。本书收录的人民法院案例库案例截至2024年10月。

【法答网精选答问】最高人民法院发布的精选答问具有释法说理、普法宣传等多方面的功能效用，一个精选问答可以解决一类法律问题，指导一批争议案例，是“附理由书的批复”。

【相关规定】该栏目精选现行有效相关法律、法规、司法解释、规章等内容，版本权威、内容实用，方便读者对照查询。

值得一提的是，本丛书为首次将最高人民法院裁判观点、人民法院案例库案例、法答网精选答问进行融合出版的图书。2023年，最高人民法院推动建立面向全社会的人民法院案例库、贯通四级法院的法答网。“一网一库”上线运行以来，充分发挥审判监督指导作用，促进统一裁判标准，有效提升广大法官的审判能力，助力司法审判提质增效，取得积极成效。本丛书进一步深化库网融合，促进统一法律适用的功能效用，为法律实务工作者提供覆盖全面、与时俱进的“活教材”。

本丛书内容简洁明了，查询方便快捷，在编排上力求全面、新颖、务实，但疏漏之处在所难免，欢迎广大读者提出批评和改进意见，以便为读者提供更好的法律服务。

人民法院出版社

二〇二四年十一月

目　录

第一部分　司法解释

第二部分 司法观点

一、损害赔偿范围

二、责任认定与承担

第三部分　最高人民法院指导性案例

第四部分 人民法院案例库参考案例

第五部分 法答网精选答问

第六部分 相关规定

第一部分　司法解释

最高人民法院
关于适用《中华人民共和国民法典》侵权责任编的解释（一）

法释〔2024〕12号

（2023年12月18日最高人民法院审判委员会第1909次会议通过
2024年9月25日最高人民法院公告公布　自2024年9月27日起施行）

为正确审理侵权责任纠纷案件，根据《中华人民共和国民法典》、《中华人民共和国民事诉讼法》等法律规定，结合审判实践，制定本解释。

第一条　非法使被监护人脱离监护，监护人请求赔偿为恢复监护状态而支出的合理费用等财产损失的，人民法院应予支持。

第二条　非法使被监护人脱离监护，导致父母子女关系或者其他近亲属关系受到严重损害的，应当认定为民法典第一千一百八十三条第一款规定的严重精神损害。

第三条　非法使被监护人脱离监护，被监护人在脱离监护期间死亡，作为近亲属的监护人既请求赔偿人身损害，又请求赔偿监护关系受侵害产生的损失的，人民法院依法予以支持。

第四条　无民事行为能力人、限制民事行为能力人造成他人损害，被侵权人请求监护人承担侵权责任，或者合并请求监护人和受托履行监护职责的人承担侵权责任的，人民法院应当将无民事行为能力人、限制民事行为能力人列为共同被告。

第五条　无民事行为能力人、限制民事行为能力人造成他人损害，被侵权人请求监护人承担侵权人应承担的全部责任的，人民法院应予支持，并在判决中明确，赔偿费用可以先从被监护人财产中支付，不足部分由监护人支付。

监护人抗辩主张承担补充责任，或者被侵权人、监护人主张人民法院判令有财产的无民事行为能力人、限制民事行为能力人承担赔偿责任的，人民法院不予支持。

从被监护人财产中支付赔偿费用的，应当保留被监护人所必需的生活费和完成义务教育所必需的费用。

第六条　行为人在侵权行为发生时不满十八周岁，被诉时已满十八周岁的，被侵权人请求原监护人承担侵权人应承担的全部责任的，人民法院应予支持，并在判决中明确，赔偿费用可以先从被监护人财产中支付，不足部分由监护人支付。

前款规定情形，被侵权人仅起诉行为人的，人民法院应当向原告释明申请追加原监护人为共同被告。

第七条　未成年子女造成他人损害，被侵权人请求父母共同承担侵权责任的，人民法院依照民法典第二十七条第一款、第一千零六十八条以及第一千一百八十八条的规定予以支持。

第八条　夫妻离婚后，未成年子女造成他人损害，被侵权人请求离异夫妻共同承担侵权责任的，人民法院依照民法典第一千零六十八条、第一千零八十四条以及第一千一百八十八条的规定予以支持。一方以未与该子女共同生活为由主张不承担或者少承担责任的，人民法院不予支持。

离异夫妻之间的责任份额，可以由双方协议确定；协议不成的，人民法院可以根据双方履行监护职责的约定和实际履行情况等确定。实际承担责任超过自己责任份额的一方向另一方追偿的，人民法院应予支持。

第九条　未成年子女造成他人损害的，依照民法典第一千零七十二条第二款的规定，未与该子女形成抚养教育关系的继父或者继母不承担监护人的侵权责任，由该子女的生父母依照本解释第八条的规定承担侵权责任。

第十条　无民事行为能力人、限制民事行为能力人造成他人损害，被侵权人合并请求监护人和受托履行监护职责的人承担侵权责任的，依照民法典第一千一百八十九条的规定，监护人承担侵权人应承担的全部责任；受托人在过错范围内与监护人共同承担责任，但责任主体实际支付的赔偿费用总和不应超出被侵权人应受偿的损失数额。

监护人承担责任后向受托人追偿的，人民法院可以参照民法典第九百二十九条的规定处理。

仅有一般过失的无偿受托人承担责任后向监护人追偿的，人民法院应予支持。

第十一条　教唆、帮助无民事行为能力人、限制民事行为能力人实施侵权行为，教唆人、帮助人以其不知道且不应当知道行为人为无民事行为能力人、限制民事行为能力人为由，主张不承担侵权责任或者与行为人的监护人承担连带责任的，人民法院不予支持。

第十二条　教唆、帮助无民事行为能力人、限制民事行为能力人实施侵权行为，被侵权人合并请求教唆人、帮助人以及监护人承担侵权责任的，依照民法典第一千一百六十九条第二款的规定，教唆人、帮助人承担侵权人应承担的全部责任；监护人在未尽到监护职责的范围内与教唆人、帮助人共同承担责任，但责任主体实际支付的赔偿费用总和不应超出被侵权人应受偿的损失数额。

监护人先行支付赔偿费用后，就超过自己相应责任的部分向教唆人、帮助人追偿的，人民法院应予支持。

第十三条　教唆、帮助无民事行为能力人、限制民事行为能力人实施侵权行为，被侵权人合并请求教唆人、帮助人与监护人以及受托履行监护职责的人承担侵权责任的，依照本解释第十条、第十二条的规定认定民事责任。

第十四条　无民事行为能力人或者限制民事行为能力人在幼儿园、学校或者其他教育机构学习、生活期间，受到教育机构以外的第三人人身损害，第三人、教育机构作为共同被告且依法应承担侵权责任的，人民法院应当在判决中明确，教育机构在人民法院就第三人的财产依法强制执行后仍不能履行的范围内，承担与其过错相应的补充责任。

被侵权人仅起诉教育机构的，人民法院应当向原告释明申请追加实施侵权行为的第三人为共同被告。

第三人不确定的，未尽到管理职责的教育机构先行承担与其过错相应的责任；教育机构承担责任后向已经确定的第三人追偿的，人民法院依照民法典第一千二百零一条的规定予以支持。

第十五条 与用人单位形成劳动关系的工作人员、执行用人单位工作任务的其他人员，因执行工作任务造成他人损害，被侵权人依照民法典第一千一百九十一条第一款的规定，请求用人单位承担侵权责任的，人民法院应予支持。

个体工商户的从业人员因执行工作任务造成他人损害的，适用民法典第一千一百九十一条第一款的规定认定民事责任。

第十六条 劳务派遣期间，被派遣的工作人员因执行工作任务造成他人损害，被侵权人合并请求劳务派遣单位与接受劳务派遣的用工单位承担侵权责任的，依照民法典第一千一百九十一条第二款的规定，接受劳务派遣的用工单位承担侵权人应承担的全部责任；劳务派遣单位在不当选派工作人员、未依法履行培训义务等过错范围内，与接受劳务派遣的用工单位共同承担责任，但责任主体实际支付的赔偿费用总和不应超出被侵权人应受偿的损失数额。

劳务派遣单位先行支付赔偿费用后，就超过自己相应责任的部分向接受劳务派遣的用工单位追偿的，人民法院应予支持，但双方另有约定的除外。

第十七条 工作人员在执行工作任务中实施的违法行为造成他人损害，构成自然人犯罪的，工作人员承担刑事责任不影响用人单位依法承担民事责任。依照民法典第一千一百九十一条规定用人单位应当承担侵权责任的，在刑事案件中已完成的追缴、退赔可以在民事判决书中明确并扣减，也可以在执行程序中予以扣减。

第十八条 承揽人在完成工作过程中造成第三人损害的，人民法院依照民法典第一千一百六十五条的规定认定承揽人的民事责任。

被侵权人合并请求定作人和承揽人承担侵权责任的，依照民法典第一千一百六十五条、第一千一百九十三条的规定，造成损害的承揽人承担侵权人应承担的全部责任；定作人在定作、指示或者选任过错范围内与承揽人共同承担责任，但责任主体实际支付的赔偿费用总和不应超出被侵权人应受偿的损失数额。

定作人先行支付赔偿费用后，就超过自己相应责任的部分向承揽人追偿的，人民法院应予支持，但双方另有约定的除外。

第十九条　因产品存在缺陷造成买受人财产损害，买受人请求产品的生产者或者销售者赔偿缺陷产品本身损害以及其他财产损害的，人民法院依照民法典第一千二百零二条、第一千二百零三条的规定予以支持。

第二十条　以买卖或者其他方式转让拼装或者已经达到报废标准的机动车，发生交通事故造成损害，转让人、受让人以其不知道且不应当知道该机动车系拼装或者已经达到报废标准为由，主张不承担侵权责任的，人民法院不予支持。

第二十一条　未依法投保强制保险的机动车发生交通事故造成损害，投保义务人和交通事故责任人不是同一人，被侵权人合并请求投保义务人和交通事故责任人承担侵权责任的，交通事故责任人承担侵权人应承担的全部责任；投保义务人在机动车强制保险责任限额范围内与交通事故责任人共同承担责任，但责任主体实际支付的赔偿费用总和不应超出被侵权人应受偿的损失数额。

投保义务人先行支付赔偿费用后，就超出机动车强制保险责任限额范围部分向交通事故责任人追偿的，人民法院应予支持。

第二十二条　机动车驾驶人离开本车后，因未采取制动措施等自身过错受到本车碰撞、碾压造成损害，机动车驾驶人请求承保本车机动车强制保险的保险人在强制保险责任限额范围内，以及承保本车机动车商业第三者责任保险的保险人按照保险合同的约定赔偿的，人民法院不予支持，但可以依据机动车车上人员责任保险的有关约定支持相应的赔偿请求。

第二十三条　禁止饲养的烈性犬等危险动物造成他人损害，动物饲养人或者管理人主张不承担责任或者减轻责任的，人民法院不予支持。

第二十四条　物业服务企业等建筑物管理人未采取必要的安全保障措施防止从建筑物中抛掷物品或者从建筑物上坠落的物品造成他人损害，具体侵权人、物业服务企业等建筑物管理人作为共同被告的，人民法院应当依照民法典第一千一百九十八条第二款、第一千二百五十四条的规定，在判决中明确，未采取必要安全保障措施的物业服务企业等建筑物管理人在人民法院就具体侵权人的财产依法强制执行后仍不能履行的范围内，承担与其过错相应的补充责任。

第二十五条　物业服务企业等建筑物管理人未采取必要的安全保障措施

防止从建筑物中抛掷物品或者从建筑物上坠落的物品造成他人损害，经公安等机关调查，在民事案件一审法庭辩论终结前仍难以确定具体侵权人的，未采取必要安全保障措施的物业服务企业等建筑物管理人承担与其过错相应的责任。被侵权人其余部分的损害，由可能加害的建筑物使用人给予适当补偿。

具体侵权人确定后，已经承担责任的物业服务企业等建筑物管理人、可能加害的建筑物使用人向具体侵权人追偿的，人民法院依照民法典第一千一百九十八条第二款、第一千二百五十四条第一款的规定予以支持。

第二十六条 本解释自2024年9月27日起施行。

本解释施行后，人民法院尚未审结的一审、二审案件适用本解释。本解释施行前已经终审，当事人申请再审或者按照审判监督程序决定再审的，适用当时的法律、司法解释规定。

【导读及适用要点】

一、《民法典侵权责任编解释》规定了有关产品责任的条文，将缺陷产品造成的产品自身损害认定为产品责任的赔偿范围

产品责任是因产品存在缺陷造成他人损害时相关责任主体应承担的侵权责任。缺陷产品造成他人损害的事实，包括人身损害和财产损害。对于产品责任中财产损害的范围，普遍认同包括缺陷产品以外的其他财产的损失，但对是否包括产品自损，立法过程中和司法实务中都存在一定争议。

一种意见认为，多数国家产品责任中的财产损害仅指缺陷产品以外的其他财产损害，不包括产品自损。《产品质量法》第四十一条关于“因产品存在缺陷造成人身、缺陷产品以外的其他财产（以下简称他人财产）损害的，生产者应当承担赔偿责任”的规定，也采取了同样的立法例。缺陷产品造成产品自损的，属于合同责任问题，应当通过合同解决，缺陷产品以外的其他财产损害，才是产品责任中所称的财产损害。另一种意见认为，财产损害应当包括产品自损。

针对产品自损是否属于产品责任中的财产损害这一争议，《最高人民法院关于适用〈中华人民共和国民法典〉侵权责任编的解释（一）》(以下简称《民法典侵权责任编解释》）第十九条对此作出了明确规定，采纳了上述第二种意见，规定“因产品存在缺陷造成买受人财产损害，买受人请求产品的生产者或者销售者赔偿缺陷产品本身损害以及其他财产损害的，人民法院依照民法典第一千二百零二条、第一千二百零三条的规定予以支持”。

作出上述规定的主要考虑：一方面是贯彻立法精神。《民法典》第一千二百零二条“因产品存在缺陷造成他人损害的，生产者应当承担侵权责任”的规定中的“他人损害”，就包括了产品自损。相对于产品质量法，《民法典》是新法，《民法典侵权责任编解释》第十九条的规定是对《民法典》立法精神的具体阐释。另一方面是立足国情。对缺陷产品财产损害事实的认定，应当立足于我国国情从保护消费者角度作出解释，以符合人民群众对缺陷产品造成财产损害的一般认识。对于消费者而言，购买的产品本身存在缺陷造成了产品自损，从合同责任角度，产品的销售者要承担瑕疵担保责任；从侵权责任角度，产品自损系因产品缺陷引起，给消费者造成了财产损失，将其认定为缺陷产品造成的财产损害，消费者可以通过提起一个侵权责任纠纷诉讼，一并主张赔偿产品自损以及缺陷产品以外的其他财产损害，有利于及时、便捷地保护消费者合法权益。若将产品自损排除在产品侵权损害事实之外，则消费者的损害仅通过侵权责任纠纷诉讼无法完全填补，这不符合减少当事人诉累、及时便捷化解矛盾纠纷的司法理念。

最高人民法院在指导地方法院处理道路交通事故损害赔偿纠纷时也曾提出指导意见，认为机动车自身缺陷导致交通事故的财产损害，包括机动车自损。《民法典侵权责任编解释》第十九条的精神也体现了对既往裁判规则的承继，维持规则稳定。

二、《民法典侵权责任编解释》对“相应的责任”的规定

这确实是一个需要阐明的问题。《民法典》侵权责任编多处规定“相应的责任”，比如，委托监护关系中受托人承担的相应的责任，教唆、帮助侵权中监护人承担的相应的责任，劳务派遣关系中劳务派遣单位承担的相应的责任，承揽关系中定作人承担的相应的责任等。如何依照有关法律规定确定各民事主体的民事责任，是审判实务中应予统一的问题。

《民法典》有关“相应的责任”的规定，均涉及两个以上的责任主体。对于多数人侵权的侵权责任形态，《民法典》明文规定了按份责任、连带责任、补充责任，在产品侵权等具体法律条文中体现了侵权行为法理学上的不真正连带责任。《民法典侵权责任编解释》制定过程中，我们认真研究、广泛征求意见并积极与立法机关沟通，在正确区分侵权行为法中数人侵权的不同责任形态的基础上，坚持比例原则、利益衡量，《民法典侵权责任编解释》在关于委托监护，教唆、帮助侵权，劳务派遣，承揽人、定作人侵权，投保义务人与交通事故责任人不是同一人时的责任承担5个具体条文中，从与过错相应的角度作了务实的处理。

刚才，笔者在第四个问题中，对委托监护责任，教唆、帮助侵权责任的说明也简要进行了阐述。这里笔者仍以《民法典》第一千一百八十九条委托监护的规定为例。依照委托监护责任的法律规定，无民事行为能力人、限制民事行为能力人造成他人损害，监护人将监护职责委托给他人的，监护人应当承担侵权责任；受托人有过错的，承担“相应的责任”。可见，监护人和有过错的受托人都是责任主体。

其一，监护人将监护职责委托给他人履行，并不发生监护职责的移转。监护人仍是履行监护职责的主体，应依照《民法典》关于监护人责任的规定，对被监护人的侵权行为承担全部替代赔偿责任。受托人的过错并不因此减少监护人的责任。

其二，被侵权人可以任意选择由谁承担责任。受托人承担过错责任并不以监护人先行承担责任为前提，受托人的责任亦不符合补充责任的特征。

其三，在连带责任法定化背景下，受托人的相应过错责任不宜解释为比例连带责任。

在比较、区分不同责任的情况下，《民法典侵权责任编解释》适当借鉴不真正连带责任原理，第十条第一款首先规定，无民事行为能力人、限制民事行为能力人造成他人损害，被侵权人合并请求监护人和受托履行监护职责的人承担侵权责任的，依照《民法典》第一千一百八十九条的规定，监护人承担侵权人应承担的全部责任；受托人在过错范围内与监护人共同承担责任。通俗地讲就是，一个责任主体在过错比例范围内承担的责任，与另一个承担全部责任的主体所承担的责任部分重合，执行中根据各个责任主体的责任范围和责任财产情况，协调处理执行数额。为避免“过错范围内共同承担责任”的规定产生赔偿范围超出 100% 的误解，《民法典侵权责任编解释》明确：“责任主体实际支付的赔偿费用总和不应超出被侵权人应受偿的损失数额”。应强调的是，这里规定的共同承担责任，不是两个以上的责任主体根据各自过错大小按份承担相应的责任，监护人在诉讼中主张与有过错的受托人对外按份承担责任的，人民法院不予支持。

多个责任主体共同对外承担责任后，如何处理相互之间的内部求偿问题，在《民法典侵权责任编解释》起草过程中争议很大。《民法典侵权责任编解释》在坚持“过错终局”求偿规则的基础上具体分析“相应的责任”的不同法律规定情形，对内部求偿规则作出了一定的区分，确保司法解释与立法精神一致。具体为：一是对监护人和受托人之间的内部求偿，指引参照适用《民法典》第九百二十九条关于委托合同内部求偿的规定。二是鼓励相应责任主体积极履行赔付义务，其自愿支付超出自己相应责任的赔偿费用的，人民法院应支持该责任主体就超出自己相应责任的部分向其他责任主体追偿。鉴于劳务派遣和承揽属于合同关系，故内部追偿规则应坚持当事人约定优先原则。

《民法典侵权责任编解释》施行后，我们将就《民法典侵权责任编解释》适用加强指导，确保案件审理中正确适用相关规则。同时，我们将强化审判经验的研究总结和典型案例的宣传，更好地贯彻落实民法典精神。

——摘自《最高法民一庭负责人就民法典侵权责任编司法解释（一）答记者问》（2024 年 9 月 26 日），载《人民法院报》2024 年 9 月 27 日。

最高人民法院
关于审理道路交通事故损害赔偿案件适用法律若干问题的解释

（2012年9月17日最高人民法院审判委员会第1556次会议通过　根据2020年12月23日最高人民法院审判委员会第1823次会议通过的《最高人民法院关于修改〈最高人民法院关于在民事审判工作中适用《中华人民共和国工会法》若干问题的解释〉等二十七件民事类司法解释的决定》修正）

为正确审理道路交通事故损害赔偿案件，根据《中华人民共和国民法典》《中华人民共和国道路交通安全法》《中华人民共和国保险法》《中华人民共和国民事诉讼法》等法律的规定，结合审判实践，制定本解释。

一、关于主体责任的认定

第一条　机动车发生交通事故造成损害，机动车所有人或者管理人有下列情形之一，人民法院应当认定其对损害的发生有过错，并适用民法典第一千二百零九条的规定确定其相应的赔偿责任：

（一）知道或者应当知道机动车存在缺陷，且该缺陷是交通事故发生原因之一的；

（二）知道或者应当知道驾驶人无驾驶资格或者未取得相应驾驶资格的；

（三）知道或者应当知道驾驶人因饮酒、服用国家管制的精神药品或者麻醉药品，或者患有妨碍安全驾驶机动车的疾病等依法不能驾驶机动车的；

（四）其他应当认定机动车所有人或者管理人有过错的。

第二条　被多次转让但是未办理登记的机动车发生交通事故造成损害，属于该机动车一方责任，当事人请求由最后一次转让并交付的受让人承担赔偿责任的，人民法院应予支持。

第三条　套牌机动车发生交通事故造成损害，属于该机动车一方责任，当事人请求由套牌机动车的所有人或者管理人承担赔偿责任的，人民法院应予支持；被套牌机动车所有人或者管理人同意套牌的，应当与套牌机动车的所有人或者管理人承担连带责任。

第四条　拼装车、已达到报废标准的机动车或者依法禁止行驶的其他机动车被多次转让，并发生交通事故造成损害，当事人请求由所有的转让人和受让人承担连带责任的，人民法院应予支持。

第五条　接受机动车驾驶培训的人员，在培训活动中驾驶机动车发生交通事故造成损害，属于该机动车一方责任，当事人请求驾驶培训单位承担赔偿责任的，人民法院应予支持。

第六条　机动车试乘过程中发生交通事故造成试乘人损害，当事人请求提供试乘服务者承担赔偿责任的，人民法院应予支持。试乘人有过错的，应当减轻提供试乘服务者的赔偿责任。

第七条　因道路管理维护缺陷导致机动车发生交通事故造成损害，当事人请求道路管理者承担相应赔偿责任的，人民法院应予支持。但道路管理者能够证明已经依照法律、法规、规章的规定，或者按照国家标准、行业标准、地方标准的要求尽到安全防护、警示等管理维护义务的除外。

依法不得进入高速公路的车辆、行人，进入高速公路发生交通事故造成自身损害，当事人请求高速公路管理者承担赔偿责任的，适用民法典第一千二百四十三条的规定。

第八条　未按照法律、法规、规章或者国家标准、行业标准、地方标准的强制性规定设计、施工，致使道路存在缺陷并造成交通事故，当事人请求建设单位与施工单位承担相应赔偿责任的，人民法院应予支持。

第九条　机动车存在产品缺陷导致交通事故造成损害，当事人请求生产者或者销售者依照民法典第七编第四章的规定承担赔偿责任的，人民法院应予支持。

第十条　多辆机动车发生交通事故造成第三人损害，当事人请求多个侵权人承担赔偿责任的，人民法院应当区分不同情况，依照民法典第一千一百七十条、第一千一百七十一条、第一千一百七十二条的规定，确定侵权人承担连带责任或者按份责任。

二、关于赔偿范围的认定

第十一条 道路交通安全法第七十六条规定的“人身伤亡”，是指机动车发生交通事故侵害被侵权人的生命权、身体权、健康权等人身权益所造成的损害，包括民法典第一千一百七十九条和第一千一百八十三条规定的各项损害。

道路交通安全法第七十六条规定的“财产损失”，是指因机动车发生交通事故侵害被侵权人的财产权益所造成的损失。

第十二条 因道路交通事故造成下列财产损失，当事人请求侵权人赔偿的，人民法院应予支持：

（一）维修被损坏车辆所支出的费用、车辆所载物品的损失、车辆施救费用；

（二）因车辆灭失或者无法修复，为购买交通事故发生时与被损坏车辆价值相当的车辆重置费用；

（三）依法从事货物运输、旅客运输等经营性活动的车辆，因无法从事相应经营活动所产生的合理停运损失；

（四）非经营性车辆因无法继续使用，所产生的通常替代性交通工具的合理费用。

三、关于责任承担的认定

第十三条 同时投保机动车第三者责任强制保险（以下简称交强险）和第三者责任商业保险（以下简称商业三者险）的机动车发生交通事故造成损害，当事人同时起诉侵权人和保险公司的，人民法院应当依照民法典第一千二百一十三条的规定，确定赔偿责任。

被侵权人或者其近亲属请求承保交强险的保险公司优先赔偿精神损害的，人民法院应予支持。

第十四条 投保人允许的驾驶人驾驶机动车致使投保人遭受损害，当事人请求承保交强险的保险公司在责任限额范围内予以赔偿的，人民法院应予支持，但投保人为本车上人员的除外。

第十五条 有下列情形之一导致第三人人身损害，当事人请求保险公司在交强险责任限额范围内予以赔偿，人民法院应予支持：

（一）驾驶人未取得驾驶资格或者未取得相应驾驶资格的；

（二）醉酒、服用国家管制的精神药品或者麻醉药品后驾驶机动车发生交通事故的；

（三）驾驶人故意制造交通事故的。

保险公司在赔偿范围内向侵权人主张追偿权的，人民法院应予支持。追偿权的诉讼时效期间自保险公司实际赔偿之日起计算。

第十六条　未依法投保交强险的机动车发生交通事故造成损害，当事人请求投保义务人在交强险责任限额范围内予以赔偿的，人民法院应予支持。

投保义务人和侵权人不是同一人，当事人请求投保义务人和侵权人在交强险责任限额范围内承担相应责任的，人民法院应予支持。

第十七条　具有从事交强险业务资格的保险公司违法拒绝承保、拖延承保或者违法解除交强险合同，投保义务人在向第三人承担赔偿责任后，请求该保险公司在交强险责任限额范围内承担相应赔偿责任的，人民法院应予支持。

第十八条　多辆机动车发生交通事故造成第三人损害，损失超出各机动车交强险责任限额之和的，由各保险公司在各自责任限额范围内承担赔偿责任；损失未超出各机动车交强险责任限额之和，当事人请求由各保险公司按照其责任限额与责任限额之和的比例承担赔偿责任的，人民法院应予支持。

依法分别投保交强险的牵引车和挂车连接使用时发生交通事故造成第三人损害，当事人请求由各保险公司在各自的责任限额范围内平均赔偿的，人民法院应予支持。

多辆机动车发生交通事故造成第三人损害，其中部分机动车未投保交强险，当事人请求先由已承保交强险的保险公司在责任限额范围内予以赔偿的，人民法院应予支持。保险公司就超出其应承担的部分向未投保交强险的投保义务人或者侵权人行使追偿权的，人民法院应予支持。

第十九条　同一交通事故的多个被侵权人同时起诉的，人民法院应当按照各被侵权人的损失比例确定交强险的赔偿数额。

第二十条　机动车所有权在交强险合同有效期内发生变动，保险公司在交通事故发生后，以该机动车未办理交强险合同变更手续为由主张免除赔偿责任的，人民法院不予支持。

机动车在交强险合同有效期内发生改装、使用性质改变等导致危险程度增加的情形，发生交通事故后，当事人请求保险公司在责任限额范围内予以赔偿的，人民法院应予支持。

前款情形下，保险公司另行起诉请求投保义务人按照重新核定后的保险费标准补足当期保险费的，人民法院应予支持。

第二十一条 当事人主张交强险人身伤亡保险金请求权转让或者设定担保的行为无效的，人民法院应予支持。

四、关于诉讼程序的规定

第二十二条 人民法院审理道路交通事故损害赔偿案件，应当将承保交强险的保险公司列为共同被告。但该保险公司已经在交强险责任限额范围内予以赔偿且当事人无异议的除外。

人民法院审理道路交通事故损害赔偿案件，当事人请求将承保商业三者险的保险公司列为共同被告的，人民法院应予准许。

第二十三条 被侵权人因道路交通事故死亡，无近亲属或者近亲属不明，未经法律授权的机关或者有关组织向人民法院起诉主张死亡赔偿金的，人民法院不予受理。

侵权人以已向未经法律授权的机关或者有关组织支付死亡赔偿金为理由，请求保险公司在交强险责任限额范围内予以赔偿的，人民法院不予支持。

被侵权人因道路交通事故死亡，无近亲属或者近亲属不明，支付被侵权人医疗费、丧葬费等合理费用的单位或者个人，请求保险公司在交强险责任限额范围内予以赔偿的，人民法院应予支持。

第二十四条 公安机关交通管理部门制作的交通事故认定书，人民法院应依法审查并确认其相应的证明力，但有相反证据推翻的除外。

五、关于适用范围的规定

第二十五条 机动车在道路以外的地方通行时引发的损害赔偿案件，可以参照适用本解释的规定。

第二十六条 本解释施行后尚未终审的案件，适用本解释；本解释施行前已经终审，当事人申请再审或者按照审判监督程序决定再审的案件，不适用本解释。

【导读及适用指引】

一、道路交通事故引发的侵权责任的归责原则问题

多数观点认为，2004年《道路交通安全法》第七十六条所规定的归责原则为二元化体系，即机动车与非机动车驾驶人、行人之间因交通事故引发的侵权责任，机动车一方适用无过错责任；机动车与机动车之间因交通事故引发的侵权责任，则适用过错责任。该法2007年修订后，关于该条所确立的机动车一方与非机动车驾驶人、行人发生交通事故的归责原则问题，存在着无过错责任说、10%的无过错责任加过错责任说、过错推定责任加10%的公平责任说、过错推定责任加10%的无过错责任说等几种观点。

我们认为，在该法第七十六条的规定之下，采取何种理论路径，案件审理并不会产生实质不同。主要理由在于，首先，适用第七十六条第一款第二项的规定，在责任构成上，要求损害、机动车运行与损害后果之间有因果关系。如果认为该规定采过错推定责任，则机动车一方的过错是责任的构成要件之一，但由机动车一方承担自己不能证明自己没有过错的证明责任，原告不承担过错的证明责任。如果认为该规定是无过错责任，则过错不是责任成立的要件，原告自然也不承担该证明责任。其次，“非机动车驾驶人、行人没有过错的”这一规定的内容，既非过错推定责任的构成要件，也非无过错责任的构成要件，在证明责任上，既无须原告证明，也无须被告机动车一方证明。因此，“非机动车驾驶人、行人没有过错的”这一表述，仅对赔偿范围有意义，对于责任的成立则无意义。再次，虽然采过错推定责任，在理论上被告可通过证明自己无过错而免责，但在审判实践中，机动车一方很难推翻对其过错的推定。无论采取过错推定责任还是无过错责任，在审判实践中的差别趋近于无。最后，无论是过错推定责任还是无过错责任，在责任的范围上都应当考虑受害人的过错，受害人的过错具有减轻侵权人赔偿责任的功能。

这一点,《民法通则》第一百三十一条、《最高人民法院关于审理人身损害赔偿案件适用法律若干问题的解释》第二条[①]、《侵权责任法》第二十六条[②]都已作出明确规定。虽然民法理论通说认为，在无过错责任中，过失相抵原则要求受害人的过错程度限于重大过失以上，而在过错推定责任中，受害人对损害的发生具有一般过失即可减轻加害人的责任。但是，审判实践中，基于机动车一方在无过错情形下仍然承担 10% 的赔偿责任这一规定所蕴含的价值判断和利益衡量、基于《道路交通安全法》第七十六条中“适当减轻”的表述以及交通事故责任认定书的证明力等因素，采无过错责任或过错推定责任的不同理论路径，对于案件审理的证明责任和实体结果也无大的影响。

基于上述理由,《最高人民法院关于审理道路交通事故损害赔偿案件适用法律若干问题的解释》(以下简称《道交赔偿解释》) 并未对《道路交通安全法》第七十六条第一款第二项的归责原则问题作出进一步解释。在判断机动车一方相应主体的责任时,《道交赔偿解释》第三条、第四条、第五条、第七条[③]强调“属于机动车一方责任的”，意在说明，应当根据《道路交通安全法》第七十六条第一款第一项、第二项的规定分别适用不同的归责原则，在确定属于机动车一方的责任及责任范围之后，再根据各条规定由相应的主体承担赔偿责任。

二、道路交通事故损害赔偿的责任主体问题

1.“有过错的一方”“机动车一方”的具体认定

关于《道路交通安全法》第七十六条所规定的“有过错的一方”“机动车一方”的具体认定问题,《侵权责任法》[④]实施之前，民法理论对此问题的主

---

① 对应《民法典》第一千一百六十五条。

② 对应《民法典》第一千一百七十三条。

③ 2020 年《道交赔偿解释》删除 2012 年《道交赔偿解释》第三条。该条规定内容已经被《民法典》第一千二百一十一条吸收，不再重复规定。

2012 年《道交赔偿解释》第四条对应 2020 年《道交赔偿解释》第二条。

2012 年《道交赔偿解释》第五条对应 2020 年《道交赔偿解释》第三条。

2012 年《道交赔偿解释》第七条对应 2020 年《道交赔偿解释》第五条。

④《侵权责任法》由中华人民共和国第十一届全国人民代表大会常务委员会第十二次会议于 2009 年 12 月 26 日通过，2009 年 12 月 26 日公布，自 2010 年 7 月 1 日起施行。现已被废止，相关规定对应《民法典》侵权责任编。后文中出现的，不再特别说明。

要研究进路是，首先，根据《道路交通安全法》第七十六条的规定，机动车与非机动车驾驶人、行人发生交通事故，应当首先确定谁是无过错责任的主体，谁是过错责任的主体。[①]其次，基于无过错责任的正当化基础即危险开启理论、危险控制理论和报偿理论等理论，机动车保有人应当承担无过错责任，机动车驾驶人应当承担过错责任。最后，在具体判断机动车保有人的标准上，应当依据“运行利益”和“运行控制”为标准。保有人为无过错责任的主体，而实际驾驶人为过错责任主体。最高人民法院的相关司法解释和指导意见也确立了以“运行利益”和“运行控制”为认定责任主体的标准。

《侵权责任法》吸收了上述理论解说及司法实践，以第四十九条[②]、第五十条[③]分别就机动车所有人与使用人分离、转让未转移登记等情形下的责任主体作出规定。[④]从这些规定来看，首先，道路交通事故引发的侵权责任的具体主体，与道路交通事故损害赔偿责任的归责原则并无直接联系。原因在于，对于《道路交通安全法》第七十六条，“有过错的一方”“机动车一方”是指机动车的所有人、管理人或驾驶人，需要进一步明确。在《道路交通安全法》第七十六条已经明确规定两类交通事故归责原则的前提下，具体责任主体的确定问题就无必要与归责原则联系起来。《侵权责任法》第四十九条、第五十条所确立的责任主体认定标准，不仅适用于“有过错的一方”的认定，而且适用于“机动车一方”的认定，不仅适用于无过错责任、过错推定责任之中，也同样适用于过错责任。[⑤]其次，在此意义上，依据大陆法系国家立法及其理论中的无过错责任—机动车保有人—“运行利益”与“运行支配”这一理论路径解释我国《侵权责任法》关于机动车交通事故责任主体的认定标准就不够顺畅。而从行为责任和物件责任的角度分析，将《道路交通安全法》第七

---

① “危险责任”“无过错责任”和“严格责任”的用语，在我国民法理论上经常在同一含义上使用，本文统一用无过错责任表述。

② 对应《民法典》第一千二百零九条。

③ 对应《民法典》第一千二百一十条。

④ 参见王胜明主编：《中华人民共和国侵权责任法解读》，中国法制出版社 2010 年版，第 253、258 页。

⑤ 有学者就认为，理论上从大陆法系国家的机动车保有人制度讨论责任主体的路径存在问题。首先，在《道路交通安全法》第七十六条的规定之下，会出现矛盾。因为保有人制度在我国只能适用于机动车与非机动车之间的交通事故类型，而不能适用于整个道路交通事故领域。其次，根据“运行利益”和“运行支配”标准判断保有人存在着较大的任意性，需要进一步按照类型构筑判断基准。

十六条的"有过错的一方""机动车一方"确定为行为责任主体，从而根据交通事故的不同类型适用不同的归责原则，将其他主体确定为物件责任主体适用过错责任的分析路径就更具说服力。进一步，在机动车的所有与使用发生分离的情形下，原则上由行为人根据《道路交通安全法》第七十六条的规定承担责任，所有人承担过错责任。[①] 最后，依据此解释路径，在机动车的所有与使用发生二次或多次分离的情形下，作为行为责任的主体即为驾驶人，作为物件责任的主体即为所有人或者管理人。[②]

基于上述理由，《道交赔偿解释》根据《侵权责任法》第四十九条、第五十条以及《道路交通安全法》第七十六条的规定，对机动车所有与使用分离情形下的责任主体进一步明确。第一，针对机动车的所有与使用可能发生多次分离的情形，将第四十九条规定的所有人的过错责任扩展至管理人。[③] 由此，过错责任适用于对机动车负有管理义务、对机动车的运行负有注意义务的人，而不仅限于物权法意义上的所有人。第二，明确所有人或管理人过错的认定标准，所有人或管理人的过错主要表现为对机动车安全、技术性能的疏于维护、对使用人驾驶资质和驾驶能力的疏于注意等情形，符合现代侵权责任过失认定的客观化趋势。[④] 第三，明确擅自驾驶他人机动车情形下适用《侵权责任法》第四十九条的规定，但盗窃、抢劫情形的除外。

适用时应重点注意：首先，擅自驾驶他人机动车如果是发生在特定关系的当事人（朋友、亲戚、同事等）之间，则驾驶人的驾驶行为虽未经所有人的明示同意，但并不违背所有人可得知或可推知的意思。此种情形与《侵权责任法》第四十九条所调整的类型具有相似性。当然，此种情形下认定所有人的过错标准与经所有人明示同意驾驶其机动车情形下的过错认定标准存在

① 参见谢微、韩文：《对〈侵权责任法〉上机动车交通事故责任主体的解读——以与〈道路交通安全法〉第76条责任主体的对接为中心》，载《法学评论》2010年第6期。

② 参见谢微、韩文：《对〈侵权责任法〉上机动车交通事故责任主体的解读——以与〈道路交通安全法〉第76条责任主体的对接为中心》，载《法学评论》2010年第6期。

③ 参见2012年《道交赔偿解释》第一条、第二条、第五条。此部分讨论暂不考虑驾驶人与所有人存在雇佣关系的情形。

④ 参见王泽鉴：《侵权行为》，北京大学出版社2009年版，第241～243页。

不同。[①] 其次，如果行为人违背所有人或管理人的意思擅自驾驶机动车但又不构成盗窃、抢劫的场合，所有人或管理人的过错认定标准要与经所有人或管理人同意驾驶的情形有所区别，所有人或管理人的过错主要体现在是否尽到合理的、必要的管理义务等方面。第四，《侵权责任法》第五十条所规定的“由受让人承担责任”未涵盖受让人与驾驶人合法分离的情形，此时应当分别适用《侵权责任法》第四十九条、《道交赔偿解释》第二条[②] 和《侵权责任法》第五十条的规定，由驾驶人依据《道路交通安全法》第七十六条的规定承担行为责任，再由受让人（所有人 / 管理人）承担过错责任。基于此，《道交赔偿解释》第四条[③] 规定，机动车多次转让均未办理移转登记时，由最后一次的受让人承担赔偿责任。具体适用方法应当区分两种情形，在受让人同时也是驾驶人的情形下，由受让人承担赔偿责任（行为责任）；在受让人与驾驶人分离的情形下，由驾驶人依据第七十六条承担责任，受让人则承担过错责任（物件责任）。

2. 几种违法情形下的责任主体与责任形态

以《侵权责任法》中的连带责任的适用范围和规范目的为依据，《道交赔偿解释》对以下情形的责任主体和责任形态作出了明确规定。

（1）针对现实中的套牌车现象，从被套牌机动车所有人或管理人同意他人套牌行为的违法性以及由此所导致的交通事故发生可能性和危害程度的增加、受害人的保护等角度考虑，《道交赔偿解释》第五条[④] 规定，被套牌机动车所有人或者管理人同意他人套牌的，应当与套牌机动车的所有人或者管理人承担连带责任。

（2）依据《侵权责任法》第五十一条[⑤] 的规定，针对买卖拼装车、报废车

① 例如，在借用、租赁情形下，所有人知道或者应当知道机动车存在缺陷仍出借导致交通事故发生的，应当认定所有人有过错；但在擅自驾驶他人机动车情形下，由于驾驶人未经所有人同意，基于机动车缺陷所产生的所有人的过错在此种情形下即难以成立（当然，所有人可能因其他原因存在过错，例如未成年人擅自驾驶、所有人保管不善等情形下的过错）。

② 2020 年《道交赔偿解释》删除 2012 年《道交赔偿解释》第二条。该条规定内容已经被民法典第一千二百一十二条吸收，不再重复规定。

③ 2012 年《道交赔偿解释》第四条对应 2020 年《道交赔偿解释》第二条。

④ 2012 年《道交赔偿解释》第五条对应 2020 年《道交赔偿解释》第三条。

⑤ 对应《民法典》第一千二百一十四条。

等严重违法行为,《道交赔偿解释》第六条[①]规定由所有的出卖人和买受人承担无过错且无免责事由的连带责任。[②]

3. 多因一果情形下的责任主体的确定

道路的管理维护缺陷、建造设计缺陷以及机动车的产品缺陷导致的交通事故是其中的重要类型。《道交赔偿解释》第九条、第十条、第十一条和第十二条[③]对相关的主体责任予以明确。

(1)道路管理维护缺陷导致交通事故的责任主体

关于道路管理维护缺陷导致交通事故的赔偿责任的性质,《道交赔偿解释》未采纳属于国家赔偿责任的观点,主要理由是:首先,我国《国家赔偿法》并未将道路等公有公共设施的管理维护缺陷造成的损害赔偿责任纳入国家赔偿的范围之列;[④]其次,从实质上看,在侵权责任成立的前提下,国家赔偿与民事赔偿并不应存在实质性的不同;最后,将道路管理维护缺陷造成的损害赔偿责任纳入民事赔偿中符合市场经济的要求和道路管理的发展趋势。基于上述理由,《道交赔偿解释》第九条、第十条对道路管理维护缺陷导致的交通事故损害赔偿责任作出明确规定。具有如下特点:一是以《侵权责任法》第八十五条[⑤]、第八十九条[⑥]为依据,将道路管理者的责任确定为过错推定责任,适用物件损害责任的归责原则;二是适用范围以公共道路及其附属设施为限;三是应当结合我国道路管理的现状,以相应的法律、法规等为依据确定道路管理者的具体主体;四是结合我国的道路管理现状,以法律、法规、规章、国家标准、行业标准或者地方标准作为认定道路管理者注意义务的标准,从而避免过度扩大道路管理者的责任范围;五是根据管理维护缺陷与交

① 2012年《道交赔偿解释》第六条对应2020年《道交赔偿解释》第四条。

② 参见全国人大常委会法制工作委员会民法室编:《〈中华人民共和国侵权责任法〉条文说明、立法理由及相关规定》,北京大学出版社2010年版,第216页。

③ 2012年《道交赔偿解释》第九条对应2020年《道交赔偿解释》第七条。

2020年《道交赔偿解释》删除2012年《道交赔偿解释》第十条。该条规定内容已经被民法典第一千二百五十六条吸收,不再重复规定。

2012年《道交赔偿解释》第十一条对应2020年《道交赔偿解释》第八条。

2012年《道交赔偿解释》第十二条对应2020年《道交赔偿解释》第九条。

④ 参见李飞主编、全国人大常委会法制工作委员会编:《〈中华人民共和国国家赔偿法〉释义》,法律出版社2010年版,第92页。

⑤ 对应《民法典》第一千二百五十三条。

⑥ 对应《民法典》第一千二百五十六条。

通事故损害后果之间的因果关系，确定由道路管理者承担责任的份额。

（2）道路设计建造缺陷导致交通事故的责任主体

与道路管理维护缺陷致害责任类似，根据现行法的规定，道路设计建造缺陷致害责任在性质上仍为民事赔偿责任。《侵权责任法》第八十六条[①]的实质是建筑物、构筑物的建造设计缺陷导致倒塌致人损害的赔偿规则。同理，道路作为构筑物应适用同一规则。《道交赔偿解释》第十一条适用时应重点注意：一是道路设计缺陷导致交通事故的赔偿责任适用无过错责任，与《侵权责任法》第八十六条保持一致；二是根据道路设计建造缺陷与交通事故损害后果之间原因力，确定由建设单位和施工单位承担相应的赔偿责任；三是在确定道路设计建造缺陷时，考虑到我国还存在大量的等级外公路以及我国道路事业的发展需要，将是否符合法律、法规、规章或国家标准、行业标准、地方标准的强制性规定作为认定设计建造缺陷的标准。

（3）机动车产品缺陷导致交通事故的责任主体

在规范目的和责任构成上，由于机动车的产品缺陷所导致的交通事故损害赔偿责任，与一般的产品责任并无不同。因此，《道交赔偿解释》第十二条将因机动车产品缺陷引发的交通事故损害赔偿责任，引向《侵权责任法》第五章的规定。

三、明确“人身伤亡”和“财产损失”的内涵

依据民法理论，《道路交通安全法》和《机动车交通事故责任强制保险条例》（以下简称《交强险条例》）[②]所规定的“人身伤亡”和“财产损失”的分类是根据道路交通事故所侵害的客体为标准的。《道交赔偿解释》第十四条[③]加以明确，有利于下列问题的处理。一是关于人身伤亡和财产损失的范围问题，实践中有观点认为，这里的“财产损失”是与精神损害相对应的损失类

---

① 对应《民法典》第一千二百五十二条。

② 《交强险条例》于 2019 年 3 月 2 日根据《国务院关于修改部分行政法规的决定》进行了第四次修订。——编者注

③ 2012 年《道交赔偿解释》第十四条对应 2020 年《道交赔偿解释》第十一条。

型，应当包括因人身伤亡产生的各项经济损失。[①]显然，此种观点及实践未能正确把握《道路交通安全法》和《交强险条例》关于交通事故损害的分类标准。按照《道交赔偿解释》第十四条的规定，《交强险条例》第二十二条第二款所规定的交强险保险公司对于几种情形下的财产损失不予赔偿，仅指交通事故造成机动车等财产权益不予赔偿，而不包括医疗费用、死亡或残疾赔偿金等。二是关于交强险是否赔偿精神损害的问题也迎刃而解，既然人身伤亡的损失包括精神损害赔偿，交强险应当赔偿精神损害也顺理成章。

四、明确财产损失的赔偿范围

应当看到，虽然损害赔偿的范围在多数情形下可以通过因果关系、过错等技术性制度加以规范，但在更多情形下，例如纯粹经济损失的界定及其范围、物之使用中断损失的界定及其范围等问题，需要依据一国的现实情况，基于一定的价值立场和利益衡量作出类型化的安排。[②]《道交赔偿解释》根据我国道路交通的现实情况，适当限制侵害财产权益的赔偿范围，以第十五条[③]列举了四种典型的财产损失。

适用《道交赔偿解释》第十五条的规定，需要重点注意以下问题。一是机动车的维修费用或重置费用、施救费用和车辆所载物品的损失，当然具有可赔偿性。二是依法从事经营性活动的车辆的停运损失、非经营性车辆的使用中断的损失，在具体的赔偿范围上，应当从合理性和必要性上加以判断，同时辅之以损益相抵规则、可预见性规则、减轻损失规则等侵权法上的其他制度作出认定。[④]三是机动车贬值损失问题，不乏承认其具可赔偿性的外国立法或实践，[⑤]在我国的现实条件下并不可取。原因在于，贬值损失的可赔偿性

---

① 参见《安徽省高级人民法院关于如何理解和适用〈机动车交通事故责任强制保险条例〉第二十二条的请示》和《最高人民法院关于对安徽省高级人民法院如何理解和适用〈机动车交通事故责任强制保险条例〉第二十二条的请示的复函》(〔2009〕民立他字第42号)，该复函即持上述观点。

② 参见[德]克里斯蒂安·冯·巴尔:《欧洲比较侵权行为法》(下卷)，焦美华译，法律出版社2001年版，第1～57页。

③ 2012年《道交赔偿解释》第十五条对应2020年《道交赔偿解释》第十二条。

④ 相关司法解释也体现出这一精神，如《最高人民法院关于审理船舶油污损害赔偿纠纷案件若干问题的规定》(2020年修正)第十六条。

⑤ 参见[德]克里斯蒂安·冯·巴尔:《欧洲比较侵权行为法》(下卷)，焦美华译，法律出版社2001年版，第171、172页。

要兼顾一国的道路交通状况，在事故率比较高的背景下，一般性地承认贬值损失的可赔偿性会使道路交通参与人的负担过重。另外，从司法实践看，贬值损失的确定具有较大的任意性，可能会导致案件审理结果实质上的不公平。因此，对贬值损失的可赔偿性，原则上持否定态度。四是鉴于交强险费率厘定的原则，停运损失和使用中断的损失不属于交强险的赔偿范围。

五、交强险与侵权责任的关系问题

从世界范围来看，交强险可以区分为两种模式，一是以侵权责任为基础，强调交强险的责任保险属性，在理念上，强调交强险分担被保险人损失的功能，即对被保险人依法应当向第三人承担的侵权责任为保险标的的保险，可以称之为责任保险模式。二是可以称之为基本保障模式或“脱钩模式”，此种模式在理念上更加重视受害人的损失填补、强调交强险的基本社会保障功能，在不同程度上，使之与侵权责任相互分离。① 因此，交强险的功能并不受制于法律尤其是保险法的逻辑。选择何种模式，取决于一国立法者赋予交强险承担的功能和欲实现的目的。同时，交强险的功能定位与一国交强险的费率水平、赔偿范围、赔偿限额以及道路交通状况、机动车事故率以及其他的因素是紧密联系的。

从《道路交通安全法》的规定、立法目的及其立法历史来看，站在解释论的立场上，我国现行法更加强调交强险的基本保障功能，更为重视交强险对受害人损失的填补功能，因此，我国的交强险采取的是在一定范围内与侵权责任脱钩的模式。②

六、交强险的分项限额应否遵守

实践中，不少观点认为，分项限额违反了《道路交通安全法》的规定，不利于保护受害人，根据上位法优于下位法的原则，不予适用。③

---

① 参见姜强：《交强险的功能定位及其与侵权责任的关系——审理机动车交通事故损害赔偿案件的制度背景》，载《法律适用》2013 年第 1 期。

② 参见姜强：《交强险的功能定位及其与侵权责任的关系——审理机动车交通事故损害赔偿案件的制度背景》，载《法律适用》2013 年第 1 期。

③ 参见孙玉荣：《机动车交通事故责任强制保险存在的问题及完善建议》，载《法律适用》2009 年第 5 期。

我们认为，首先，在交强险的赔偿在一定范围内与侵权责任脱钩的模式下，交强险保障范围的大小与一国所欲投入的损失填补成本息息相关，并不取决于法律上的逻辑。其次，从现行法的规定、分项限额问题所涉及的因素以及其影响、审判权的特点来看，该问题不属于司法判断的范围而应由立法来决策。因此，在现行法的框架和我国目前的国情之下，交强险与侵权责任一定范围内脱钩、分项限额制度是人民法院审理道路交通事故损害赔偿案件的制度背景。[①]

七、关于交强险、商业三者险与侵权责任的赔偿次序问题

《道交赔偿解释》第十六条[②]对交强险、商业三者险并存情形下的赔偿责任作出了明确规定。一是进一步明确交强险在其责任限额范围内与侵权责任在一定程度上相互分离的结论，首先由交强险在其责任限额范围内（包括分项限额）予以赔偿。二是强调商业三者险对被保险人风险分散的功能，在交强险赔偿之后，由商业三者险保险公司根据保险合同承担赔偿责任。适用过程中应注意，首先明确交强险赔偿之后的侵权责任及其赔偿范围，在此基础上依据保险合同确定商业三者险的赔偿范围。三是由相应的责任主体承担剩余的侵权责任。

另外，第十六条第二款吸收审判实践中的成熟经验，规定精神损害赔偿在交强险中的赔偿次序，由请求权人选择。[③]这一规定，不仅符合债法和交强险的基本原理，也更有利于受害人的保护。

八、合理确定交强险的保障范围

关于交强险的赔偿范围，实践中比较集中的问题是第三人的范围及《交强险条例》第二十二条的适用问题。《道交赔偿解释》以第十七条、第十八

① 参见姜强：《交强险的功能定位及其与侵权责任的关系——审理机动车交通事故损害赔偿案件的制度背景》，载《法律适用》2013 年第 1 期。

② 2012 年《道交赔偿解释》第十六条对应 2020 年《道交赔偿解释》第十三条。

③ 参见《最高人民法院关于财保六安市分公司与李福国等道路交通事故人身损害赔偿纠纷请示的复函》(〔2008〕民一他字第 25 号复函）。

条[①]分别作出规定。

1. 交强险中的第三人的范围。审判实践中，有观点认为，《交强险条例》规定的第三人范围过于狭窄，应当扩展至车上人员。[②]与分项限额问题类似，第三人的范围问题是一个立法判断问题。在现行法的框架下，车上人员不属于第三人，也难以“转化”为第三人。但是，在机动车投保人与实际驾驶人出现分离时，由于被保险人只有在交通事故发生时方能具体确定，而此时处于车外的投保人即成为第三人。在驾驶人造成车外的投保人损害时，由于驾驶人此时为被保险人，因此交强险应予赔偿。同时，鉴于《道交赔偿解释》已对违法情形下的交强险赔偿责任作出明确规定，所以第十七条不再将其适用范围限于合法驾驶人的范围之内。当然，在法律和《道交赔偿解释》明确规定的情况下，例如机动车被盗抢期间发生交通事故的赔偿责任，自应适用《侵权责任法》第五十二条[③]的规定。

2. 关于《交强险条例》第二十二条规定的适用问题。《道交赔偿解释》第十八条采纳了理论及实务的多数观点，规定在无证驾驶、醉酒驾驶、吸毒后驾驶以及被保险人故意制造交通事故等情形下，交强险保险公司仍应对第三人人身损害承担赔偿责任。主要理由有：第一，这些违法情形下保险公司对第三人承担赔偿责任，符合交强险制度的目的。第二，保险公司承担赔偿责任后可以向侵权人追偿，由于保险公司比受害人具有更强的追偿能力，更有利于实现制裁违法行为的目的。第三，《侵权责任法》第五十二条仅规定机动车被盗抢期间发生交通事故的，交强险保险公司可以免除赔偿责任，只垫付抢救费用。该规定说明，《侵权责任法》对于其他几种情形的评价与对机动车被盗抢期间发生交通事故情形的评价有所不同，这也是《道交赔偿解释》关于这个问题规定的主要法律基础。第四，从其他国家或地区的立法及实践来看，例如德国、日本、韩国以及我国台湾地区等，都采纳了交强险保险公司在此类情形下先承担赔偿责任，再向侵权人追偿的处理思路。

---

① 2012 年《道交赔偿解释》第十七条、第十八条对应 2020 年《道交赔偿解释》第十四条、第十五条。

② 参见钟良生：《机动车第三者强制责任保险制度若干问题研究》，载《人民司法》2011 年第 5 期。

③ 对应《民法典》第一千二百一十五条。

九、违反法定投保义务和承保义务的责任承担

《道交赔偿解释》第十九条、第二十条、第二十一条[①]分别对违反法定投保义务未投保交强险的责任和违法拒保、拖延承保的民事责任作出了明确规定。

1. 违反强制投保义务未投保交强险的责任承担

《道交赔偿解释》第十九条以《侵权责任法》第六条第一款为依据，明确规定，未依法投保交强险的机动车发生交通事故造成损害，由投保义务人在交强险责任限额范围内对第三人承担赔偿责任；投保义务人和行为人不一致的，由两者承担连带责任。主要理由如下。第一，未履行法定的投保交强险的义务是投保义务人应承担侵权责任的行为基础。第二，未投保交强险的行为侵害了第三人不能获得交强险赔偿的利益，属于《侵权责任法》的保护范围。如前所述，我国交强险与侵权责任相互脱钩的模式，决定了交强险对第三人损害的填补范围比单纯适用侵权责任规则使第三人所获得的赔偿要大。第三，未投保交强险的行为具有违法性。第四，由于交强险与侵权责任在一定范围内脱钩，同时由于驾驶人负有审核机动车是否投保交强险的法定注意义务，因此，第三人不能从交强险中获得赔偿的利益是投保义务人和驾驶人共同违反相应法定注意义务所造成的，应当承担连带责任。

同理，交强险保险公司违反法定承保义务违法拒保、拖延承保、违法解除交强险合同，也应承担相应的赔偿责任。但是，在承担责任的方式上有所不同，由投保义务人先向第三人赔偿，再向违反法定义务的保险公司追偿。

2. 多车事故下部分机动车未投保交强险的责任承担

与《道交赔偿解释》第十九条相关联，在多车事故中，如果部分机动车未投保交强险，依据交强险与侵权责任脱钩的逻辑，《道交赔偿解释》第二十一条第三款规定，应当先由已承保交强险的保险公司在其责任限额内对第三人赔偿，但保险公司就超出其应承担的部分有权向未投保交强险的投保义务人追偿。具体适用该条规定，应注意以下方面。一是该规定中的第三人是指

① 2012 年《道交赔偿解释》第十九条、第二十条、第二十一条对应 2020 年《道交赔偿解释》第十六条、第十七条、第十八条。

多辆机动车的共同第三人。二是追偿权的具体计算方法为，分别计算部分机动车未投保交强险时各保险公司的赔偿数额和所有机动车都已投保交强险时各保险公司的赔偿数额，二者之差即为已承保交强险保险公司的追偿权数额。在有的情形下，已承保交强险的保险公司对外的总的赔付数额并未发生变化，但在不同的受害人之间的分配比例发生了变化，此时无追偿权问题。三是在未投保交强险一方同时也是已投保交强险一方的第三人时，应当注意保护已承保交强险的保险公司抵销权的行使。

十、交强险保险公司的诉讼地位

依照大陆法系国家民事诉讼理论，我国道路交通事故中机动车交强险的保险公司、侵权人与被侵权人之间的诉讼关系难以构成固有必要共同诉讼。但是，应当看到，正如大陆法系国家或地区对必要共同诉讼的解释是在其实定法的规定之下展开的那样，在我国，也应当在我国诉讼法和实体法的框架之下安排道路交通事故损害赔偿案件的诉讼程序。总的理念应是，在保护私权、保障程序权利的前提下，应当尽可能地为当事人提供富有效率的一次性解决纠纷的机制，这是诉讼程序的基本价值追求。

以上述理念为指导，交强险保险公司作为应当追加的共同被告参加诉讼，主要理由如下：第一，《道路交通安全法》第七十六条赋予第三人（受害人）对保险公司的直接请求权，决定了保险公司可以作为被告。第二，道路交通事故损害赔偿案件的实体法律关系决定了应当将交强险保险公司作为共同被告。虽然从实体法律关系的角度看，第三人（受害人）对保险公司或侵权人（被保险人）的请求权可分别行使，但是在进入诉讼这一特定的场景之下，将会发生如下问题：首先，机动车是交通事故发生的参与方或原因之一，这一要件事实既是保险公司承担赔偿责任的要件事实，也是侵权人承担侵权责任的要件事实。在诉讼中，人民法院就该要件事实的认定，存在合一确定之必要。其次，由于侵权责任是在交强险赔偿之后才确定，如果不追加保险公司作为共同被告，侵权人侵权责任的范围即无法准确认定。再次，如果不追加保险公司，在侵权人（被保险人）另行起诉保险公司的后诉中，被保险机动车是否为交通事故的参与方或原因之一仍然是重要的争点之一，由于保险公司未参与前诉的诉讼程序，其诉讼权利也难以得到保障。第三，将交强险保险公司作为共同被告不会造成诉讼过分迟延。

十一、商业三者险保险公司的诉讼地位

《道交赔偿解释》将商业三者险保险公司作为经当事人申请追加的共同被告，主要理由如下。第一，一次性解决纠纷、减少当事人诉累的需要。司法实践中两次诉讼的处理模式显然增加了当事人的诉讼负担，徒增诉累。第二，商业险保险合同是以交强险赔偿范围之外的赔偿责任为保险标的，交强险保险公司的赔付责任和商业三者险保险公司的赔付责任具有较为紧密的关联性。在案件审理过程中遵循交强险先赔偿、再根据侵权责任和商业三者险合同确定保险公司的赔偿责任，最后确定侵权人自己承担的赔偿责任这一顺序，并不会出现法律关系过于复杂、案件难以处理、诉讼过分迟延的情况。第三，《保险法》第六十五条规定，商业三者险中的第三者在被保险人怠于请求保险金时有直接请求权。这里的“怠于”，在受害人已经起诉请求赔偿而被保险人尚未请求商业三者险保险公司赔偿的情况下，被保险人即处于懈怠状态。因此，将商业三者险合并审理符合《保险法》的规定。第四，合并审理有利于避免就相同争点重复审理，提高诉讼效率。在商业三者险合同纠纷中，保险公司往往需要根据具体情况就侵权人（被保险人）是否承担责任、承担责任的范围提出异议、行使相应的抗辩权，从而导致在商业三者险合同诉讼中出现相同争点重复审理的现象。另外，商业三者险的保险公司进入同一诉讼，也有利于其在该诉讼中行使合同上的抗辩权。

十二、关于人身权益的理解

我国民事法律对人身权的规定起于《民法通则》[①]。《民法通则》中规定了生命健康权、姓名权、名称权、肖像权、名誉权、荣誉权、婚姻自主权等人身权。之后《侵权责任法》中增加规定了隐私权，并将生命健康权区分规定为生命权、健康权两项权利。《最高人民法院关于确定民事侵权精神损害赔偿责任若干问题的解释》(以下简称《民事侵权精神损害赔偿解释》) 还规定了

---

① 《民法通则》由第六届全国人民代表大会第四次会议于 1986 年 4 月 12 日通过，根据 2009 年 8 月 27 日第十一届全国人民代表大会常务委员会第十次会议《关于修改部分法律的决定》修正。现已被废止，相关规定对应《民法典》总则编。后文中出现的，不再特别说明。

身体权、人格尊严权、人身自由权。《民法总则》[①]综合了多年来我国法律、司法解释对人身性民事权利的规定，将主要人身权列举为生命权、健康权、身体权、姓名权、肖像权、名誉权、荣誉权、隐私权、婚姻自主权，同时为了防止民事权利的不断发展变化，维持民法的稳定性，增加了“等”，便于司法实践的操作。此次《民法典》编纂时，对这一规定予以沿用。《民法典》第一百一十条规定的自然人享有的民事权利包括物质性的人格权和精神性的人格权。物质性的人格权是对自然人的物质表现形式所体现的人格利益设定的权利。物质性的人格权包括生命权、身体权、健康权。精神性人格权是指与人的生理和心理相关的以维持精神利益为主旨的人格权，是自然人对其精神性（心理性）人格要素的不可转让的支配权的总称，包括姓名权、肖像权、名誉权、荣誉权、隐私权、婚姻自主权等。因道路交通事故给被侵权人造成的人身伤害，一般是对物质性人格权的损害，即对生命权、身体权、健康权的损害。鉴于生命权、身体权、健康权均为《民法典》所保护的物质性人格权，有必要对上述三类权利予以区分，以厘清其概念和范围。其一，生命权。生命权是以自然人的生命安全利益为内容的权利，它以生命安全和生命维持为客体，以维护人的生命活动延续为基本内容。生命权受到侵害，必须以生命不可逆转的丧失为标准。其二，身体权。身体权是自然人维护其身体完全并支配其肢体、器官和其他身体组织的具体人格权。身体权受到侵害，表现为身体的完整性遭到破坏。身体权与健康权保护的方向不同，对身体的侵害主要指肉体上的侵害，造成机体或者器官无法正常运转。而健康权不仅是肉体上的，还包括心理上的，心理健康可使机体或者器官良好地运转，正常发挥其功能，使身体达到更好的状态。其三，健康权。健康权是以自然人及其身体和器官的功能利益为内容的权利。健康权不仅指身体及其器官的完整，还包括身体机能和器官可以正常运转；不仅包括身体机能的健康，还包括心理的健康，对健康权的侵害往往与身体权相伴随。由于在侵权责任法中，关于物质性的人格权中，并没有身体权，原司法解释制定之时并没有“身体权”的规定，而《民法典》第一百一十条将身体权规定为自然人的民事权利，故

---

① 《民法总则》由中华人民共和国第十二届全国人民代表大会第五次会议于2017年3月15日通过，2017年3月15日公布，自2017年10月1日起施行。现已被废止，相关规定对应《民法典》总则编。后文中出现的，不再特别说明。

《道交赔偿解释》增加规定了道路交通事故造成身体权损害的情况下，也构成人身伤亡。

十三、人身损害与财产损害

从侵权行为侵害的客体来进行区分，可以依据侵权行为侵害的是人身权还是财产权，将侵权行为区分为侵害人身权的侵权行为和侵害财产权的侵权行为。一般而言，侵害人身权益的侵权责任相较于侵害财产权益的民事责任，具有以下几个特点：第一，侵害人身权益造成的损害后果表现为人身伤害和人格利益的损害。其可以表现为一般的无形的人格利益损害，其中不具有或不直接具有财产利益。也可以表现为财产的损失。第二，侵害人身权益的后果往往难以用金钱计算损失，而侵害财产权益的后果基于填补损失的原则，比较容易计算。尽管人身权益具有明显的非财产性特征，但却又和财产权存在着不可分割的关系，因为人身权益是民事主体从事各类民事法律行为的基础，在很多情况下，人身权益是民事主体取得财产权的前提，人身权益也可以通过对其客体的商业化转化为财产权。而在审判实践中，当人身权益受到损害时，给予一定的财产性补偿则是较通用的做法。基于此，人们往往将人身损害混淆为财产损害，这实际上是混淆了在侵权救济模式意义上的侵权责任后果。基于侵权行为救济模式的区分，一般可以分为财产损害和非财产损害（其核心部分是精神损害赔偿）。在这一分类模式下，人身损害并没有独立的地位，也就是说人身损害并不是独立于财产损害和非财产损害的类型。这一分类模式实际上也是人身权益的非财产性与财产性的联系体现，这也就决定了对人身权利的侵害包括了很多具体的具有财产补偿性质的类别，如残疾赔偿金、死亡赔偿金、精神损害赔偿金等，这些损失体现在损害赔偿上则往往是以财产损失的方式表现。因此，《民法典》第一千一百七十九条、第一千一百八十三条规定的赔偿项目则是从侵权损害的救济模式，而非侵权客体（显然其并非侵权客体）的角度进行规定的。

无论是《道路交通安全法》还是《交强险条例》中的人身伤亡和财产损失，都是从侵权客体的角度进行分类，这种法律规定并不等同于在结果上的救济规定。在前述侵权客体和侵权救济模式的区分上，各国立法往往对于侵害人身权设定了两种救济模式，既可以体现在财产内容的救济模式，也可以体现在精神损害内容的救济模式。鉴于在我国目前的法律体系中，只有对人身权客体造成的侵害才可以适用精神损害赔偿，而对于财产损害则不存在精神损害内容的救济模式。而对于《道路交通安全法》以及《交强险条例》中的人身伤亡来说，其系基于侵权客体而进行规定的。而在侵害客体为人身权益的情形下，其救济意义上的赔偿责任则显然涵盖了《民法典》第一千一百七十九条、第一千一百八十三条规定的赔偿范围及项目。进而言之，在机动车发生交通事故造成第三人人身权益损害的情况下，既可能产生死亡赔偿金、残疾赔偿金等财产损害的侵权损害救济方式，也可能存在赔偿权利人精神损害的侵权损害救济方式。而在机动车发生交通事故造成被侵权人财产损失的情况下，则被侵权人仅能就实际损失请求侵权人承担赔偿责任。

十四、未投保交强险的责任性质及其构成

未投保交强险的机动车发生交通事故造成损害，投保义务人是否承担责任在我国现行法中并未明文规定，那么，需要进一步探究的问题是，投保义务人应否承担责任？如果应当承担责任，则承担责任的法律依据是什么？其责任构成如何？

我们认为，未投保交强险的机动车发生交通事故造成损害，投保义务人应当承担侵权责任，其法律依据为《民法典》第一千一百六十五条第一款，其责任范围即在交强险限额范围内的赔偿责任。

关于投保义务人的过错。在侵权责任法上，侵权行为可以区分为作为与不作为。其中，不作为成立侵权，必须以作为义务的存在为前提，而作为义务的来源，主要有根据法律规定的作为义务、依据合同约定的作为义务、公序良俗所产生的作为义务以及因社会活动安全注意义务所产生的作为义务（主要包括因自己先前行为、开启或维持某种交通或交往以及因从事一定营业或职业而产生的危险防范义务）。[①] 根据《道路交通安全法》第十七条规定，国家实行交强险制度，《交强险条例》第二条规定在中国境内道路上行驶的机动车的所有人或管理人都应当投保交强险，这是机动车所有人或者管理人的法定义务。由于投保交强险的义务是法律的明确规定，从现实来看，在机动

① 参见王泽鉴：《侵权行为》，北京大学出版社 2009 年版，第 92 ~ 94 页。

车购买、转让、年检、车船税的缴纳、违章的处罚等各个环节都要求投保交强险这一条件。所以，未投保交强险的行为在主观上多数是故意，少数情况下为重大过失。交强险的投保义务人因故意或者重大过失未投保交强险，违反了法定义务，其行为具有过错。

关于被侵权人的利益损失。根据《道路交通安全法》《交强险条例》的规定，我国的交强险更加强调对第三人的损失填补功能，更加重视对受害人的权益保障。在制度设计上，实现了交强险与侵权责任在一定范围内脱钩，即无论投保义务人对机动车事故是否具有过错，只要是造成被侵权人的损害，在交强险一定的责任限额范围内，都要对被侵权人进行赔付，从而使交强险的基本保障性质的功能更为凸显。在此背景下，机动车的投保义务人未投保交强险，导致被侵权人不能获得交强险的保险赔付。机动车未投保交强险，导致发生交通事故后第三人不能从交强险中获得赔偿的损失，显然不是一种类似生命权、健康权、财产权等绝对权形态的权利。那么，它是否属于侵权法应当保护的利益？我们认为，应作肯定回答。原因在于：根据我国目前的交强险制度，发生交通事故造成第三人损害的，在交强险责任范围内不讨论侵权责任，第三人能够从交强险保险公司获得相应限额范围内的赔偿。根据目前交强险的赔付规则，在机动车一方无责的情形下，交强险保险公司要在无责的限额内赔付；在机动车一方有责的情形下，不再区分责任的大小，交强险保险公司应在有责的限额内赔付。这种对第三人损害的填补方式，显然比适用过错责任的赔偿的范围要大，保障程度要高。由于投保义务人未投保交强险，导致第三人不能以此种方式获得赔偿，显然使第三人的利益受到损害。尽管我国的民法理论通说认为，权利之外的利益，在侵权责任领域并非一概保护，而是原则上不保护，例外情形下保护，[①] 但是，至少从文义解释的角度看，投保义务人投保交强险从而使受害的第三人能够获得交强险的赔偿确实是一种实实在在的利益。即使理论通说认为关于利益的保护应受限制，但也主要是从构成要件的角度展开。换言之，需要首先确定是否是可保护利益的范围，然后才能判断是否符合侵权责任的其他构成要件。《侵权责任法》

① 参见于飞：《侵权法中权利与利益的区分方法》，载《法学研究》2011 年第 4 期；葛云松：《纯粹经济损失的赔偿与一般侵权行为条款》，载《中外法学》2009 年第 5 期；王利明：《侵权责任法研究》（上卷），中国人民大学出版社 2011 年版，第 90 页。

第二条第二款采取列举式的方法规定了《侵权责任法》保护的民事权益的范围，同时在各列举的民事权益后加了“等”字，以为将来新型民事权益的类型留出空间。与《侵权责任法》相比，《民法典》第一千一百六十五条并未采取列举的方式，而是直接规定行为人因过错侵害他人民事权益造成损害的，应当承担侵权责任。也就是说，与《侵权责任法》第二条相比，《民法典》第一千一百六十五条对侵权责任保护的民事权益的范围采取了更为开放的态度。民法理论认为，对《侵权责任法》保护的民事权益应当作出限缩解释，限缩所需要排除的情形主要是：①因过失（或虽因故意但不违反善良风俗）而侵害绝对权之外的财产利益（并且不违反保护他人的法律）；②虽然因过错而违反法律并致人损害，但是该法律的目的并非保护受害人的被侵害的利益；③因故意或过失侵害他人具体人格权以外的人格利益，但情节并非重大。据此，《侵权责任法》保护的民事权益三种主要类型：①因过错不法侵害他人绝对权并造成损害；②因过错违反保护他人的法律并造成损害；③故意以违反善良风俗的方式加损害于他人。[①] 更进一步讲，可从区分权利和利益的角度切入，通过界定哪些法益属于权利、哪些属于权利之外的利益来确定侵权责任的保护范围。

上述理论解释，为《道交赔偿解释》提供了支持。我们认为，由于投保义务人未投交强险导致受害人（第三人）不能从交强险中获得赔偿的损失，应当受到侵权责任法的保护。其一，理论通说认为，对于绝对权之外的其他利益，在行为违反法律明确规定的情况下，应当对该利益的损失承担赔偿责任。如前所述，《道路交通安全法》《交强险条例》所规定的投保义务人投保交强险的义务，其立法目的在于保护道路交通中的不特定的第三人，所以，这些法律、行政法规具有保护他人之目的。即使按照德国法对利益保护持谨慎态度的立法或理论，投保义务人未投保交强险给第三人造成不能从交强险中获得赔偿的损失，也应当具有可赔偿性。其二，利益受到《侵权责任法》的保护之所以要受到限制，主要原因在于利益的不确定性，即人的不确定性和责任范围的不确定性。[②] 但是，由于交强险为法律和行政法规所明文规定，且

---

① 参见葛云松：《〈侵权责任法〉保护的民事权益》，载《中国法学》2010年第3期；陈现杰：《〈侵权责任法〉一般条款中的违法性判断要件》，载《法律适用》2010年第7期。

② 参见王泽鉴：《侵权行为》，北京大学出版社2009年版，第297页。

交强险的赔偿方式和赔偿范围也为公众所知晓。相应地，被侵权人（第三人）能够从交强险中获得赔偿的利益，从侵权人的角度看，在范围上并不存在不确定性。所以，从《侵权责任法》需要平衡受害人的损失填补和行为人行为自由的利益角度衡量，受害人（第三人）应当受到交强险赔偿的利益具有确定性，不会造成过度限制行为人行为自由的结果。其三，从我国现行法的规定来看，对于投保义务人未履行法定的投保义务，造成的损失由投保义务人负担的规定，早已有之。例如，《工伤保险条例》第六十二条第二款规定："依照本条例规定应当参加工伤保险而未参加工伤保险的用人单位职工发生工伤的，由该用人单位按照本条例规定的工伤保险待遇项目和标准支付费用。"《道交赔偿解释》在理念上与该规定是一致的。其四，如前所述，《民法典》相较于《侵权责任法》的规定，对利益的保护应当说采取了更为开放的态度，因此，明确侵权责任保护对被侵权人从交强险中获得赔付的这种利益，有利于通过私法的手段实现某些公法的目的，在客观上有利于《道路交通安全法》《交强险条例》等立法目的的实现。这种客观效果，也为被侵权人此种利益的保护提供了正当化依据。

关于投保义务人未投交强险的行为与被侵权人不能获得交强险赔偿而产生的利益损失之间存在因果关系。有观点认为，投保义务人未投保交强险的行为，与道路交通事故中的被侵权人的损害后果没有直接的因果关系，因此不应当由投保义务人按照本条规定承担责任。我们认为，这种观点虽然具有一定的合理性，但是却忽视了我国交强险制度的特征以及其与侵权责任的关系。

如前所述，基于交强险的基本保障功能，因交通事故所造成的损害是否构成侵权责任对于交强险的赔偿而言并不重要。因此，不能由此认为，由于交通事故所造成的损害是由于驾驶机动车的驾驶行为所引起而非未投保交强险的行为所造成，投保义务人不应当按照本条的规定承担责任。而应当是，正是由于投保义务人未投保交强险的行为，导致交通事故所造成的损害中的一部分不能从交强险中获得赔偿，这种损害恰恰与未投保交强险的行为具有因果关系。

综上，我们认为，未投保交强险的机动车发生交通事故，投保义务人因违反《道路交通安全法》《交强险条例》关于投保交强险的法定义务，导致被侵权人不能从交强险中获得赔付，由此产生的利益损失，投保义务人具有过错。依据《民法典》第一千一百六十五条的规定，投保义务人在交强险责任限额范围内应承担侵权责任。需要说明的是，投保义务人与侵权人为同一人的情况下，由于侵权人驾驶机动车给被侵权人造成人身、财产权利的损害，属于对绝对权利的损害，侵权人应当就全部损失承担损害赔偿责任。由于因绝对权利造成的损害赔偿范围中，包含了交强险赔偿，这是从外观上观察的结果。但究其实质，侵权人基于绝对权承担的损害赔偿责任，与投保义务人因未投保交强险给向被侵权人的合法利益进行的损害赔偿责任，是两种不同的侵权责任，只是在交强险责任范围内，上述两种责任发生竞合，根据损失填补的原则，被侵权人不能就此获得双倍赔偿。因此，在投保义务人和侵权人为同一人的情况下，由侵权人对因侵害绝对权的损失进行全部赔偿后，被侵权人不得就未获得交强险利益的损失再次请求赔偿；或者侵权人在交强险范围内先赔偿之后，被侵权人不得就其全部损失主张赔偿，仅能在扣除交强险责任限额后向侵权人主张赔偿。

十五、投保义务人与侵权人不一致应承担何种责任

根据《道路交通安全法》《交强险条例》的规定，机动车交强险的投保义务人为机动车的所有人或管理人，在实践中经常发生的情形是，机动车的所有人或管理人将未投保交强险的机动车以借用等方式供他人使用，在此期间发生交通事故。对于此种投保义务人和驾驶人不一致的情形，交强险责任限额范围内的责任应如何承担？是此次修改的重要问题。

我们认为，应当在交强险责任限额范围之内由投保义务人和行为人承担相应责任。对此，需要说明以下几个问题：

第一，对侵权人的责任应如何理解。由于机动车肇事给被侵权人造成人身、财产的损失，此种损失属于侵权人侵害他人人身、财产权利产生的损失，侵权人的过错是损失产生的直接原因，侵权人因过错行为对全部损失承担赔偿责任，此为《侵权责任法》过错责任原则的应有之义，不再赘述。

第二，对投保义务人的责任应如何理解。驾驶机动车上道路行驶，应当投保交强险。尽管投保义务人未投保交强险并非被侵权人人身、财产损失产生的直接原因，但如前所述，如果投保义务人此前已经投保了交强险，那么

被侵权人可以直接获得交强险的赔付，此时，因为投保义务人没有投保交强险，由此导致被侵权人不能获得交强险赔付的利益损失，这种损失并非被侵权人因绝对权利受到侵害而产生的损失，要注意区分上述两种损害赔偿责任。其一，主体不同，前者承担侵权责任的主体是侵权人，后者承担侵权责任的主体是投保义务人；其二，客体不同，前者保护的是他人的人身、财产权利，是一种绝对权；后者保护的是他人的合法利益；其三，法律效果不同。前者通过承担损害赔偿责任，目的是使得受害者恢复到交通事故发生前的状态，而后者的损害赔偿责任旨在恢复到投保交强险能够得到赔付的状态。由于交强险制度与侵权责任损害赔偿制度存在高度关联，交强险的意义在于加强侵权损害赔偿功能，因此，尽管侵权人与投保义务人在因未投保交强险的情况下造成的事故，对被侵权人而言承担的是不同的侵权责任，但由于二者同时具有的损失填补的功能，从结果上看，在交强险责任限额范围内，侵权人与投保义务人对被侵权人的损害赔偿责任产生了重合。但是，由于此时侵权人和投保义务人分别实施两个独立的侵权行为，侵害两个法益，因此二者并不构成连带责任、按份责任以及补充责任，而是二人均应独立承担侵权责任。

第三，侵权人与投保义务人责任的先后顺序。如果被侵权人仅选择侵权人或者投保义务人主张赔偿，二人分别承担各自的侵权责任，对此较好理解，也并无争议。问题是如果被侵权人同时向侵权人与投保义务人主张赔偿，就交强险责任限额内的赔偿责任来说，虽然侵权人对被侵权人的赔偿与投保义务人对被侵权人的赔偿是两项独立的赔偿，但对于被侵权人而言，其在该部分的损失只要获得其中一方的赔偿即获得弥补，故其不能双倍主张，这就面临着侵权人与投保义务人责任承担先后的问题。我们认为，应当由侵权人对其造成的损失先行承担责任，如果其先行承担责任仍然不能赔偿被侵权人的全部损失，由投保义务人在交强险责任限额范围内进行赔偿。需要注意的是，此处投保义务人虽然是在后位承担责任，具有补充责任的外观，但其实质并非补充责任，因为二人实施的侵权行为不同，投保义务人对其因未依法投保给被侵权人造成交强险限额范围内赔付利益的损失承担责任，很难说是为侵权人对其因机动车交通事故给被侵权人人身、财产权利造成的损失进行补充赔偿。对于此种情形，由侵权人先行承担责任的理由是：其一，侵权责任对于权利的保护与对利益的保护条件不同。从侵权责任法的制度价值来看，侵权责任法是救济法，其基本功能是对受害人的损害提供救济。[①]现代侵权责任法的发展是以救济受害人为中心而展开的，其基本价值理念是对受害人遭受的损害提供全面救济，以保护公民人身财产安全为目标，所贯彻的是民法的人文关怀精神。在这一目标指导下，侵权责任法一般确立了对人身权的优先保护，对受害人的全面救济等制度。[②]《侵权责任法》保护绝对权并无争议，但是，对于绝对权之外的纯粹经济损失是否保护存在争议。对于纯粹经济损失的含义，尽管各国和学者之间的观点有一定差异，但简单理解，纯粹经济损失是一种非因绝对权受侵害而发生的财产上的损害（不利益）。[③]应当说，现阶段理论和实践对于由侵权责任保护纯粹经济损失已经作出一些研究和探索，从一定程度上缩小了争议，目前就侵权责任法对纯粹经济损失的适用条件应当严于对绝对权的适用条件，并无太大争议。本规定涉及的投保义务人未依法投保，在发生机动车交通事故时，导致被侵权人交强险责任限额范围内不能获得赔偿，这是一种纯粹经济损失。机动车交通事故侵权中，在有直接侵权人的情况下，适用侵权责任的一般条款足以对被侵权人的损失进行完全的弥补，此种情况下不再启动纯粹经济损失的侵权保护，具有理论依据。其二，从保险制度与侵权损害赔偿责任的关系上看。在近代社会，《侵权责任法》坚持过错责任原则，强调对侵权人过错的追责和道德的谴责，这体现了《侵权责任法》的惩罚功能。随着工业社会的发展，《侵权责任法》补偿功能日益突出，其中一个显著的表现就是责任保险制度的发展。责任保险制度的实质就是将承担侵权责任的风险由社会共同分担，以此避免责任人因无力赔偿导致受害人不能得到真正救济的情况，从这个意义上说，责任保险制度的目的在于更好地实现《侵权责任法》的损害赔偿功能，但责任保险制度并不能够完全替代侵权责任的过错责任，不能因为存在责任保险制度而完全免除侵权人的损害赔偿责任。因此，在2020年《道交赔偿解释》第十六条的情形下，尽管投保义务人需要对受害人在交强险责任限额范围内承担赔偿责任，但这并不意味着侵权人对受害人的损害赔偿责任当然免除，否则，有违

---

① 参见［德］克里斯蒂安·冯·巴尔:《欧洲比较侵权行为法》(上卷)，焦美华译，法律出版社2004年版，第1页。

② 参见王利明:《侵权责任法与合同法的界分——以侵权责任法的扩张为视野》，载《中国法学》2011年第3期。

③ 参见葛云松:《纯粹经济损失的赔偿与一般侵权行为条款》，载《中外法学》2009年第5期。

《侵权责任法》“自己责任”的基本法理，难以有效督促对机动车进行直接控制的侵权尽到最大注意，从根本上避免损失发生。相反，如果侵权人通过承担损害赔偿责任，已经实现了对受害人损失的弥补，受害人就不能够再请求投保义务人承担责任。

综上，对于2020年《道交赔偿解释》第十六条第二款投保义务人与侵权人承担相应责任的理解，包括两个层次：一是投保义务人与侵权人各自均应向受害人承担损害赔偿责任，即投保义务人对其因不依法投保交强险给受害人在不能得到交强险责任限额内赔付利益的损失承担赔偿责任、侵权人对机动车交通事故给受害人造成的人身、财产权利损失承担赔偿责任；二是受害人请求投保义务人与侵权人赔偿损失的，应由侵权人先就其给受害人造成的全部损失进行赔偿，侵权人无力赔偿部分，由投保义务人在其应投保交强险责任限额范围内对受害人赔偿。

最高人民法院
关于确定民事侵权精神损害赔偿责任若干问题的解释

（2001年2月26日最高人民法院审判委员会第1161次会议通过
根据2020年12月23日最高人民法院审判委员会第1823次会议通过的
《最高人民法院关于修改〈最高人民法院关于在民事审判工作中适用
《中华人民共和国工会法》若干问题的解释〉等二十七件
民事类司法解释的决定》修正）

为在审理民事侵权案件中正确确定精神损害赔偿责任，根据《中华人民共和国民法典》等有关法律规定，结合审判实践，制定本解释。

第一条　因人身权益或者具有人身意义的特定物受到侵害，自然人或者其近亲属向人民法院提起诉讼请求精神损害赔偿的，人民法院应当依法予以受理。

第二条　非法使被监护人脱离监护，导致亲子关系或者近亲属间的亲属关系遭受严重损害，监护人向人民法院起诉请求赔偿精神损害的，人民法院应当依法予以受理。

第三条　死者的姓名、肖像、名誉、荣誉、隐私、遗体、遗骨等受到侵害，其近亲属向人民法院提起诉讼请求精神损害赔偿的，人民法院应当依法予以支持。

第四条　法人或者非法人组织以名誉权、荣誉权、名称权遭受侵害为由，向人民法院起诉请求精神损害赔偿的，人民法院不予支持。

第五条　精神损害的赔偿数额根据以下因素确定：

（一）侵权人的过错程度，但是法律另有规定的除外；

（二）侵权行为的目的、方式、场合等具体情节；

（三）侵权行为所造成的后果；

（四）侵权人的获利情况；

（五）侵权人承担责任的经济能力；

（六）受理诉讼法院所在地的平均生活水平。

第六条　在本解释公布施行之前已经生效施行的司法解释，其内容有与本解释不一致的，以本解释为准。

【导读及适用要点】

一、精神损害赔偿的主体

按照大陆法系国家传统的民法理论，因侵权致人损害，其损害后果可以区分为两种形态："财产上损害"和"非财产上损害"。"财产上损害"是指一切有形财产和无形财产所受损失，包括现有实际财产的减少和可得利益的丧失。其基本特征是损害具有财产上的价值，可以用金钱加以计算。"非财产上损害"相对于财产上损害而言，是指没有直接的财产内容或者不具有财产上价值的损害。其损害本身不能用金钱加以计算，在此意义上，凡属"财产损害"以外的其他一切形态的损害，包括生理、心理以及超出生理、心理范围的抽象精神利益损害，都是"非财产上损害"，不以民事主体是否具有生物形态的存在和精神感受力为前提。广义上认为，无论自然人、法人，其民事权益遭受侵害时都会发生“非财产上损害”；而狭义的观点认为，“非财产上损害”作为具体的损害结果，首先是指精神痛苦，忧虑、绝望、怨愤、失意、悲伤、缺乏生趣等均为其表现形态；其次还包括肉体痛苦。通常认为，由于法人不具有精神感受力，无法产生精神和肉体上的痛苦，因此对法人而言不存在精神损害赔偿。我国《民法典》采狭义论观点，认为对法人和非法人组织不能适用精神损害赔偿。

需要注意的是，此次修改将有权提起精神损害赔偿的主体由“自然人”修改为“自然人或者其近亲属”，主要是考虑到与《民法典》第一千一百八十一条、第一千一百八十三条的衔接。根据《民法典》第一千一百八十一条的规定，被侵权人死亡的，其近亲属有权请求侵权人承担侵权责任。此处的侵权责任是否包括精神损害赔偿？应当说，自《侵权责任法》明确规定精神损害赔偿制度以来，我国立法与司法实践对上述问题都是持肯定态度的，即认可因侵权行为而死亡的被侵权人的近亲属有权主张精神损害赔偿。民法典释义认为，《民法典》第一千一百八十三条第一款中的“侵害自然人人身权益”中的“自然人”包括了被侵权人死亡时其近亲属。然而，在《民法典》编纂过程中，有的观点提出，被侵权人因侵权行为死亡的，其近亲属能不能主张精神损害赔偿，不够明确，建议予以明确。[①] 在司法解释修正征求意见时，也有反馈意见建议明确规定精神损害赔偿的主体是否包括被侵权人的近亲属。考虑到审判实践的需要，我们在规定精神损害赔偿主体资格时采“自然人或者其近亲属”的表述，目的是进一步强调精神损害赔偿的主体范围排除法人及非法人组织的同时，明确被侵权人死亡时其近亲属有权提起精神损害赔偿，这与《民法典》第一千一百八十三条规定的精神并不矛盾。

二、精神损害赔偿的客体

从立法政策的角度来看，大陆法系各国对精神损害赔偿客体的规定，一般有两种立法模式：其一是限定主义的立法，明确规定“非财产上损害”以

① 参见黄薇主编：《中华人民共和国民法典释义及适用指南》，中国民主法制出版社 2020 年版，第 1803 页。

法律规定者为限，可以请求金钱赔偿。其二是非限定主义的立法，即在立法上对财产损害和非财产上损害不作区分，或虽作区分但对精神损害赔偿的范围不作特别的限制性规定，而是一般规定因过错致人损害的，应负损害赔偿责任。在第二种立法模式下，无论是人身权还是财产权受到侵害，凡能证明因为此种侵害遭受非财产上损害的，都可以请求赔偿其损害。但前已述及，由于精神损害与自然人的人身权益遭受侵害的不利益状态具有较为直接和密切的联系，有关国家和地区的民事法律一般都将精神损害的赔偿范围限定在自然人的人身权益遭受侵害的情形之中，对财产权益受到侵害发生的精神损害，原则上不得主张损害赔偿救济。《民法典》从维护人身权利和人格尊严的基本价值目标出发，同时考虑到一些特定的物品对于被侵权人而言具有重要的人身意义，比如结婚纪念册、特殊纪念品等，这些物品一般独一无二、难以复制，如果这些物品损毁、灭失，也会造成被侵权人严重的精神损害。因此，《民法典》将精神损害赔偿的客体范围主要规定为自然人的人身权益的同时，还规定了对自然人具有人身意义的特定物，也属于精神损害赔偿的客体范围。

三、对死者的人身权益延伸保护的规定

审判实践中，因死者的姓名、肖像、名誉、荣誉、隐私、遗体、遗骨等受到侮辱、贬损、丑化引起的纠纷不断出现。自然人死亡后，其姓名、肖像、名誉、荣誉等应当受到法律保护自无争议，但对法律和司法解释在这里保护的是谁的权利，是什么权利还存在不同的认识。一种观点认为，自然人死亡后的一段时间内，死者仍然可以作为人身权的主体享有权利。因此，法律保护的是民事主体人身权的延伸。另一种观点则认为，自然人的民事权利能力始于出生，终于死亡。之所以在死者姓名、肖像、名誉、荣誉受到侵害时，允许其近亲属向人民法院起诉，主要是为了保护死者近亲属的利益。

近代民事立法中一般均规定，自然人的民事权利始于出生，终于死亡。法律在保护自然人的人身权益的同时，对于其在诞生前或死亡后依法享有的利益，给予延伸保护。既然我国《民法典》第十三条已经明确规定，自然人从出生时起到死亡时止，具有民事权利能力，依法享有民事权利，承担民事义务。死者不具有民事权利能力，也就不享有民事权利。因此，将《最高人

民法院关于确定民事侵权精神损害赔偿责任若干问题的解释》(以下简称《民事侵权精神损害赔偿解释》)中保护的内容解释为死者的民事权利，就缺少法律依据，故不能理解为《民事侵权精神损害赔偿解释》确定了对死者人身权的保护。同时，根据死者近亲属享有诉权就认为《民事侵权精神损害赔偿解释》第三条解释的目的是保护死者近亲属的民事权利的观点则明显与《民事侵权精神损害赔偿解释》的原意相悖。姓名、肖像、名誉、荣誉均属于人格权的范畴，人格权是民事主体的一种专属权利，只能由每个民事主体单独享有，不得转让、抛弃、继承。人格权的这种专属性，决定了除自然人本人以外，任何他人均不可能通过转让、继承来取得他人的人格权，所以，自然人死亡以后，其姓名、肖像、名誉、荣誉受损的事实，不能视为其近亲属民事权利受损。法律和司法解释保护的，也不是死者近亲属的民事权利。现代民法理论认为，自然人生命终止以后，继续存在着某些与该自然人作为民事主体存续期间已经取得和享有的与其人身权相联系的利益，损害这些利益，将直接影响到曾经作为民事主体存在的该自然人的人格尊严。通常认为，民事主体享有民事权利能力时，其享有人身权益；当民事主体还未诞生以及消灭以后，作为权利主体已经不存在，但由于其围绕人身权益而存在的先期利益和延续利益客观地存在着。《民法典》第九百九十四条将死者的姓名、肖像、名誉、荣誉、隐私、遗体、遗骨作为一种合法利益给予法律保护，体现了法律对民事主体权益保护的完整性，也有利于引导人们重视个人生前和身后的声誉，符合社会主义核心价值观。

理解《民事侵权精神损害赔偿解释》第三条规定还应注意，既然司法解释的本意是对自然人生前享有的人身权而产生的利益给予延伸保护，死者的近亲属享有的是什么权利？应该说死者近亲属享有的请求权是为了保护死者人身权利益必备的一种请求权。之所以规定由死者近亲属行使这种请求权，是考虑到由于近亲属与死者具有在共同生活中形成的感情、亲情或特定的身份关系，最关心死者人身权利益的延伸保护问题；另外，以往最高人民法院的司法解释已经对近亲属的内涵作了明确的规定，又因为近亲属的存活年限有一般的规律存在，可以作为对死者人身权利益的保护期限。明确这一点，对于审判实践最直接的意义是，当死者的人身权利益受损的事实发生后，无论其亲属有多少人同时提起诉讼，都不影响人民法院判令侵权人支付精神损害抚慰金的数额；一个损害事实只能引起一次诉讼，死者的其他近亲属就同一侵权事实提起的请求精神损害赔偿的诉讼，人民法院不能因为提起诉讼的主体不同而全部予以支持。

四、对自然人以外的其他民事主体能否主张精神损害赔偿的规定

关于自然人以外的其他民事主体人格权受到侵害是否可以主张精神损害赔偿，学术界大致存在两种观点：为所谓的“精神痛苦说”。这种观点认为，精神损害在本质上是一种非财产损害，它是指自然人因侵害人格权的行为而导致的生理、心理、精神、感情上的创伤和痛苦。这种创伤和痛苦只有自然人才存在，并以悲伤、忧虑、绝望等形式表现出来。精神痛苦是精神损害赔偿的基础和前提。而法人和非法人组织作为社会组织，在名称权、名誉权、荣誉权等人格权利受到侵害时，不存在精神、心理等方面的痛苦，不存在精神损害的问题，自然没有精神损害赔偿适用的余地。在法人或者非法人组织的人格权受到侵害的情况下，损害赔偿应以财产损失为前提，即造成法人和非法人组织财产损失的，应当予以赔偿；未造成财产损失的，应采取其他民事责任形式如停止侵害、赔礼道歉、消除影响等方式来处理。故精神损害赔偿只能限定在自然人的范围。其二认为，精神损害不仅指因侵权行为导致的受害人生理、心理、精神等方面的痛苦，也包括受害人因侵权行为而遭受的抽象精神利益的损害。依这种观点，精神损害可以分为三种情况：以侵害权利人生命权、健康权、身体权为主要内容的生理方面的损害；以造成受害人精神痛苦、焦虑、绝望等损害为主要内容的心理方面的损害和以侵害权利人姓名（名称）、肖像、名誉、婚姻家庭关系等为主要内容的精神利益的损害。精神利益不以权利主体的生物形态为存在的基础，凡是法律上的“人”，不论自然人还是法人均存在精神利益，都可能成为精神损害的受害者。因此，在侵权行为造成法人或者非法人组织的精神利益受损时，也应当承担精神损害赔偿责任。这种观点还认为，导致精神损害的行为也不限于侵害人身权益的行为，侵害他人财产权的行为，甚至违约行为，均可能导致他人的精神损害，并引起精神损害赔偿的发生。而“精神痛苦说”混淆了精神利益与精神痛苦的关系，将精神痛苦作为精神损害的唯一的客体，缩小了精神损害赔偿的适用范围，特别是将法人和非法人组织排除在精神损害赔偿之外，使法人和非

法人组织的精神利益无法实现，不利于保护法人和非法人组织的合法权益。其他国家和地区的学说和立法上一般不采用精神损害赔偿的提法，而是使用“非财产损害赔偿”的概念。所谓非财产损害，有学者认为即是指精神痛苦和生理痛苦，以此为前提，法人“仅其社会价值与自然人相同而已”，不存在精神痛苦，不应适用非财产损害赔偿；也有学者认为，“非财产损害赔偿”是无形损害，不仅仅指精神痛苦，所有的非财产损害均应包括在内，不能因为法人没有精神而否认其有非财产损害。各个国家和地区由于立法原则不同，立法和判例对于法人是否可以适用非财产损害赔偿问题采取不同的立场。我国的立法和实践主流观点不支持法人和非法人组织的精神损害赔偿，《民法典》采纳了这一观点，将《侵权责任法》中有权主张精神损害赔偿的主体“他人”修改为“自然人”，明确了只有自然人才可以作为有权主张精神损害赔偿的主体。因此，为与《民法典》规定精神保持一致，人民法院对于法人或者非法人组织以名称权、名誉权、荣誉权遭受侵害为由，请求赔偿精神损害的，不应予以支持。需要注意的是自然人、法人或者非法人组织以名称权、名誉权、荣誉权之外的其他人格权益遭受侵害为由请求精神损害赔偿，人民法院应如何处理？由于《民法典》人格权编中，名称权、名誉权、荣誉权之外的其他人格权益是自然人专属的人格权，法人或者非法人组织并不享有，因此，法人或者非法人组织以名称权、名誉权、荣誉权之外的其他人格权益遭受侵害为由主张侵权损害赔偿的，由于其不具有诉的利益，不符合2012年《民事诉讼法》第一百一十九条[①]的规定，人民法院对此类诉讼应不予受理，已经受理的，应当驳回起诉。

五、关于确定精神损害赔偿数额的规定

精神损害赔偿数额的确定标准是审判实践中经常遇到的问题。由于缺少法律和司法解释的依据，各地人民法院在审判实践中判出的数额相差悬殊。因此，有必要对精神损害赔偿金数额的确定标准加以规范。

不同国家对于精神损害赔偿金采取了不同的标准，固定赔偿、标准赔偿和限额赔偿的原则在大陆法系国家中采用得较为普遍。而英美法系多由法官

① 现为2023年《民事诉讼法》第一百二十二条。——编者注

自由裁量。考虑到涉及精神损害赔偿的案件类型多种多样，每一个案件的具体侵权状况和引起的后果各不相同，采取列举的方式并不能穷尽所有的侵权行为，且各侵权行为发生地的经济情况和当事人的收入水平也不尽一致，很难制定出一个统一的精神损害赔偿标准。因此，《民事侵权精神损害赔偿解释》第五条仍采取的是由法官根据确定的因素进行裁量的办法，但这种裁量要遵循一定的原则，尽可能降低裁量的主观性和任意性。

赔偿损失是承担民事责任的一种重要方式，精神损害赔偿本质上与财产损害赔偿的责任构成要件并无不同。《民事侵权精神损害赔偿解释》第五条之所以要求法官在确定精神损害赔偿数额时首先考虑侵权人的主观过错，是因为过错责任原则是《侵权责任法》的一般归责原则。精神损害赔偿作为一种民事责任，自然应遵循这一归责原则。因此，侵权人主观上具有过错，过错程度是否严重，是故意还是过失，应该成为法官在确定精神损害赔偿数额时所要考虑的重要因素。这是过错责任原则的基本要求。将这一原则应用到审判实践中，就是要在确定精神损害赔偿数额时做到：（1）侵权人没有过错的，只有在法律另有规定的情况下，才可以判决其承担精神损害赔偿责任；（2）在侵权后果大致相同的情况下，故意侵权致人损害的当事人较之过失侵权致人精神损害的当事人责任要重，支付的精神损害赔偿金的数额相对要多一些；（3）对于过失致人精神损害的当事人，重大过失和一般过失相比较，前者支付的精神赔偿数额要高一些。

侵权人的侵害目的、方式、场合等具体情节和侵权行为所造成的后果是法官在确定精神损害赔偿数额时需要结合起来考虑的问题。精神损害是一种无形损害，本质上不可用金钱计量，金钱也并不能像填补物质损害一样对受害人的精神损害起到填平损害的作用。要求侵权人承担精神损害的赔偿责任，主要是基于对侵犯他人人身权益的侵权行为的可归责性及道德上的可谴责性作出的主观评价。因此，精神损害赔偿兼具抚慰、惩罚和调整功能。精神损害的性质决定了损害后果是由多种因素综合造成的，单纯考虑某一种因素所得出的结果并不科学。例如，精神损害后果的严重与否，与受害人的主观状态，特别是其心理承受能力有密切的关系。同样的侵权行为，发生在不同的当事人身上，可引起不同的后果。因此，在确定精神损害赔偿数额的时候，不仅仅要看到侵权行为造成的直接后果，还要结合侵害人的侵害目的、方式、场合等具体侵权情节加以考虑。一般说来，审判实践中结合侵权行为所造成的后果和侵权人的目的、方式、场合考虑确定精神损害赔偿数额时应注意：(1) 从损害后果上看，侵权致人精神损害，造成受害人死亡、精神失常丧失劳动能力、生活自理能力的，较造成受害人一般精神痛苦的，侵权人的精神损害赔偿责任要重；(2) 从侵权行为的道德可谴责性看，在公众场合，公然侮辱、诽谤他人，采取恶劣手段侮辱妇女，造成重大影响的，较一般后果、影响不大的侵权行为，侵权人的精神损害赔偿责任要重。也就是说，从侵害目的、方式、场合看，侵权行为的道德可谴责性越大，侵权人所应承担的精神损害赔偿责任也就相应地应该加重。

对于因人身权益造成的损失到底是什么、是多少，在实践中往往难以认定。这时就要考虑采用其他合理的赔偿标准。在财产损失赔偿中，如果被侵权人的财产损失难以确定，一般情况下采取侵权人所获利益标准进行赔偿。采取这种标准的原因在于，在被侵权人损失难以计算的情况下，通常对方所获得的利益就是等同于所遭受的损失。这种做法在知识产权领域早有实践，在此背景下，《民法典》第一千一百八十二条在总结有关经验的基础上明确了以侵权人获利为标准的赔偿方式。《民事侵权精神损害赔偿解释》第五条规定参照《民法典》第一千一百八十二条规定，将获利标准作为精神损害赔偿数额的考虑因素，是一种务实的选择。

是否应当将侵权人承担经济责任的能力作为确定精神损害赔偿数额的因素考虑，是争议较大的问题。持反对意见的人认为，将侵权人的经济承担能力作为确定精神损害赔偿数额的依据，造成的直接后果是，实施同样侵权行为的人，有钱的就多赔，无钱的就少赔；对于受害者来说，受到有钱的行为人侵害，就可以多获赔偿，受到没有钱的行为人的侵害，就要少得赔偿或得不到赔偿，这种做法直接违反法律面前人人平等的原则。其实，这种观点是片面的。民法的一项基本功能就是平衡当事人之间的经济利益。精神损害赔偿有着许多不同于财产损害赔偿的特点：一是精神损害是无形的，其本身无法以金钱数额的多少进行计量，因此，不能单纯以给付数量的多少体现判决是否公平；二是从精神损害抚慰金的功能上看，受害人是否从精神上得到满足，往往也不是由精神损害抚慰金的绝对数额决定的，只要能够给侵权人以惩罚，就能够起到安抚受害人的作用。如果受害人看到侵权人因为他的侵权行为而承担的责任对于其经济状况来说已经属于一种惩罚，常常能够感到一种安慰从而接受这样的裁决。相反，如果法院判决加害人支付的精神损害抚慰金远远超过其支付能力而使受害人得不到实际的赔偿，则无法起到安抚受害人的作用。精神损害赔偿的另一个功能是调整作用，目的是平衡双方当事人之间的经济利益，如果法官在作出裁决时不考虑侵权人的责任承担能力，使判决的结果在当事人之间造成新的重大的利益失衡，会使判决的执行变为不可能，从而使人民法院裁决的公平性、公正性受损。

处理侵权赔偿纠纷案一般要适用侵权行为地法，但侵权行为地又可以分为侵权行为发生地和侵权行为结果地。根据《民事诉讼法》的规定，受害人可以选择在侵权行为发生地或侵权行为结果地提起民事诉讼。又由于侵权人和受害人可能分属两个不同的国家或地区，所以，受诉法院常常在确定损害赔偿数额时，就参考哪一地的平均生活水平而发生分歧。由于精神损害赔偿不同于财产损害赔偿，不需要针对受害人的实际经济损失的大小作出准确的裁决，本着诉讼经济的原则，为了免去法官在就精神损害赔偿数额作出裁决时考察受害人或侵权人住所地平均生活水平的麻烦，2020 年《民事侵权精神损害赔偿解释》明确规定法官在确定精神损害抚慰金的数额时可以只将受诉法院所在地的平均生活水平作为考虑因素。

最高人民法院

关于审理人身损害赔偿案件适用法律若干问题的解释

（2003年12月4日最高人民法院审判委员会第1299次会议通过　根据2020年12月23日最高人民法院审判委员会第1823次会议通过的《最高人民法院关于修改〈最高人民法院关于在民事审判工作中适用《中华人民共和国工会法》若干问题的解释〉等二十七件民事类司法解释的决定》修正　根据2022年2月15日最高人民法院审判委员会第1864次会议通过的《最高人民法院关于修改〈最高人民法院关于审理人身损害赔偿案件适用法律若干问题的解释〉的决定》修正　该修正自2022年5月1日起施行）

为正确审理人身损害赔偿案件，依法保护当事人的合法权益，根据《中华人民共和国民法典》《中华人民共和国民事诉讼法》等有关法律规定，结合审判实践，制定本解释。

第一条　因生命、身体、健康遭受侵害，赔偿权利人起诉请求赔偿义务人赔偿物质损害和精神损害的，人民法院应予受理。

本条所称“赔偿权利人”，是指因侵权行为或者其他致害原因直接遭受人身损害的受害人以及死亡受害人的近亲属。

本条所称“赔偿义务人”，是指因自己或者他人的侵权行为以及其他致害原因依法应当承担民事责任的自然人、法人或者非法人组织。

第二条　赔偿权利人起诉部分共同侵权人的，人民法院应当追加其他共同侵权人作为共同被告。赔偿权利人在诉讼中放弃对部分共同侵权人的诉讼请求的，其他共同侵权人对被放弃诉讼请求的被告应当承担的赔偿份额不承担连带责任。责任范围难以确定的，推定各共同侵权人承担同等责任。

人民法院应当将放弃诉讼请求的法律后果告知赔偿权利人，并将放弃诉讼请求的情况在法律文书中叙明。

第三条 依法应当参加工伤保险统筹的用人单位的劳动者，因工伤事故遭受人身损害，劳动者或者其近亲属向人民法院起诉请求用人单位承担民事赔偿责任的，告知其按《工伤保险条例》的规定处理。

因用人单位以外的第三人侵权造成劳动者人身损害，赔偿权利人请求第三人承担民事赔偿责任的，人民法院应予支持。

第四条 无偿提供劳务的帮工人，在从事帮工活动中致人损害的，被帮工人应当承担赔偿责任。被帮工人承担赔偿责任后向有故意或者重大过失的帮工人追偿的，人民法院应予支持。被帮工人明确拒绝帮工的，不承担赔偿责任。

第五条 无偿提供劳务的帮工人因帮工活动遭受人身损害的，根据帮工人和被帮工人各自的过错承担相应的责任；被帮工人明确拒绝帮工的，被帮工人不承担赔偿责任，但可以在受益范围内予以适当补偿。

帮工人在帮工活动中因第三人的行为遭受人身损害的，有权请求第三人承担赔偿责任，也有权请求被帮工人予以适当补偿。被帮工人补偿后，可以向第三人追偿。

第六条 医疗费根据医疗机构出具的医药费、住院费等收款凭证，结合病历和诊断证明等相关证据确定。赔偿义务人对治疗的必要性和合理性有异议的，应当承担相应的举证责任。

医疗费的赔偿数额，按照一审法庭辩论终结前实际发生的数额确定。器官功能恢复训练所必要的康复费、适当的整容费以及其他后续治疗费，赔偿权利人可以待实际发生后另行起诉。但根据医疗证明或者鉴定结论确定必然发生的费用，可以与已经发生的医疗费一并予以赔偿。

第七条 误工费根据受害人的误工时间和收入状况确定。

误工时间根据受害人接受治疗的医疗机构出具的证明确定。受害人因伤致残持续误工的，误工时间可以计算至定残日前一天。

受害人有固定收入的，误工费按照实际减少的收入计算。受害人无固定收入的，按照其最近三年的平均收入计算；受害人不能举证证明其最近三年的平均收入状况的，可以参照受诉法院所在地相同或者相近行业上一年度职工的平均工资计算。

第八条 护理费根据护理人员的收入状况和护理人数、护理期限确定。

护理人员有收入的，参照误工费的规定计算；护理人员没有收入或者雇佣护工的，参照当地护工从事同等级别护理的劳务报酬标准计算。护理人员原则上为一人，但医疗机构或者鉴定机构有明确意见的，可以参照确定护理人员人数。

护理期限应计算至受害人恢复生活自理能力时止。受害人因残疾不能恢复生活自理能力的，可以根据其年龄、健康状况等因素确定合理的护理期限，但最长不超过二十年。

受害人定残后的护理，应当根据其护理依赖程度并结合配制残疾辅助器具的情况确定护理级别。

第九条 交通费根据受害人及其必要的陪护人员因就医或者转院治疗实际发生的费用计算。交通费应当以正式票据为凭；有关凭据应当与就医地点、时间、人数、次数相符合。

第十条 住院伙食补助费可以参照当地国家机关一般工作人员的出差伙食补助标准予以确定。

受害人确有必要到外地治疗，因客观原因不能住院，受害人本人及其陪护人员实际发生的住宿费和伙食费，其合理部分应予赔偿。

第十一条 营养费根据受害人伤残情况参照医疗机构的意见确定。

第十二条 残疾赔偿金根据受害人丧失劳动能力程度或者伤残等级，按照受诉法院所在地上一年度城镇居民人均可支配收入标准，自定残之日起按二十年计算。但六十周岁以上的，年龄每增加一岁减少一年；七十五周岁以上的，按五年计算。

受害人因伤致残但实际收入没有减少，或者伤残等级较轻但造成职业妨害严重影响其劳动就业的，可以对残疾赔偿金作相应调整。

第十三条 残疾辅助器具费按照普通适用器具的合理费用标准计算。伤情有特殊需要的，可以参照辅助器具配制机构的意见确定相应的合理费用标准。

辅助器具的更换周期和赔偿期限参照配制机构的意见确定。

第十四条 丧葬费按照受诉法院所在地上一年度职工月平均工资标准，以六个月总额计算。

第十五条 死亡赔偿金按照受诉法院所在地上一年度城镇居民人均可支

配收入标准，按二十年计算。但六十周岁以上的，年龄每增加一岁减少一年；七十五周岁以上的，按五年计算。

第十六条　被扶养人生活费计入残疾赔偿金或者死亡赔偿金。

第十七条　被扶养人生活费根据扶养人丧失劳动能力程度，按照受诉法院所在地上一年度城镇居民人均消费支出标准计算。被扶养人为未成年人的，计算至十八周岁；被扶养人无劳动能力又无其他生活来源的，计算二十年。但六十周岁以上的，年龄每增加一岁减少一年；七十五周岁以上的，按五年计算。

被扶养人是指受害人依法应当承担扶养义务的未成年人或者丧失劳动能力又无其他生活来源的成年近亲属。被扶养人还有其他扶养人的，赔偿义务人只赔偿受害人依法应当负担的部分。被扶养人有数人的，年赔偿总额累计不超过上一年度城镇居民人均消费支出额。

第十八条　赔偿权利人举证证明其住所地或者经常居住地城镇居民人均可支配收入高于受诉法院所在地标准的，残疾赔偿金或者死亡赔偿金可以按照其住所地或者经常居住地的相关标准计算。

被扶养人生活费的相关计算标准，依照前款原则确定。

第十九条　超过确定的护理期限、辅助器具费给付年限或者残疾赔偿金给付年限，赔偿权利人向人民法院起诉请求继续给付护理费、辅助器具费或者残疾赔偿金的，人民法院应予受理。赔偿权利人确需继续护理、配制辅助器具，或者没有劳动能力和生活来源的，人民法院应当判令赔偿义务人继续给付相关费用五至十年。

第二十条　赔偿义务人请求以定期金方式给付残疾赔偿金、辅助器具费的，应当提供相应的担保。人民法院可以根据赔偿义务人的给付能力和提供担保的情况，确定以定期金方式给付相关费用。但是，一审法庭辩论终结前已经发生的费用、死亡赔偿金以及精神损害抚慰金，应当一次性给付。

第二十一条　人民法院应当在法律文书中明确定期金的给付时间、方式以及每期给付标准。执行期间有关统计数据发生变化的，给付金额应当适时进行相应调整。

定期金按照赔偿权利人的实际生存年限给付，不受本解释有关赔偿期限的限制。

第二十二条 本解释所称“城镇居民人均可支配收入”“城镇居民人均消费支出”“职工平均工资”，按照政府统计部门公布的各省、自治区、直辖市以及经济特区和计划单列市上一年度相关统计数据确定。

“上一年度”，是指一审法庭辩论终结时的上一统计年度。

第二十三条 精神损害抚慰金适用《最高人民法院关于确定民事侵权精神损害赔偿责任若干问题的解释》予以确定。

第二十四条 本解释自2022年5月1日起施行。施行后发生的侵权行为引起的人身损害赔偿案件适用本解释。

本院以前发布的司法解释与本解释不一致的，以本解释为准。

【导读及适用要点】

一、被扶养人生活费计入“两金”

《最高人民法院关于审理人身损害赔偿案件适用法律若干问题的解释》（以下简称《人身损害赔偿解释》）第一次修改时增加第十六条，规定“被扶养人生活费计入残疾赔偿金或者死亡赔偿金”。《人身损害赔偿解释》第二次修改时，有观点提出应将被扶养人生活费这一赔偿项目删除，以与《民法典》第一千一百七十九条赔偿项目的规定保持一致。我们没有采纳此种意见。

被扶养人生活费是2003《人身损害赔偿解释》第十七条第三款规定的赔偿项目，《侵权责任法》制定时未在赔偿项目的规定中列明该项费用，其背景是当时最高人民法院拟提高死亡赔偿金和残疾赔偿金的计算标准，从而覆盖被扶养人生活费。后因上述“两金”计算标准未能修改，最高人民法院下发《最高人民法院关于适用〈中华人民共和国侵权责任法〉若干问题的通知》，在第四条规定“将被扶养人生活费计入残疾赔偿金或死亡赔偿金”。《民法典》第一千一百七十九条关于人身损害赔偿项目的规定，基本上承继了《侵权责任法》的规定。《民法典》实施后，若不支持赔偿被扶养人生活费，被扶养人作为间接受害人遭受的反射性损害[①]将得不到填补，这必然导致民法典实施前后同一问题赔偿标准不统一的问题。为此，2020年《人身损害赔偿解释》专门增加规定“被扶养人生活费计入残疾赔偿金或者死亡赔偿金。”

应注意的是，赔偿权利人最终获得的死亡赔偿金包括两部分，其一是按照2020年《人身损害赔偿解释》第十五条规定计算的死亡赔偿金，其二是按照2020年《人身损害赔偿解释》第十七条规定计算的被扶养人生活费。残疾赔偿金的计算亦是如此。

二、为什么不按照民法典的法条表述将“赔偿权利人”“赔偿义务人”修改为“侵权人”“被侵权人”

《人身损害赔偿解释》进行修改时，有意见主张，为与《民法典》侵权责任编的法条表述一致，应当将“赔偿权利人”和“赔偿义务人”修改为“侵权人”和“被侵权人”。我们未采纳这一意见。在侵权损害赔偿之债的法律关系中，“赔偿权利人”和“赔偿义务人”不完全对应于“侵权人”和“被侵权人”。例如，“赔偿权利人”可以是作为直接受害人的被侵权人，也可以是作为间接受害人的死亡受害人的近亲属，还可以是为被侵权人支付医疗费、丧葬费等合理费用的人，[②]上述主体均享有独立的赔偿请求权，均可以成为赔偿权利人。同样，“赔偿义务人”也不限于侵权行为人，与行为人或者致害动物、物件等具有一定管领控制关系的人亦可成为赔偿义务人，比如无民事行为能力人和限制民事行为能力人的监护人、致害动物和物件的所有人或管理人。因此，采用“赔偿权利人”和“赔偿义务人”来表述人身损害赔偿之债的权利义务主体，符合司法审判的实际情况，也能够更好地体现人身损害赔偿的债性质。

审判实践中应注意，被扶养人虽不再具有独立的赔偿请求权，但因被扶养人生活费仍应计入残疾赔偿金和死亡赔偿金，故在确定法定被扶养人的范围时，应严格依照《民法典》婚姻家庭编的相关规定，一般不得基于法官自

---

① 国外对间接受害人所受损害有固有损害说与反射损害说。反射损害说对间接受害人如何行使请求权又有直接请求权说与间接请求权说。

② 《民法典》第一千一百八十一条第二款规定：“被侵权人死亡的，支付被侵权人医疗费、丧葬费等合理费用的人有权请求被侵权人赔偿费用，但是侵权人已经支付该费用的除外。”

由裁量将被侵权人自愿扶养的非近亲属的旁系血亲或者姻亲纳入被扶养人范围，从而加重赔偿义务人的赔偿责任。被侵权人有法定被扶养人的情况下，其自愿扶养的非近亲属的旁系血亲或者姻亲，因被侵权人死亡或者残疾导致生活困难的，可通过其他途径获得救济。

三、共同侵权坚持必要共同诉讼是否与债权人对连带债务人享有选择权的规定相悖

2003 年《人身损害赔偿解释》第五条明确了对共同侵权人提起的损害赔偿之诉属于必要的、不可分的共同诉讼，如果赔偿权利人仅起诉部分共同侵权人，人民法院应当依职权追加其余共同侵权人为共同被告。有意见提出，上述规定限制了连带债务的债权人的选择权，与《民法典》第五百一十八条的规定冲突。[①] 经研究并报经立法机关同意，2022 年《人身损害赔偿解释》第二条保留了共同侵权采取必要共同诉讼形式的规定，将债权人对连带债务人的选择权后移至执行程序。主要考虑是，关于债权人对连带债务的债务人追责问题，实体法与程序法的规定并不完全一致。按照 2022 年《民事诉讼法》[②] 第五十五条、第一百三十五条的规定，当事人一方或者双方为二人以上，其诉讼标的是共同的，构成必要共同诉讼。必须共同进行诉讼的当事人没有参加诉讼的，人民法院应当通知其参加诉讼。共同侵权产生的连带责任主体为二人以上，被侵权人与侵权人之间争议的并要求人民法院裁决的法律关系同一，故依程序法的逻辑，对共同侵权人提起的损害赔偿之诉应属必要共同诉讼，当事人必须一同起诉或者应诉，人民法院应当合并审理。如从诉讼处分原则的角度出发，允许债权人选择被告，人民法院为查明共同过错、因果关系等案件事实的需要，往往会将未被债权人追责的共同侵权人追加为第三人，这就面临对第三人的范围进行扩张的问题，与《民事诉讼法》第五十九条的规定存在冲突。考虑到将共同侵权人追加为共同被告，并不会损害债权人利益，亦符合必要共同诉讼的规定，且有利于人民法院查明事实、一次性

① 《民法典》第五百一十八条第一款规定："债务人为二人以上，债权人可以请求部分或者全部债务人履行全部债务的，为连带债务。"

② 《全国人民代表大会常务委员会关于修改〈中华人民共和国民事诉讼法〉的决定》已由中华人民共和国第十三届全国人民代表大会常务委员会第三十二次会议于 2021 年 12 月 24 日通过，自 2022 年 1 月 1 日起施行。本文所述《民事诉讼法》，均指 2022 年 1 月 1 日起施行的《民事诉讼法》。

解决纠纷，避免出现分开起诉侵权人导致作出的裁判相互抵触的情况，且债权人还可在执行程序中对法院裁判确认的连带债务人行使履行选择权。因此，2003 年《人身损害赔偿解释》第五条的规定仍然具有法律适用价值，在协调实体法和程序法方面具有重要意义，所以继续予以保留。

四、删除雇员工伤的雇主责任规定后，雇员因安全生产事故遭受人身损害的责任如何确定

2003 年《人身损害赔偿解释》第十一条对雇员工伤的雇主责任作出规定，2020 年第一次修改时对该条规定予以删除，主要因为该条规定第一款的内容已为《民法典》第一千一百九十一条用人单位责任的规定、第一千一百九十二条个人劳务关系中的侵权责任规定所吸收取代。该条第二款关于“雇员在从事雇佣活动中因安全生产事故遭受人身损害，发包人、分包人知道或者应当知道接受发包或者分包业务的雇主没有相应资质或者安全生产条件的，应当与雇主承担连带赔偿责任”的规定，在当时有效的《安全生产法》第一百条中有类似规定，《人身损害赔偿解释》无须重复规定。2021 年《安全生产法》修正，原第一百条规定的内容保留，条文序号修改为第一百零三条。因此，2003 年《人身损害赔偿解释》第十一条第二款规定删除后，相关情形可以适用 2021 年修正的《安全生产法》第一百零三条第一款的规定来确定民事责任。①

五、删除人身损害赔偿范围的规定后，受害人亲属办理丧葬事宜支出的交通费、住宿费和误工损失等其他合理费用能否继续支持赔偿

《民法典》第一千一百七十九条规定的人身损害赔偿范围限于“为治疗和康复支出的合理费用”，对于“造成死亡的”赔偿范围还包括丧葬费和死亡赔偿金。从字面上来看，上述规定未涵盖 2003 年《人身损害赔偿解释》第十七条第三款所规定的“受害人亲属办理丧葬事宜支出的交通费、住宿费和误工损失等其他合理费用”。审判实践中，对《民法典》实施后是否还继续支持赔

① 2021 年修正的《安全生产法》第一百零三条第一款规定：“生产经营单位将生产经营项目、场所、设备发包或者出租给不具备安全生产条件或者相应资质的单位或者个人的……导致发生生产安全事故给他人造成损害的，与承包方、承租方承担连带赔偿责任。”

偿受害人亲属办理丧葬事宜支出的交通费、住宿费和误工损失的问题，形成两种意见。其一认为，《民法典》第一千一百七十九条规定的丧葬费涵盖了奔丧费用，《人身损害赔偿解释》对丧葬费采定额化赔偿，丧葬费的计算标准不低，不应再支持赔偿。其二认为，《人身损害赔偿解释》规定的定额化计算的丧葬费不包含奔丧费用，奔丧费用在2003年《人身损害赔偿解释》中是单独赔偿项目，丧葬费的现行计算标准与办理丧葬事宜的实际支出相比并不高，很多地方甚至买不到一块墓地。受害人近亲属奔丧属于因侵权行为产生的合理损失，国外立法例多数支持赔偿，故2003年《人身损害赔偿解释》第十七条第三款规定的受害人亲属办理丧葬事宜支出的交通费、住宿费和误工损失等合理费用仍应支持赔偿。

对此，笔者认为，目前立法机关对上述争议费用是否继续支持赔偿尚未有明确态度，人民法院可暂依照《民法典》第一千一百八十一条第二款“被侵权人死亡的，支付被侵权人医疗费、丧葬费等合理费用的人有权请求侵权人赔偿费用，但是侵权人已经支付该费用的除外”的规定，对“受害人亲属办理丧葬事宜支出的交通费、住宿费和误工损失等其他合理费用”予以支持。

第二部分　司法观点

一、损害赔偿范围

1.如何处理雇用司机开车过程中发生的交通事故损害赔偿

问题：某法院在处理一些因交通事故引发的赔偿案件中，对个别问题存在不同认识，一是车主雇用司机开车过程中发生交通事故，车主作为被告对外承担赔偿责任后，在车主与司机无事先约定的情况下，车主向司机追偿赔偿损失的，能否立案受理？应如何定性？二是某案件中某甲购货车后雇用乙为其开车，一次甲跟车外出送货，发生单方交通事故致甲受伤，甲起诉乙要求赔偿人身损害造成的损失，其起诉是否符合立案条件？

《人民司法》研究组认为：第一个问题，车主雇用司机开车过程中发生交通事故，实践中通常的做法是认定车主与司机对外承担责任。本案中车主对外承担赔偿责任后，在车主与司机事先没有做特别约定的情况下，车主完全有权要求司机赔偿理应由其负担的那部分损失，法院应予立案受理。第二个问题，甲雇用乙开车送货，因单方交通事故致甲受伤，甲的权利受到侵害，甲作为受害人，有权向侵权人乙提起侵权之诉并要求赔偿损失，符合立案条件。

——《人民司法》2000 年第 2 期（总第 433 期）。

2.机动车未投保交强险发生交通事故赔偿责任如何承担的规定

《道交赔偿解释》是关于机动车未投保交强险发生交通事故赔偿责任如何承担的规定。

我们认为：未投保交强险的机动车发生交通事故，投保义务人因违反《道路交通安全法》《交强险条例》关于投保交强险的法定义务，导致被侵权人不能从交强险中获得赔付，由此产生的利益损失，投保义务人具有过错。依据《民法典》第一千一百六十五条的规定，投保义务人在交强险责任限额范围内应承担侵权责任。需要说明的是，投保义务人与侵权人为同一人的情况下，由于侵权人驾驶机动车给被侵权人造成人身、财产权利的损害，属于对绝对权利的损害，侵权人应当就全部损失承担损害赔偿责任。由于因绝对权利造成的损害赔偿范围中，包含了交强险赔偿，这是从外观上观察的结果。但究其实质，侵权人基于绝对权承担的损害赔偿责任，与投保义务人因未投保交强险对被侵权人的合法利益进行的损害赔偿责任，是两种不同的侵权责任，只是在交强险责任范围内，上述两种责任发生竞合，根据损失填补的原则，被侵权人不能就此获得双倍赔偿。因此，在投保义务人和侵权人为同一人的情况下，由侵权人对因侵害绝对权的损失进行全部赔偿后，被侵权人不得就未获得交强险利益的损失再次请求赔偿；或者侵权人在交强险范围内先赔偿之后，被侵权人不得就其全部损失主张赔偿，仅能在扣除交强险责任限额后向侵权人主张赔偿。

投保义务人与侵权人不一致应承担何种责任？我们认为：应当在交强险责任限额范围之内由投保义务人和行为人承担相应责任。对此，需要说明以下几个问题：

第一，对侵权人的责任应如何理解。由于机动车肇事给被侵权人造成人身、财产的损失，此种损失属于侵权人侵害他人人身、财产权利产生的损失，侵权人的过错是损失产生的直接原因，侵权人因过错行为对全部损失承担赔偿责任，此为《侵权责任法》过错责任原则的应有之义，不再赘述。

第二，对投保义务人的责任应如何理解。驾驶机动车上道路行驶，应当投保交强险。尽管投保义务人未投保交强险并非被侵权人人身、财产损失产生的直接原因，但如前所述，如果投保义务人此前已经投保了交强险，那么被侵权人可以直接获得交强险的赔付，此时，因为投保义务人没有投保交强险，由此导致被侵权人不能获得交强险赔付的利益损失，这种损失并非被侵权人因绝对权利受到侵害而产生的损失，要注意区分上述两种损害赔偿责任。其一，主体不同，前者承担侵权责任的主体是侵权人，后者承担侵权责任的主体是投保义务人。其二，客体不同，前者保护的是他人的人身、财产权利，是一种绝对权；后者保护的是他人的合法利益。其三，法律效果不同。前者通过承担损害赔偿责任，目的是使受害者恢复到交通事故发生前的状态，而后者的损害赔偿责任旨在恢复到投保交强险能够得到赔付的状态。由于交强险制度与侵权责任损害赔偿制度存在高度关联，交强险的意义在于加强侵权损害赔偿功能，因此，尽管侵权人与投保义务人在因未投保交强险的情况下造成的事故，对被侵权人而言承担的是不同的侵权责任，但由于二者同时具有的损失填补的功能，从结果上看，在交强险责任限额范围内，侵权人与投保义务人对被侵权人的损害赔偿责任产生了重合。但是，由于此时侵权人和投保义务人分别实施两个独立的侵权行为，侵害两个法益，因此二者并不构成连带责任、按份责任以及补充责任，而是二人均应独立承担侵权责任。

第三，侵权人与投保义务人责任的先后顺序。如果被侵权人仅选择侵权人或者投保义务人主张赔偿，二人分别承担各自的侵权责任，对此较好理解，也并无争议。问题是如果被侵权人同时向侵权人与投保义务人主张赔偿，就交强险责任限额内的赔偿责任来说，虽然侵权人对被侵权人的赔偿与投保义务人对侵权人的赔偿是两项独立的赔偿，但对于被侵权人而言，其在该部分的损失只要获得其中一方的赔偿即获得弥补，故其不能双倍主张，这就面临着侵权人与投保义务人责任承担先后的问题。我们认为，应当由侵权人对其造成的损失先行承担责任，其先行承担责任仍然不能赔偿被侵权人的全部损失的，由投保义务人在交强险责任限额范围内进行赔偿。需要注意的是，此处投保义务人虽然是在后位承担责任，具有补充责任的外观，但其实质并非补充责任，因为二人实施的侵权行为不同，投保义务人对其因未依法投保给被侵权人造成交强险限额范围内赔付利益的损失承担责任，很难说是为侵权人对其因机动车交通事故给被侵权人人身、财产权利造成的损失进行补充赔偿。对于此种情形，由侵权人先行承担责任的理由是：其一，侵权责任对于权利的保护与对利益的保护条件不同。从《侵权责任法》的制度价值来看，《侵权责任法》是救济法，其基本功能是对受害人的损害提供救济。现代《侵权责任法》的发展是以救济受害人为中心而展开的，其基本价值理念是对受害人遭受的损害提供全面救济，以保护公民人身财产安全为目标，所贯彻的是民法的人文关怀精神。在这一目标指导下，《侵权责任法》一般确立了对人身权的优先保护，对受害人的全面救济等制度。《侵权责任法》保护绝对权并无争议，但是，对于绝对权之外的纯粹经济损失是否保护存在争议。对于纯粹经济损失的含义，尽管各国和学者之间的观点有一定差异，但简单理解，纯粹经济损失是一种非因绝对权受侵害而发生的财产上的损害（不利益）。应当说，现阶段理论和实践对于由侵权责任保护纯粹经济损失已经作出的一些研究和探索，从一定程度上缩小了争议，目前就《侵权责任法》对纯粹经济损失的适用条件应当严于对绝对权的适用条件，并无太大争议。《道交赔偿解释》第十六条涉及的投保义务人未依法投保，在发生机动车交通事故时，导致被侵权人在交强险责任限额范围内不能获得赔偿，这是一种纯粹经济损失。机动车交通事故侵权中，在有直接侵权人的情况下，适用侵权责任的一般条款足以对被侵权人的损失进行完全的弥补，此种情况下不再启动纯粹经济损失的侵权保护，具有理论依据。其二，从保险制度与侵权损害赔偿责任的关系上看。在近代社会,《侵权责任法》坚持过错责任原则，强调对侵权人过错的追责和道德的谴责，这体现了《侵权责任法》的惩罚功能。随着工业社会的发展,《侵权责任法》补偿功能日益突出，其中一个显著的表现就是责任保险制度的发展。责任保险制度的实质就是将承担侵权责任的风险由社会共同分担，以此避免责任人因无力赔偿导致受害人不能得到真正救济的情况，从这个意义上说，责任保险制度的目的在于更好地实现《侵权责任法》的损害赔偿功能，但责任保险制度并不能够完全替代侵权责任的过错责任，不能因为存在责任保险制度而完全免除侵权人的损害赔偿责任。因此，在《道交赔偿解释》第十六条的情形下，尽管投保义务人需要对受害人在交强险责任限额范围内承担赔偿责任，但这并不意味着侵权人对受害人的损害赔偿责任当然免除，否则，有违《侵权责任法》“自己责任”的基本法理，难以有效督促对机动车进行直接控制的侵权尽到最大注意义务，从根本上避免损失发生。相反，如果侵权人通过承担损害赔偿责任，已经实现了对受害人损失的弥补，受害人就不能够再请求投保义务人承担责任。

综上，对于《道交赔偿解释》第十六条第二款投保义务人与侵权人承担相应责任的理解，包括两个层次：一是投保义务人与侵权人各自均应向受害人承担损害赔偿责任，即投保义务人对其因不依法投保交强险给受害人在不能得到交强险责任限额内赔付利益的损失承担赔偿责任，侵权人对机动车交通事故给受害人造成的人身、财产权利损失承担赔偿责任；二是受害人请求投保义务人与侵权人赔偿损失的，应由侵权人先就其给受害人造成的全部损失进行赔偿，侵权人无力赔偿部分，由投保义务人在其应投保交强险责任限额范围内对受害人赔偿。

——最高人民法院民法典贯彻实施工作领导小组办公室编著：《最高人民法院实施民法典清理司法解释修改条文（111 件）理解与适用》，人民法院出版社 2022 年版，第 336~340 页。

3.保险公司不得以被保险机动车转让后未向其办理变更手续为由拒绝赔付

《交强险条例》第十八条规定："被保险机动车所有权转移的，应当办理机动车交通事故强制责任保险合同变更手续。"在有些案件中，被保险机动车买卖后未向保险公司办理变更手续，发生交通事故后，保险公司以此为理由拒绝赔付。对于此类案件，应当如何处理？

上述问题涉及如何理解《交强险条例》第十八条之规定。如果从合同权利义务的转让角度来看，机动车转让，强制险合同的当事人也会发生变更，据此而言，属于债权债务的概括转移，如果按照《合同法》[①]的规定，应当经对方当事人同意。未经同意，按照《合同法》的理解，应当是债务转让部分不生效，而债权转让部分则对债务人不发生效力。如果仍然从保险合同的角度来看机动车所有权人与保险公司的关系，显然所有权人在转让时已经购买了保险，投保人的主要义务已经履行完毕，责任强制保险合同项下转让的主要是权利，即在发生交通事故时要求保险人支付保险金的权利。于此场合，我们认为，虽然没有通知债务人保险公司，但是保险金的请求本身即可视为通知，至于变更手续，应当看作一种通知的形式，与口头通知并无实质的差别。

同时，还要看到，《交强险条例》第十四条第一款规定，保险公司不得解

① 《合同法》由中华人民共和国第九届全国人民代表大会第二次会议于 1999 年 3 月 15 日通过，1999 年 3 月 15 日公布，自 1999 年 10 月 1 日起施行。现已被废止，相关规定对应《民法典》合同编。后文中出现的，不再特别说明。

除机动车交通事故责任强制保险合同；但是，投保人对重要事项未履行如实告知义务的除外。这里的机动车转让是否属于"重要事项"，我们认为不属于。原因在于：第一，《交强险条例》第八条规定，保险公司应当根据被保险机动车发生交通事故的多少来减低或提高保险费率。该条所用的词语是被保险机动车而非被保险人。这就说明，在这里，重要事项应当是通过机动车来判断，例如被保险机动车的车况、安全性能以及使用年限等，而主要的不是被保险人的情况。第二，实际上，在机动车转让办理强制保险变更手续时，保险公司也并不审查受让人个人的具体情况，这也从另一侧面反映出受让人的个人情况并非保险合同的重要情况。第三，以上都是从一种形式化、逻辑化的角度来分析问题，从更为实质的角度来看，正如有的法院所持的观点那样，即强制险是对物而非对人，因为它是对这个危险物所造成的第三人损失的保险，而非对某个人的保险，因此，即使不办理变更手续，只要被保险机动车存在，都应当承担责任。

——最高人民法院侵权责任法研究小组编著：《〈中华人民共和国侵权责任法〉条文理解与适用》，人民法院出版社2010年版，第353~354页。

4.关于保险公司追偿和在交强险责任限额范围内赔偿，以及受害人在侵权人和保险公司间求偿问题的处理

一、保险公司的追偿能否在同一诉讼中提出并合并审理

在实践中，有的保险公司可能会在诉讼中直接向法院提出，要求在同一案件中解决向致害被保险人追偿的问题。那么，保险公司的追偿请求能否在交通事故损害赔偿案件中一并审理呢？我们认为，不应对此类诉请予以合并审理，这是因为：（1）保险公司的追偿权应当在其实际向受害人赔偿后取得。在交通事故损害赔偿案件中，保险公司一般均未实际赔偿或未足额赔偿受害人，因此，并未取得追偿权。（2）在交通事故损害赔偿案件中，保险公司的诉讼地位是被告，被保险人作为侵权行为人，其诉讼地位也是被告，被告向被告提出的诉请，在民事诉讼程序上难以处理。因此，对保险公司在交通事故损害赔偿案件中提出追偿问题的，人民法院应当告知其可以在向受害人实际赔偿后另行主张。

二、保险公司在交强险责任限额范围内赔偿的理解

交强险保险公司的赔偿，应限于交强险责任限额范围内。对这一规定的理解，根据《道路交通安全法》第十七条、《交强险条例》第二十三条的规定，不仅是从总额上不应突破交强险的责任限额，而且在交强险的赔偿分项上，亦应当按照《中国保监会关于调整交强险责任限额的公告》(2008年1月11日）所确定的死亡伤残赔偿、医疗费用赔偿和财产损失赔偿的限额确定。受害人请求承保交强险的保险公司对超出交强险分项限额范围的损失予以赔偿的，人民法院不应予以支持。

三、受害人在侵权人和保险公司间求偿

在驾驶人存在违法情形导致交通事故的情况下，受害人所受人身损害程度不同，其从侵权人或保险公司取得实际赔偿的难度以及实际取得的赔偿数额不同等多种因素，使得实践中受害人获得损害赔偿的情形较为复杂。在受害人向人民法院起诉请求交强险保险公司予以赔偿时，应当注意区分不同情况具体分析：

（一）受害人已经从侵权人处获得全部或部分赔偿的处理

在受害人已经从侵权人处获得全部或部分赔偿的情况下，是否还有权向交强险保险人请求损害赔偿呢？从《侵权责任法》所确立的损害赔偿原则看，我国目前侵权责任主要采取填补原则，即有损害才有赔偿，实际损害是多少，赔偿就偿付多少。从交强险设立的目的看，其主要是为了保护交通事故受害人权益，防止在发生交通事故时，因侵权人无力赔偿或难以向侵权人求偿的情况下，受害人无法得到及时救治等。因此，本司法解释所规定的保险公司的赔偿责任，应当理解为受害人对向侵权人请求赔偿或向保险公司请求赔偿具有选择权，在受害人已经从侵权人处获得全部赔偿的情况下，其无权再向保险公司请求赔偿；在受害人从侵权人处获得部分赔偿的情况下，保险公司可以在赔偿时相应扣减。

（二）交强险保险公司的赔偿不足以弥补受害人全部损失的处理

由于目前我国交强险责任限额水平并不高，而一些经济发展水平较高地区的人身损害赔偿计算标准较高，受害人从交强险保险人处获得的赔偿不足以弥补其全部人身损害损失的情况并不少见。按照《侵权责任法》第四十八

条[①]和《道路交通安全法》第七十六条第一款的规定，受害人就未从保险公司取得赔偿的部分，应有权向侵权人请求。在诉讼中，受害人通常也会将侵权人和保险公司一同告上法院。交强险责任限额之外的损失，受害人当然有权要求侵权人赔偿，人民法院也应分别确定侵权人和保险公司的赔偿数额。

（三）受害人全部或部分放弃对侵权人人身损害赔偿请求的处理

受害人放弃对侵权人人身损害赔偿请求，转而向交强险保险公司请求赔偿的情况虽然并不多见，但在理论上也有可能会发生。从受害人意思表示的解释角度看，受害人对侵权人损害赔偿请求权的放弃，可以理解为同时放弃了对交强险保险公司依据《道交赔偿解释》第十八条[②]的赔偿请求权。这与商业保险中被保险人赔偿请求权的放弃与保险公司代位求偿权之间的关系相类似。由于受害人对侵权人赔偿请求权的丧失将使保险公司代位求偿权随之丧失，所以，保险公司可以在被保险人放弃赔偿请求的范围内获得免赔权。但是，当受害人放弃了对侵权人的损害赔偿请求权后，又向保险公司请求赔偿时，应理解为其并未有一并放弃对保险公司赔偿请求权的意思表示，在此情况下，我们认为，应当从交强险作为法定的强制保险的特点出发，将受害人放弃对侵权人赔偿请求的意思表示，解释为仅在受害人与侵权人之间发生法律效果，而在受害人与保险公司之间不发生法律效果。交强险保险公司对受害人的赔偿责任，不能因受害人对侵权人损害赔偿之放弃而免除。当然，在此情况下，保险公司在实际赔偿了受害人之后，可以取得对侵权人的法定追偿权，而同样不受受害人放弃赔偿请求意思表示的影响，除非是受害人的这种放弃赔偿请求已经事先得到保险公司的明示同意。这样才能使交强险追偿权制度设计之平衡利益、重大过错责任人承担最终赔偿责任以及惩戒违法行为、维护交通安全等目的不至落空。

——最高人民法院民事审判第一庭编著：《最高人民法院关于道路交通损害赔偿司法解释理解与适用》，人民法院出版社 2012 年版，第 241~243 页。

① 对应《民法典》第一千二百零八条。

② 现为《道交赔偿解释》（2020 年修正）第十五条。

5.违法驾驶情形下交强险保险公司追偿权的行使对象、追偿范围及其诉讼程序

最高人民法院民一庭意见：依据《道交赔偿解释》第十八条[①]的规定，交强险保险公司在责任限额范围内向受害人承担赔偿责任后，有权就其已赔付的全部数额向侵权人追偿。

关于被追偿人，在机动车所有人、管理人与实际驾驶人分离时，如实际驾驶人是在执行工作任务过程中发生损害，则被追偿人为用人单位；在其他情形下，如果机动车所有人、管理人对于实际驾驶人存在《道交司法解释》第十八条规定的违法驾驶行为知道或应当知道的，机动车所有人、管理人应依其过错负担被追偿的义务。

关于侵权之诉与追偿权之诉的关系问题，审判实践中宜作如下处理：在前诉中，一审法院释明后，原告申请追加机动车所有人或管理人为被告，应予准许；释明后原告不申请追加，则可通知机动车所有人或管理人作为第三人参加诉讼。

附：案情简介

案例一：2012年1月5日，崔甲与崔乙、向甲、向乙共同搭乘魏某驾驶的小型普通客车，与王某（持“C1”机动车驾驶证）驾驶的中型自卸货车，发生碰撞，造成两车受损，乘车人崔甲当场死亡，魏某、向乙受伤。公安交通管理部门作出《道路交通事故认定书》，认定魏某驾车经过连续弯道时占线行驶，王某持“C1”机动车驾驶证驾驶中型自卸货车上道路行驶，临危措施不当，认定魏某负此次道路交通事故的主要责任，王某负次要责任，乘车人崔甲、崔乙、向甲、向乙不负责任。

2012年4月6日，崔甲的法定继承人与魏某、王某在人民法院就本次交通事故中魏某、王某在交强险外的赔偿责任达成赔偿协议（以下简称前诉），由魏某、王某分别赔偿崔甲的法定继承人10万元、3.5万元。魏某、王某现已实际履行赔偿协议。

---

① 现为《道交赔偿解释》（2020年修正）第十五条。

王某驾驶的中型自卸货车在保险公司投保了机动车交通事故责任强制保险，保险期限为2011年3月16日至2012年3月15日止。2012年5月8日，某人民法院判决该保险公司在交强险责任限额内向崔甲的法定继承人赔偿11万元。

2012年7月3日，保险公司向人民法院起诉要求王某支付保险公司赔偿崔甲近亲属的11万元。

一审法院认为，王某在本次事故中负次要责任，再结合王某在前诉中就本次交通事故所承担的赔偿数额，王某在本次交通事故的赔偿责任限额为30%。故王某应在其责任限额内承担责任，即保险公司在交强险限额内向崔甲的近亲属赔偿11万的30%，共计3.3万元。遂判决：（1）王某支付保险公司保险赔偿金损失3.3万元，限判决生效之日起10日内付清；（2）驳回保险公司的其余诉讼请求。保险公司不服，提起上诉，主张一审判决依据王某的事故责任比例确定追偿范围于法无据。

案例二：2010年8月17日，于某无证驾驶无牌摩托车超速行驶与林某无证驾驶制动不良的普通货车发生交通事故，经交警认定，于某承担主要责任，林某承担次要责任。

2012年3月1日，于某起诉（以下简称侵权之诉），要求林某赔偿医疗费、营业费、鉴定费、精神抚慰金、二次手术费等合计31219.91元 ×30% 即9365.97元；请求被告交强险保险公司在交强险限额范围内赔偿医疗费、住院伙食补助费、伤残赔偿金、护理人伙食补助费、误工费、护理费等合计107512元。诉讼中，于某与林某达成协议，法院出具调解书；2012年5月29日，一、二审法院判决保险公司向于某赔偿各项损失107512元。

之后，保险公司另行提起民事诉讼，向林某（车辆驾驶人）及李某（车辆所有人）主张追偿权。一审法院支持保险公司诉讼请求。林某、李某提出上诉。李某主张，首先，根据《道交赔偿解释》）第十八条①的规定，被追偿对象是“侵权人”，其作为车辆所有人不是被追偿对象；其次，李某未参加侵权之诉，依据侵权之诉认定的赔偿数额确定其被追偿数额，程序不当。

——最高人民法院民一庭：《违法驾驶情形下交强险保险公司追偿权的行

---

① 现为《道交赔偿解释》（2020年修正）第十五条。

使对象、追偿范围及其诉讼程序——道路交通损害赔偿司法解释第十八条的解释论》，载最高人民法院民事审判第一庭编：《民事审判指导与参考》2014年第3辑（总第59辑），人民法院出版社2014年版，第125~134页。

6.以家庭自用名义投保的车辆从事网约车营运活动，因从事网约车营运发生的交通事故，保险公司可以在商业三者险范围内免赔

程某颖诉张某、某财产保险股份有限公司南京市分公司机动车交通事故责任纠纷案（江苏省南京市江宁区人民法院民事判决书）

裁判摘要：在合同有效期内，保险标的的危险程度显著增加的，被保险人应当及时通知保险人，保险人可以增加保险费或者解除合同。被保险人未作通知，因保险标的危险程度显著增加而发生的保险事故，保险人不承担赔偿责任。以家庭自用名义投保的车辆从事网约车营运活动，显著增加了车辆的危险程度，被保险人应当及时通知保险公司。被保险人未作通知，因从事网约车营运发生的交通事故，保险公司可以在商业三者险范围内免赔。

江苏省南京市江宁区人民法院认为：公民的健康权受法律保护。行为人因过错侵害他人权益的，承担侵权责任。

关于本次交通事故责任划分问题。《道路交通安全法》第七十六条规定机动车发生交通事故造成损失的，首先由保险公司在交强险责任限额内赔偿，不足部分，机动车与非机动车驾驶人之间发生交通事故，非机动车驾驶人无过错的，由机动车一方承担赔偿责任；有证据证明非机动车驾驶人有过错的，根据过错程度适当减轻机动车一方的赔偿责任。本案中，被告张某驾驶机动车向右转弯，原告程某颖驾驶非机动车直行，转弯应当避让直行，张某未能避让存在过错。被告不能证明原告程某颖存在闯红灯等过错行为，故张某应负事故全部责任，程某颖因本次交通事故产生的损失首先由被告某保南京分公司在交强险责任限额内赔偿，不足部分，由机动车一方赔偿。

关于被告某保南京分公司是否应当在商业三者险内赔偿的问题。《保险法》（2015年修正）第五十二条规定“在合同有效期内，保险标的的危险程度显著增加的，被保险人应当按照合同约定及时通知保险人，保险人可以按照合同约定增加保险费或者解除合同。……被保险人未履行前款规定的通知义

务的，因保险标的的危险程度显著增加而发生的保险事故，保险人不承担赔偿保险金的责任。”保险合同是双务合同，保险费与保险赔偿金为对价关系，保险人依据投保人告知的情况，评估危险程度而决定是否承保以及收取多少保险费。保险合同订立后，如果危险程度显著增加，保险事故发生的概率超过了保险人在订立保险合同时对事故发生的合理预估，如果仍然按照之前保险合同的约定要求保险人承担保险责任，对保险人显失公平。

在当前车辆保险领域中，保险公司根据被保险车辆的用途，将其分为家庭自用和营运车辆两种，并设置了不同的保险费率，营运车辆的保费接近家庭自用的两倍。这是因为，相较于家庭自用车辆，营运车辆的运行里程多，使用频率高，发生交通事故的概率也自然更大，这既是社会常识也是保险公司对风险的预估，车辆的危险程度与保险费是对价关系，家庭自用车辆的风险小，支付的保费低；营运车辆风险大，支付的保费高。以家庭自用名义投保的车辆，从事营运活动，车辆的风险显著增加，投保人应当及时通知保险公司，保险公司可以增加保费或者解除合同并返还剩余保费，投保人未通知保险公司而要求保险公司赔偿营运造成的事故损失，显失公平。

营运活动与家庭自用的区别在于：第一，营运以收取费用为目的，家庭自用一般不收取费用。第二，营运的服务对象是不特定的人，与车主没有特定的关系；家庭自用的服务对象一般为家人、朋友等与车主具有特定关系的人。而本案中，被告张某通过打车软件接下网约车订单，其有收取费用的意图，且所载乘客与其没有特定关系，符合营运的特征。

被告张某的营运行为使被保险车辆危险程度显著增加，张某应当及时通知被告某保南京分公司，某保南京分公司可以增加保险费或者解除合同返还剩余保险费。张某未履行通知义务，且其营运行为导致了本次交通事故的发生，某保南京分公司在商业三者险内不负赔偿责任。

——《最高人民法院公报》2017 年第 4 期。

7.“优者危险负担”原则在认定交通事故损害赔偿责任中的运用

最高人民法院民一庭意见：在没有交通事故责任认定书的情形下，人民法院应根据事故发生时，事故双方的车辆性能、造成危险局面的成因、危害回避能力的大小、造成损害后果的原因等具体情况，判定各方的民事赔偿责任。

附：案情简介

2009年10月27日，王某驾驶普通正三轮摩托车沿遂安线由西向往东方向行驶，行驶至遂安线6千米+300米时，在超越前方同向行驶的由李某驾驶并搭载张某的电动自行车的过程中，发现对面驶来一辆轿车，遂以五档的速度超越李某的电动自行车后，向右并线躲避迎面驶来的轿车。在其超过李某的时候，李某的电动自行车翻车，电动自行车倒地后在路面上划出长达7米的痕迹，车上人员摔伤。

事故发生后，当地交警支队分别对王某、李某以及张某作了询问笔录。其中王某称：给父亲打电话，告诉父亲说我出事故了。证人赵某陈述：那辆三轮车的车头超过那辆电动自行车后，车尾还没有完全过去时，电动自行车就左右摇晃了两下，车和人都摔倒在地上了。李某称：王某的三轮车刮到了坐在其车上的张某的膝盖。张某称：王某的三轮车的车厢右侧把我的左脚膝盖地方给刮到了，而且还把我从车上带了下来。

事故发生后，李某被送至医院住院治疗花费医疗费4万元；张某住院治疗花去医疗费3万元，张某的伤势经鉴定构成十级伤残，后续治疗费为8000元。2009年12月9日，公安局交通警察支队出具交通事故证明：认为王某驾驶的普通正三轮摩托车在超越李某驾驶的无号牌电动自行车的过程中，是否碰撞、刚擦到无号牌电动自行车及电动自行车上乘员无法证实，因现有证据不能证明事故成因，事故责任无法认定。交警队也对事故现场进行了勘查拍照，事发现场道路平直、视线良好。李某的电动自行车经车辆技术检验，其转向、制动性能均符合安全技术标准。现场勘查表明，事发道路双向6米宽，路中心有分隔线。电动自行车倒地划痕处距道路右侧边缘1.2米，王某以三轮摩托运营货物为业，三轮摩托车车厢宽度为1.24米。事发时，王某未按规定对车辆投保交强险。

李某和张某向法院起诉，要求王某赔偿其损失32万元。

——最高人民法院民一庭：《“优者危险负担”原则在认定交通事故损害赔偿责任中的运用》，载最高人民法院民事审判第一庭编：《民事审判指导与参考》2012年第3辑（总第51辑），人民法院出版社2012年版，第

144~147页。

8.交通事故认定书认定的交通事故责任不等同于民事侵权责任

葛某斐诉某汽车运输有限公司、某财产保险股份有限公司周口市分公司、某财产保险股份有限公司沈丘支公司道路交通事故损害赔偿纠纷上诉案（南京市中级人民法院二审民事判决书）

裁判摘要：交通事故认定书是公安机关处理交通事故，作出行政决定所依据的主要证据，虽然可以在民事诉讼中作为证据使用，但由于交通事故认定结论的依据是相应行政法规，运用的归责原则具有特殊性，与民事诉讼中关于侵权行为认定的法律依据、归责原则有所区别。交通事故责任不完全等同于民事法律赔偿责任，因此，交通事故认定书不能作为民事侵权损害赔偿案件责任分配的唯一依据。行为人在侵权行为中的过错程度，应当结合案件实际情况，根据民事诉讼的归责原则进行综合认定。

江苏省南京市中级人民法院二审认为，《道路交通安全法》第七十三条规定："公安机关交通管理部门应当根据交通事故现场勘验、检查、调查情况和有关的检验、鉴定结论，及时制作交通事故认定书，作为处理交通事故的证据。交通事故认定书应当载明交通事故的基本事实、成因和当事人的责任，并送达当事人。"根据该规定，交通事故认定书本身并非行政决定，而是公安机关处理交通事故，作出行政决定所依据的主要证据。交通事故认定书中交通事故责任的认定，主要是依据《道路交通安全法》《道路交通安全法实施条例》等法律、行政法规，在分析判断交通事故责任认定时，与民事审判中分析判断侵权案件适用全部民事法规进行分析有所区别，而且，认定交通事故责任的归责原则与民事诉讼中侵权案件的归责原则不完全相同。《道路交通安全法实施条例》第九十一条规定："公安机关交通管理部门应当根据交通事故当事人的行为对发生交通事故所起的作用以及过错的严重程度，确定当事人的责任。"从交通事故认定书划分责任的依据看，公安机关交通管理部门认定交通事故的责任有两个因素，即行为人对交通事故所起的作用和过错的严重程度。前述条款中的"过错"与"作用"并列，与民法中的"过错"不是同一概念，在交通事故中，行为人有同等的过错不一定承担同等的责任，过错大的不一定是交通事故的主要责任人。《道路交通安全法实施条例》第九十二条规定："发生交通事故后当事人逃逸的，逃逸的当事人承担全部责任。但是，有证据证明对方当事人也有过错的，可以减轻责任。当事人故意破坏、伪造现场、毁灭证据的，承担全部责任。"该规定中，此类交通事故归责的依据不是发生侵权行为时的过错大小，而是侵权行为发生后其他违法行为。因此，公安机关交通管理部门进行交通事故责任认定时归责方法与民法上的归责原则存在区别。此外，在举证责任负担、责任人的范围等方面，交通事故责任认定也与民事诉讼存在不同之处。综上，交通事故认定书是公安机关处理交通事故，作出行政决定所依据的主要证据，虽然可以在民事诉讼中作为证据使用，但由于交通事故认定与民事诉讼中关于侵权行为认定的法律依据、归责原则有所区别，同时，交通事故责任也不等同于民事法律赔偿责任，因此，交通事故认定书不能作为民事侵权损害赔偿责任分配的唯一依据，行为人在侵权行为中的过错程度，应当结合案情，全面分析全部证据，根据民事诉讼的归责原则进行综合认定。

本案中，鲍某许在驾驶车辆码表已损坏的情况下，违反《道路交通安全法》第二十一条的规定，将具有安全隐患的车辆驶入高速公路。肇事车辆发生爆胎后，鲍某许在车辆制动、路面情况均正常且车辆系空载的情况下，未能采取有效的合理措施，导致车辆撞断隔离带护栏后冲入逆向车道，与正常行驶葛某国驾驶的车辆发生碰撞，致使车内被上诉人葛某斐受伤。该起事故的发生并非不能预见，事故后果并非不可避免。因此，应当认定鲍某许有过错，其不当行为与损害事实的发生存在因果关系，葛某国驾驶的车辆正常行驶，车内的葛某斐无过错。一审对此认定准确，应予维持。

——《最高人民法院公报》2010年第11期。

9.患有精神病的无劳动能力人因交通事故致残的，可请求侵权人赔偿残疾赔偿金

问：对于患有精神病的无劳动能力人因交通事故致残，赔偿权利人请求侵权人赔偿残疾赔偿金的，人民法院能否基于该无劳动能力人一直未参加工作而不予支持该诉请？

答：对于患有精神病的无劳动能力人因交通事故致残，赔偿权利人请求侵权人赔偿残疾赔偿金的，虽然该受害人在交通事故发生前一直未参加工作，但鉴于《侵权责任法》第十六条[①]规定："侵害他人造成人身损害的，应当赔偿医疗费、护理费、交通费等为治疗和康复支出的合理费用，以及因误工减少的收入。造成残疾的，还应当赔偿残疾生活辅助具费和残疾赔偿金。造成死亡的，还应当赔偿丧葬费和死亡赔偿金"，从该规定来看，对残疾赔偿金的赔偿并没有基于受害人是否系无行为能力人而规定例外的情形，故如受害人因交通事故受伤构成伤残等级，对其请求侵权人赔偿残疾赔偿金的，人民法院应予支持。

——本书研究组：《对于无劳动能力人的损害赔偿问题》，载最高人民法院民事审判第一庭编：《民事审判指导与参考》2014 年第 3 辑（总第 59 集），人民法院出版社 2014 年版，第 234~235 页。

10.如何确定道路交通事故中因伤持续治疗费用承担问题

问：在道路交通事故案件的审理中，原告一直未作伤残等级鉴定，并且每年都有新发生的治疗费用，此种情况应如何处理？

答：就因伤持续治疗费用在审判实践中应当如何认定的问题，我们认为，首先需要确定因伤治疗是否终结。是否治疗终结属客观性评定标准，双方当事人对治疗终结意见不一致时，任何一方都可以提起鉴定申请。如果相对方不进行必要的配合，则可以适用《最高人民法院关于民事诉讼证据的若干规定》第七十五条[②]关于"有证据证明一方当事人持有证据无正当理由拒不提供，如果对方当事人主张该证据的内容不利于证据持有人，可以推定该主张成立"的规定，认定治疗终结，进入伤残鉴定。对已经进行伤残等级鉴定的持续治疗，其治疗必要性以及与交通事故之间关联性的举证责任在于伤者。至于举证的证明标准要达到何种程度，最恰当的方式依然是鉴定。

——本书研究组：《如何确定道路交通事故中因伤持续治疗费用承担问题》，载最高人民法院民事审判第一庭编：《民事审判指导与参考》2013 年第

① 对应《民法典》第一千一百七十九条。

② 现为《最高人民法院关于民事诉讼证据的若干规定》（2019 年修正）第九十五条。

2 辑（总第 54 辑），人民法院出版社 2013 年版，第 241~242 页。

二、责任认定与承担

11.擅自驾驶人与所有人存在雇佣关系情形下的责任承担

擅自驾驶他人机动车中有一种特殊情形，即雇员擅自驾驶雇主的车辆或工作人员擅自驾驶单位的车辆，该情形是否适用《道交赔偿解释》第二条[①]的规定，需要先分析其是否属于从事雇佣活动或者是否属于执行工作任务的行为。

2003 年《人身损害赔偿解释》第九条[②]第一款规定："雇员在从事雇佣活动中致人损害的，雇主应当承担赔偿责任；雇员因故意或者重大过失致人损害的，应当与雇主承担连带赔偿责任。雇主承担连带赔偿责任的，可以向雇员追偿。"因此，若雇员擅自驾驶是从事雇佣活动，则适用该条规定，肇事后直接由雇主对第三人承担赔偿责任，雇员只有在自己存在故意或者重大过失时，才承担连带责任。对于何为"从事雇佣活动"，该司法解释第九条第二款规定："是指从事雇主授权或者指示范围内的生产经营活动或者其他劳务活动。雇员的行为超出授权范围，但其表现形式是履行职务或者与履行职务有内在联系的，应当认定为'从事雇佣活动'。"实践中可以一般人的认识判断雇员的行为是否与履行职务有内在联系，如雇员的行为是否会给雇主带来可能的利益，雇员的行为与正常获得授权的职务行为之间的相似性，雇主是否事先对类似行为有过明确的禁止等。例如，雇员急于外出联系业务，在未获得雇主同意的情况下，擅自驾驶雇主的车辆，肇事后应当由雇主承担责任。

单位工作人员的情形与雇员的情形类似。《侵权责任法》第三十四条第一款[③]规定："用人单位的工作人员因执行工作任务造成他人损害的，由用人单

---

① 对应《民法典》第一千二百一十二条。
② 对应《民法典》第一千一百九十一条、第一千一百九十二条。
③ 对应《民法典》第一千一百九十一条。

位承担侵权责任。”此条所称的用人单位的范围包括但不限于《劳动合同法》领域的用人单位，不再区分是否存在劳动关系而统称为用人单位，且范围更广，除个人、家庭、农村承包经营户外，其余均统称用人单位。单位工作人员擅自驾驶单位机动车是为执行工作任务的，适用《侵权责任法》第三十四条规定，直接由其所在单位承担赔偿责任[①]。在判断是否属于“执行工作任务”时，除一般原则外，还必须考虑其他特殊因素，如行为的内容、行为的时间、地点、场合、行为之名义、行为的受益人，以及是否与用人单位意志有关联等。实践中，在认定驾驶人是否为执行工作任务时，常见的难点体现于公车私用情况。公车私用，指驾驶人未经所在单位的批准，擅自驾驶单位的公车办理个人事务，此时，单位对驾驶人擅自驾驶造成的交通事故是否还要承担赔偿责任，存有争议。日本的判例采用“外形理论”，即驾驶人是否擅自驾驶是公司和驾驶人之间的内部关系，不影响公司对外承担赔偿责任。国内有观点认为，单位应当采取有效的预防措施控制公车私用而没有采取的，单位应当承担赔偿责任。我们认为，此种情形下，驾驶人即使是为个人事务，仍应由用人单位承担责任。单位是否采取了有效措施来控制公车私用，属于其内部管理措施，不能对抗受害人。

若雇员或单位工作人员的擅自驾驶行为与雇佣活动、执行工作任务无关，则应适用《道交赔偿解释》第二条规定认定车辆驾驶人和所有人的责任。这种情形下，所有人的过错主要体现于未对雇员或工作人员的驾驶资格予以合理审查，未对雇员或工作人员进行有效管理，未对车辆妥善保管等。

实践中，经常发生未成年人擅自驾驶他人机动车发生交通事故的情形，此情形下，若该未成年人属于无民事行为能力人或限制民事行为能力人，其监护人应承担《道交赔偿解释》第二条规定的驾驶人的责任。

依据《侵权责任法》第三十二条[②]的规定，无民事行为能力人、限制民事行为能力人造成他人损害的，由监护人承担侵权责任。依据该条规定，未成年人本身不是责任承担主体，监护人为责任主体。监护人承担的这种责任是无过错责任，是基于法定的监督、教育等义务为他人的行为负责的侵权责任，

① 对应《民法典》第一千一百九十一条第一款，在原来《侵权责任法》第三十四条第一款的基础上，增加规定了“用人单位承担侵权责任后，可以向有故意或者重大过失的工作人员追偿”。

② 对应《民法典》第一千一百八十八条。

监护人不能以尽到监护义务为由主张免除其责任。《侵权责任法》第三十二条同时规定，监护人尽到监护责任的，可以减轻其侵权责任。我们认为，根据公安部门的规定，未成年人不具备驾驶许可条件，而且未成年人通常没有自己独立的财产，若减轻了监护人的侵权责任，不利于对受害人的保护，因而在擅自驾驶情形下，对监护人是否已尽到监护责任应从严认定。

若机动车所有人就是无民事行为能力人、限制民事行为能力人的监护人，则属于责任主体混同，其应同时承担所有人责任和监护人责任。

——最高人民法院民事审判第一庭编著：《最高人民法院关于道路交通损害赔偿司法解释理解与适用》，人民法院出版社 2012 年版，第 46~48 页。

12.无偿代驾发生交通事故，无偿驾驶人和车辆所有人的责任认定

最高人民法院民一庭认为：驾驶人为了车辆所有人的利益无偿代为驾驶车辆发生交通事故，所有人对车辆既具有运行支配，也享有运行利益，应承担赔偿责任。无偿驾驶人和车辆所有人之间构成义务帮工的法律关系，无偿驾驶人是否应承担连带赔偿责任应根据其主观过错进行判断。

附：案情简介

2011 年 10 月，张某因喝酒不能开车，请其朋友郭某驾驶粤 ×× 号轿车送其回家，当行驶至某路段，遇梁某驾驶桂 ×× 号普通二轮摩托车乘搭李某对向行驶而来，郭某所驾驶车辆越过道路中心实线行驶过左侧路面，两车发生碰撞，造成梁某、李某受伤。同年 11 月，F 市公安局 N 分局交通警察大队作出《道路交通事故认定书》，认定郭某承担本起事故的全部责任，梁某、李某不承担本起事故的责任。事故发生后，李某被送到医院接受门诊、住院治疗，产生医疗费用 89019 元。事故发生后，保险公司已在交强险医疗费用赔偿限额内支付了医疗费 1 万元；郭某、张某共支付了赔偿款 17000 元。

粤 ×× 号轿车登记车主及实际支配人为张某。该肇事车辆已在保险公司投保了交强险（其中有责任死亡伤残赔偿限额 11 万元，有责任医疗费用赔偿限额 1 万元，有责任财产损失赔偿限额 2000 元），事故发生在保险期间内。事故发生后，保险公司已在交强险医疗费用赔偿限额 1 万元内垫付了李某医疗费 1 万元。

——最高人民法院民一庭:《无偿代驾发生交通事故，如何认定无偿驾驶人和车辆所有人的责任》，载最高人民法院民事审判第一庭编:《民事审判指导与参考》2014年第1辑(总第57辑)，人民法院出版社2014年版，第138~143页。

13.拼装车、报废车无论经过几次转让，所有转让人与受让人均应承担连带责任

出于对拼装车、报废车转让行为的违法性，依法禁止行驶机动车的高度危险性和保护受害人合法权益等因素的考量，只要转让拼装车、已达到报废标准的机动车，或者基于道路行驶目的转让依法禁止行驶的其他机动车，无论经过几次转让，所有转让人与受让人均应承担连带责任。我们倾向于认为，《民法典》第一千二百一十四条规定连带责任的立法本意之一是预防并制裁转让、驾驶拼装的或者已达到报废标准的机动车的行为，让转让人承担连带责任可以更好地防止上述机动车重新上路行驶，增加道路风险，损害社会公共利益。因此，不知道拼装或报废车的主观认识，不应成为《民法典》第一千二百一十四条的免责事由。

对于《民法典》第一千二百一十四条，还有一种观点认为,《民法典》第一千二百一十四条规定的是严格责任，不存在任何免责事由。一般认为，对《民法典》第一千二百一十四条的理解要准确把握“发生交通事故造成损害的”这一要件，同时，仍需要结合《道路交通安全法》第七十六条的规定，受到一般规定的限制。转让的拼装车、报废车发生交通事故，都应当适用《民法典》第一千二百一十四条，但并非不考虑引发交通事故的原因。在举证责任方面，被侵权人只需要证明肇事车辆是拼装车或报废车即可。但如果损害并非因机动车属于拼装或报废车造成，而是因为非机动车驾驶人、行人故意碰撞机动车或者第三人的原因造成，此时，车辆属于拼装、报废的缺陷与损害发生并没有因果关系，则不能机械适用《民法典》第一千二百一十四条。

连带责任还区分为对外效力与对内效力。在对外效力上，转让人与受让人承担连带责任，意味着被侵权人可以向部分转让人或受让人请求赔偿部分或者全部损失，被请求的责任人不得以超出自己的责任份额为由对抗被侵权

人的请求。而在内部效力上，《民法典》侵权责任编已经规定，连带责任人根据各自责任大小确定相应的赔偿数额，难以确定责任大小的，平均承担责任。支付超出自己赔偿数额的连带责任人，有权向其他连带责任人追偿。确定转让人和受让人各自的责任大小，需要综合各自的过错程度及客观行为与损害后果之间的原因力。比如，若机动车具有牌照、年检合格证明，受让人在过户登记前难以从外观上判断是否为拼装车或报废车，并无主观上的过错，应认定转让人承担主要责任。再如，交通事故的发生完全是因受让人作为驾驶人醉酒驾驶，此时应让受让人承担主要责任。转让人和受让人的过错程度及原因力均不能确定时，则应平均承担责任。

——最高人民法院民法典贯彻实施工作领导小组编著：《中国民法典适用大全（侵权责任卷）》，人民法院出版社 2022 年版，第 499~500 页。

14.机动车所有人与占有人相分离情形下的责任认定

审判实践中，关于机动车的所有人与占有人相分离的情形比较多，在责任认定上存在很大争议。下面就《道交赔偿解释》中没有规定的这些问题，逐一作一讨论。

一、机动车陪练过程中发生交通事故责任主体的认定

机动车陪练过程中发生交通事故造成损害的，对于由驾驶人承担责任还是由陪练机构承担责任，在司法实践中存在争议。一种意见认为，应当由驾驶人承担责任，其具备独立控制机动车的能力。另一种意见认为，应当由陪练机构承担责任。保障行驶安全，是陪练合同中陪练机构的主要义务，驾驶人正是因为不具备独立的驾驶能力，才寻找陪练机构，因此，应由陪练机构承担责任。我们认为，在机动车陪练过程中发生交通事故应当由驾驶人承担赔偿责任；陪练人对损害的发生有过错的，承担相应的赔偿责任。与上述司法解释规定的驾驶培训的情形不同，在机动车陪练过程中，由于驾驶人已经获得驾驶执照，其对于车辆有独立的控制能力，在陪练过程中发生交通事故，应当承担责任。而陪练人的作用在于督促驾驶人更加娴熟地掌握驾驶技能，其虽然对于行驶中的车辆有一定的控制能力，比如一般陪练车的副驾的位置上均配备副刹车系统，但是和驾驶员相比，毕竟其不能独立控制机动车的行

驶，因此，不宜由其承担责任，但是如果对于损害的发生陪练人有过错，应当承担与过错程度相适应的责任，比如不当地影响了驾驶人的正常驾驶，此种情况下，则需承担相应的责任。

二、酒店、宾馆等服务场所提供泊车、代驾等服务过程中发生交通事故责任主体的认定

酒店、宾馆等服务场所提供泊车、代驾等服务过程中发生交通事故造成损害的，由提供服务方承担赔偿责任。这是因为，在酒店、宾馆提供泊车或者代驾服务过程中，车辆的运行控制权在酒店、宾馆方，因为驾驶员是其提供的。酒店、宾馆提供的泊车业务通常是不收取费用的，而代驾服务会收取相应的费用。无论是否收费，酒店、宾馆的做法都是为了带动客源，增加其盈利，因此，也享有运行利益。在此期间发生交通事故造成损害，应当由酒店、宾馆承担赔偿责任，但是接受服务方对损害的发生有过错的，也应承担与过错程度相适应的赔偿责任。

三、修理关系中发生交通事故责任主体的认定

机动车的所有人或者管理人将机动车送往修理厂进行维修，在此期间，由于机动车的占有已经转移给修理厂，如果由于修理厂的职工驾驶该车试车或者将车辆送还机动车所有人或管理人的过程中造成他人损害，应当由修理厂承担责任。因为此时机动车的所有人或者管理人已经丧失了对机动车的运行支配权。机动车送交修理或保管期间，依车辆所有人的意思，车辆已停止运行，并实际脱离车辆所有人的控制和支配，而修理人和保管人则依合同取得了对该车的控制支配权。因此，在车辆修理和交付保管期间，修理人或保管人因试车或使用车辆发生交通事故造成他人损害的，应当承担赔偿责任。但是，如果机动车的所有人或者管理人存在定做、指示或者选任过失，依照2003年《人身损害赔偿解释》第十条[①]的规定，其仍应承担责任。

四、机动车融资租赁中发生交通事故责任主体的认定

依据《合同法》第二百三十七条[②]的规定，融资租赁是指出租人根据承租人对出卖人、租赁物的选择，向出卖人购买租赁物，提供给承租人使用，由

① 对应《民法典》第一千一百九十三条。

② 对应《民法典》第七百三十五条。

承租人支付租金。《合同法》第二百四十六条[1]规定："承租人占有租赁物期间，租赁物造成第三人的人身伤害或者财产损害的，出租人不承担责任。"因此，在机动车的融资租赁中，承租人应就机动车致他人之损害承担赔偿责任。一般来说，因物件致人损害时，其所有人或管理人应当承担赔偿责任，而依照《合同法》第二百四十二条[2]的规定融资租赁合同中的出租人是租赁物的所有人，但是其却无须为租赁物致害承担责任，这是因为：首先，依照《合同法》第二百四十三条[3]的规定，融资租赁合同不同于普通的使用租赁合同，出租人向承租人所收取的租金并非承租人使用租赁物的对价，而是出租人为购买租赁物所付出的成本及合理利润的分期偿还。因此在机动车融资租赁中，出租人虽然是机动车的所有人，但是却不对该机动车的运行享有利益。其次，融资租赁中出租人对于承租人所接受的租赁物的质量难以掌握，承租人在安装、保管或使用租赁物时，出租人更是难以控制，依照《合同法》第二百四十五条[4]和第二百四十七条[5]的规定出租人只是负有保证承租人对租赁物的占有和使用的义务。承租人应当妥善保管、使用租赁物，并履行占有租赁物期间的维修义务。所以对于承租人因对租赁物的保管、使用或者维护不当导致的对第三人的损害，自然不应当由出租人承担责任。

五、采取分期付款方式购买机动车，出卖人在买受人付清全部价款前保留车辆所有权并交付机动车的，发生交通事故责任主体的认定

依照《合同法》的规定，分期付款买卖是一种特殊的买卖形式，是买受人将其应付的总价款按照一定期限分批向出卖人支付的买卖。由于分期付款买卖中出卖人须先交付标的物，买受人于受领标的物后分若干次付款，出卖人有收不到价款的风险，因此在交易实践中，当事人双方就分期付款买卖常有所有权保留的特约，即买受人虽先占有、使用标的物，但在双方当事人约定的特定条件（通常是价款的一部或全部清偿）成就之前，出卖人仍保留标的物所有权，待条件成就后，再将所有权转移给买受人。

机动车分期付款买卖中，买受人在没有履行支付价款或者其他义务之前，

---

① 对应《民法典》第七百四十九条。
② 对应《民法典》第七百四十五条。
③ 对应《民法典》第七百四十六条。
④ 对应《民法典》第七百四十八条。
⑤ 对应《民法典》第七百五十条。

机动车的所有权虽然仍属于出卖人，但依据《侵权责任法》第四十九条[1]规定，责任主体仍为买受人。

六、车辆在保管、质押期间发生交通事故情形下的责任主体的认定

机动车辆的所有人依据保管合同、质押合同的约定，将车辆交给保管人、质权人占有，在此期间，车辆已经停止运营，因此，机动车辆的所有人不再有运行支配权，也不能享有此期间的运行利益，自然不能对此期间他人驾驶机动车辆肇事负责任。而按照《合同法》《担保法》[2]的相关规定，保管人、质权人不得使用或者许可第三人使用保管物或者质物。保管人、质权人不认真履行保管机动车辆的义务，驾驶或者交给第三人驾驶由其保管的机动车辆肇事造成损害，应由保管人、质权人承担赔偿责任。委托人、出质人对损害的发生有过错的，承担相应的赔偿责任。

——最高人民法院民事审判第一庭编著：《最高人民法院关于道路交通损害赔偿司法解释理解与适用》，人民法院出版社 2012 年版，第 98~101 页。

采取分期付款方式购车的买方，在付清全部车款前使用该车运输时，造成他人人身、财产损失的，出卖方是否承担民事责任

问题：某法院在受理一起交通事故人身损害赔偿纠纷案件中，对于《最高人民法院关于购买人使用分期付款购买的车辆从事运输因交通事故造成他人财产损失保留车辆所有权的出卖方不应承担民事责任的批复》，在理解上产生了分歧。第一种意见认为：出卖方在购买方付清全部车款前保留车辆所有权的，购买方使用该车运输时，因交通事故造成人身及财产损失，出卖方均不承担民事责任。第二种意见认为，出卖方在购买方付清全部车款前保留车辆所有权的，购买方在使用该车运输时，因交通事故造成他人财产损失的，出卖方可不承担民事责任。但对交通事故造成的人身损害赔偿，应承担连带民事责任。第三种意见认为：该批复与 1991 年 9 月 22 日国务院发布的《道路交通事故处理办法》第三十一条的内容相抵触。认为车辆因交通事故造成

① 对应《民法典》第一千二百零九条。

② 《担保法》由中华人民共和国第八届全国人民代表大会常务委员会第十四次会议于 1995 年 6 月 30 日通过，1995 年 6 月 30 日公布，自 1995 年 10 月 1 日起施行。现已被废止，相关规定对应《民法典》物权编的第四分编担保物权。后文中出现的，不再特别说明。

的人身、财产损失，在未付清车款之前，保留所有权的出卖方均应承担连带民事责任。

《人民司法》研究组认为：采用分期付款方式签订的买卖合同，在标的物交付后、价款尚未完全付清之前，出卖方有保留标的物所有权的权利，但标的物的风险责任与其所有权是分离的，即由买受人负担。保留所有权买卖主要是为出卖方提供一种担保功能，确保其能如期、完全地获取应得价款。如果买受人违约，出卖人可依法采取补救措施，从而实现自己的利益。在价款未付清之前，虽然所有权尚未完全转移，但由于标的物已由买受人实际占有、控制、使用，此间发生的标的物毁损、灭失或造成与第三人的侵权诉讼等，其责任都与出卖人无关。从这一原则出发，买受人使用分期付款方式购买的车辆从事运输，自车辆交付之日起，风险责任就已经转由买受人承担，因发生交通事故给他人造成损失的，保留车辆所有权的卖主对此不承担民事责任。信中所述最高人民法院的司法解释，是就具体案件所作的批复，明确了出卖人对买受人给他人造成的财产损失不承担民事责任，并非将人身损害赔偿问题作区别对待。相反，应该基于同样的道理，得出出卖人对于买受人给他人造成的人身损害也不应承担民事责任的结论。故原则同意信中的第一种意见。

——《人民司法》2002 年第 6 期（总第 461 期）。

15.好意同乘的适用要点

“好意同乘”是机动车道路交通事故责任中新增加的一个减轻责任事由。关于好意同乘的性质，有利他合同说、无因管理说和情谊行为说三种观点。该条规定的适用要点为：（1）该条只适用于非营运机动车，包括处于非营运状态的营运机动车。出租汽车在上班前或下班后等非营运时间，免费搭乘邻居、朋友的，处于非营运状态，可适用该条规定。（2）关于机动车一方责任的归责原则是过错责任原则，也就是说当发生交通事故时，要提供搭乘服务的这一方机动车对交通事故有过错，才产生侵权责任，如果没有过错，就没有侵权责任，不存在适用好意同乘免责的问题。（3）减轻责任的理由是，赞许并提倡互助行为（内部减责）。（4）只能减轻而不能免除机动车一方的责任，因为机动车仍存在注意义务。减轻责任是为了在鼓励人际友善、利他和承担法律责任之间寻求平衡。（5）减轻的是机动车一方对无偿搭乘人的赔偿责任，对机动车外人员或财产的责任承担，适用侵权责任的其他一般规定。（6）机动车使用人有故意或重大过失的，不减轻责任。例如钱某诉李某、茅某交通事故责任纠纷案，南京市玄武区人民法院（2016）苏0102民初1002号民事判决认为："好意同乘是指车辆供乘者不以牟利为目的邀请或者允许搭乘人搭乘车辆的行为。好意同乘是一种好意施惠行为，这种行为本身不是民事法律行为，驾驶人只是基于良好的道德风尚邀请或允许同乘人搭乘，属于一种情谊行为，驾驶人与同乘人并没有设立法律上的权利义务关系，应由道德规范来调整。好意同乘是我国乐于助人良好社会风尚的具体体现，其核心要素是车辆供乘者不以营利为目的，而是旨在为他人提供帮助，这种帮助一般是无偿的，但不排除搭乘人给予车辆供乘人数额较少的成本费用，如加油费、过路过桥费等，即搭乘人给予车辆供乘人一定的成本费用不影响好意同乘行为的成立。虽然好意同乘行为本身是一种不受法律调整的情谊行为，但搭乘者无偿或以较小成本乘坐他人车辆并不意味着自甘风险，车辆供乘人因邀请或允许他人搭乘的情谊行为的履行，而负有保障搭乘者人身和财产安全的注意义务。"

——潘杰：《民法典侵权责任编重点问题解读》，载最高人民法院民事审判第一庭编：《民事审判指导与参考》2021年第1辑（总第85辑），人民法院出版社2021年版，第170~171页。

16.好意同乘规定是否适用于营运机动车

是否适用于营运机动车。好意同乘主要是指非营运机动车的驾驶人基于亲情或者友情在上下班、出游途中无偿搭载自己的亲朋好友、邻居同事的情形，生活中老百姓称之为"搭便车"。好意同乘可以缓解交通压力、实现资源最大化利用、节约资源等。但是，实践中，就好意同乘引发的损害赔偿问题，司法裁判结果不一，引发了较大争议。对于好意同乘过程中造成损害的责任承担的规定，既要保护受害者的权益，也要尊重我国助人为乐的传统美德，保护民事主体之间的信赖关系，为解决民事纠纷设定切实可行的规则。营运性车辆搭载乘客，双方之间形成客运合同关系，机动车使用人应当有较高的注意义务，按照客运合同的目的，将乘客安全运送至目的地。如果发生交通事故造成损害，属于该机动车一方责任的，乘客既可以依照合同请求机动车驾驶人承担违约责任；也可以依照侵权行为请求机动车驾驶人承担赔偿责任，不存在一般性免责或者减轻责任的需要。因此，好意同乘不适用于营运机动车。但是，出租汽车在上班前或者下班后等非营运的时间，免费搭乘邻居、朋友的，可以参照适用《民法典》第一千二百一十七条规定。

——最高人民法院民法典贯彻实施工作领导小组编著：《中国民法典适用大全（侵权责任卷）》，人民法院出版社 2022 年版，第 530 页。

17.如何理解“责任限额范围内”分项责任限额不应突破

通过调研我们发现，在交强险赔偿问题上，现在还有一部分法院在司法实践中突破了《交强险条例》的分项限额，在审理交通事故纠纷时，只要不超出总的限额即 12.2 万元，都要求保险公司予以赔付，没有把分项的限额予以区分。在这个问题上，我们认为，《交强险条例》明确规定了分项限额，我们应当严格遵守。理由是：（1）行政法规对此有明确规定。《交强险条例》明确规定了分项限额制度，人民法院审理相关民事案件时当然应该依法处理，这是最基本的理由。（2）分析法律规定的分项限额是否合理，需要对全国范围内的道路交通状况作出评估，需要对交通事故率作出统计，需要对赔偿范围变化对费率水平的影响进行计算，需要就费率水平的变化与民众的接受程度进行预测。应当看到，《交强险条例》是基于整体的、全面的、多种因素综合考量作出的规定，而这些考量、预测、评判恰恰是人民法院力不能及的。显然，在分项限额的问题上，涉及如此深入的专业问题和政策把握问题，由立法机构或行政机关作出判断更加妥当。《道路交通安全法》将交强险制度的细化规定授权给行政机关，也正是此种判断的当然结果。（3）我们还应当认识到，司法解决问题的范围是有限的。分项限额不仅仅涉及受害人的损失填补，还间接涉及交强险的费率水平等不特定多数人的利益。在处理个案中，我们有时会觉得分项限额不尽合理，希望能为受害人多争取一份救济，让保险公司承担更多的保险责任。当然，在个案中，注重考虑个体利益平衡有合理的一面，但不能因为绝对追求个案的利益平衡，而伤害到整个社会秩序。

应当认识到，我国交强险的费率是法定的，保险公司没有定价权，保险公司必须按照法定的费率水平接受投保人的投保，根据保监会提供的数据，目前交强险的运营整体上处于亏损状态，这意味着，交强险的赔偿负担过重，保险公司就会产生提高保费的冲动。交强险的顺利运转不可能不考虑保险人的利益。如果保险公司所称的负担过重问题以及提高保费的利益诉求获得立法部门认可，结果就是交强险费率全面提高，全社会的整体投保负担增加，这涉及个体利益和社会利益的权衡问题。因此，打通分项限额，社会效果未必好。同时，由人民法院作出类似的决策，其正当性理由也不够充分。由于分项限额涉及交强险的基本制度、涉及费率水平甚至涉及金融安全，2011年国务院对此问题曾专门开会研究，并在会议上专门提到我们一些法院不遵守分项限额的问题，对这个问题我们要高度重视。法院的任务是适用法律，而不是评价法律或修改法律。当然，目前分项限额问题在立法上是否有调整的必要，我们通过案例一直在研究，有关的部门和立法机关也在研究。从西方立法例来看，他们在交强险赔偿限额规定上的调整也比较多，有些分项限额的调整幅度很大，甚至有些国家的交强险赔偿范围全部是人身损害，没有财产损害。外国有益的经验我们要注重吸收，在立法层面对交强险的有关规定进行调整，这是我们力求推动的。但是在《交强险条例》没有修改前，还是要按照行政法规的明确规定处理案件。

——张勇健：《在全国高级法院民一庭庭长座谈会上的总结讲话》(2013年4月12日)，载最高人民法院民事审判第一庭编：《民事审判指导与参考》2013年第2辑（总第54辑），人民法院出版社2013年版，第34~35页。

最高人民法院民一庭意见：根据《道路交通安全法》第十七条、《交强险条例》第二十三条，机动车发生交通事故后，受害人请求承保机动车第三者责任强制保险的保险公司对超出机动车第三者责任强制保险分项限额范围的损失予以赔偿的，人民法院不予支持。

附：案情简介

2010年12月28日19时30分许，高某沿S303线由南向北行走至肇事地点处，被一辆由南向北行驶的机动车撞倒后（肇事后，驾车逃离现场，致使高某受伤摔倒于公路），又被由后驶来邢某驾驶的正三轮载客摩托车（忽视安全，观察瞭望不够，未保持安全车速，车主为郭某，邢某为其雇佣司机）撞出 21.20 米，造成高某受伤，车辆损坏的交通事故。此事故经某县公安局交通警察大队认定，肇事逃逸机动车肇事时的实际驾驶人（未查获）与邢某的行为对该起事故的发生共同起全部作用，共同承担全部责任，高某无责任。高某在事故当时到某县人民医院治疗，支付交通费 50 元（事故发生地至医院救护车费），次日转到中国医科大学附属第一医院门诊治疗，2011 年 1 月 1 日办理住院手续，高某于 2011 年 1 月 6 日办理出院手续，医院诊断为：左侧颞叶脑出血、右侧颞叶硬膜外血肿、右侧额、顶部硬膜下血肿、蛛网膜下腔出血、右侧颞骨骨折、脑室出血。出院医嘱：回当地医院继续治疗。高某于 2011 年 1 月 8 日至某县人民医院住院治疗，2011 年 1 月 15 日出院，共计住院 13 天，治疗期间支付医疗费 29932.90 元。住院期间 1 人护理。另查明，人保公司承保了肇事车辆三轮车的交强险。

——最高人民法院民事审判第一庭：《道路交通事故损害赔偿纠纷案件中，机动车交通事故责任强制保险中的分项限额能否突破》，载最高人民法院民事审判第一庭编：《民事审判指导与参考》2012 年第 2 辑（总第 50 辑），人民法院出版社 2012 年版，第 106~111 页。

问：在一起机动车交通事故中，受害人李某花费医药费 8 万元，无其他财产损失，经交警部门认定，肇事车辆负全责。该车辆已投保“交强险”。对于能否突破其中的医药费限额部分，对受害人实际发生的医药费予以全部赔偿，我们在审理中有两种不同意见。

其一认为，可以突破分项限额的限制，只要全部赔偿不超过 12 万元，就应予全部赔偿。其二认为，应严格适用相关规定，不能突破分项限额的限制。请问以上哪种意见正确？

答：《交强险条例》第二十三条规定，机动车交通事故责任强制保险在全国范围内实行统一的责任限额。责任限额分为死亡伤残赔偿限额、医疗费用赔偿限额、财产损失赔偿限额以及被保险人在道路交通事故中无责任的赔偿限额。该条例作为行政法规确立了分项限额制度。由于“交强险”的分项限额与机动车交通事故中财产损失、人身损害所占比例密切相关，与保险费直接联系，不能随意打破。故对机动车交通事故造成的各项损害，应根据《交强险条例》的规定，在各限额内予以赔偿，不能超出。

根据新的《机动车交通事故责任强制保险责任限额》规定，被保险机动车在道路交通事故中有责任的赔偿限额为：死亡伤残赔偿限额11万元、医疗费用赔偿限额1万元、财产损失赔偿限额2000元。本案中，李某虽然因交通事故花费医疗费用8万元，但在“交强险”范围内获得的赔偿不能超过1万元。综上，我们认为你们第二种意见的处理结果是正确的。

——《人民司法·应用》2012年第19期（总第654期）。

18.机动车交通事故责任纠纷如何执行新的交强险责任限额

对于交强险的责任赔偿范围要受到责任限额的限制，银保监会《关于调整交强险责任限额和费率浮动系数的公告》(2020年第2号）作了最新规定，责任限额上调从2020年9月19日零时起实行，截至2020年9月19日零时保险期间尚未结束的交强险保险单项下的机动车在2020年9月19日零时后发生道路交通事故的，按照新的责任限额执行；在2020年9月19日零时前发生道路交通事故的，仍按照原责任限额执行。最高人民法院民一庭已经下发了通知，以事故发生时间来确定责任限额的执行标准。请从事相关审判业务的法官关注。

——潘杰:《民法典侵权责任编重点问题解读》，载最高人民法院民事审判第一庭编:《民事审判指导与参考》2021年第1辑（总第85辑），人民法院出版社2021年版，第166页。

19.实践中对交强险“第三人范围”特殊情形的处理

最高人民法院民一庭倾向性意见：当被保险车辆发生交通事故时，如本车人员脱离了被保险车辆，不能视其为机动车第三者责任强制保险中的“第三者”，不应将其作为机动车第三者责任强制保险限额赔偿范围的理赔对象。

附：案情简介

张某乘坐李某驾驶的汽车行驶在山路上，在经过一处急转弯道路时，车辆发生险情，张某打开车门跳出车外，以求避险。但该车已经失去了平衡，向张某着地方向翻滚，将张某当场轧死。事故发生后，张某亲属要求该事故车辆的保险人某保险公司在机动车第三者责任强制保险限额范围内对张某遭受人身伤亡的损害后果予以赔偿，但该保险公司以张某为“车上人员”为由拒绝，张某诉至法院，要求该保险公司依法承担保险理赔责任。

——最高人民法院民事审判第一庭:《被保险车辆中的“车上人员”能否转化为机动车第三者责任强制保险中的“第三者”》，载最高人民法院民事审判第一庭编:《民事审判指导与参考》2010年第3集（总第43集），法律出版社2011年版，第142页。

在《道交赔偿解释》第十七条[①]征求意见过程中，很多人提到要明确“第三者”的范围。考虑到实际情况比较复杂，很难用司法解释的一个条文囊括所有的特殊情形，因此，该条仅就投保人特定情形下纳入“第三者”范围问题进行了规定。

司法实践中，特殊的情形还有很多，比如车上人员下车休息时，被疏忽的驾驶人撞死等。虽然司法解释没有作出具体的规定，但我们倾向认为，应将上述人员纳入“交强险”的赔偿范围，理由是:（1）从目的解释看，《交强险条例》的主要目的是保障受害人能够得到及时有效补偿，因此，因交通事故受到损害的人员应尽量纳入“第三者”范围；（2）从对危险的控制力看，上述人员与其他普通“第三者”对机动车危险的控制力并无实质差别，均处于弱势地位。

再比如，车上的司乘人员发生交通事故时先摔出车外，后被车碾压致死的情况，有人认为，交强险合同中所涉及的“第三者”和“车上人员”均为在特定时空条件下的临时性身份，即“第三者”与“车上人员”均不是永久的、固定不变的身份，二者可以因特定时空条件的变化而转化。因保险车辆发生意外事故而受害的人，如果在事故发生前是保险车辆的车上人员，事故发生时已经置身于保险车辆之下，则属于“第三者”。至于何种原因导致该人员在事故发生时置身于保险车辆之下，不影响其“第三者”的身份。此时，车上人员“转化”为第三人，交强险应予赔偿。我们认为，“车上人员”与“车外人员”的区别是比较固定的，因交通事故的撞击等原因导致车上人员脱离本车的，不存在“转化”为第三人的问题，上述人员仍属于“车上人员”，不应由交强险予以赔偿。

至于驾驶人下车查看车辆状况时，被未熄火的车辆碾压致死的情形，争

① 现为《道交赔偿解释》（2020年12月29日修正）第十四条。

议更大。这种情况，驾驶人本人就是被保险人，且对机动车有实际的控制力，同时，因行为人自己行为造成自身受损害，对其赔偿不符合我国交强险的规定，故我们倾向认为，在现有法律规定下，这种情况下的驾驶人不属于“第三者”。

——最高人民法院民事审判第一庭编著:《最高人民法院关于道路交通损害赔偿司法解释理解与适用》，人民法院出版社 2012 年版，第 231~232 页。

20.擅自驾驶他人机动车，造成非车上人员的投保人损害的，如何处理

以是否基于自己的意志为标准，投保人丧失对被保险机动车的控制可分为自愿和非自愿两种。2020 年《道交赔偿解释》第十四条规定“投保人允许的驾驶人”，这属于“自愿”的情形。在非自愿情形，《侵权责任法》第五十二条[①]规定了盗抢等情况，即盗窃、抢劫或者抢夺的机动车发生交通事故造成损害的，由盗窃人、抢劫人或者抢夺人承担赔偿责任。保险公司在机动车强制保险责任限额范围内垫付抢救费用的，有权向交通事故责任人追偿。根据上述规定，在盗抢情况下，保险公司仅负垫付抢救费用的责任，不承担赔偿责任。在盗抢情况下，应适用《侵权责任法》的该条规定，无《道交赔偿解释》第十四条的适用余地，自无疑问。但问题是，在非自愿的情形中，还可能存在不以非法占有为目的、仅是私自驾驶的情况，此种情况下，如何适用法律，在司法实践中可能存在疑问。我们认为，这种情况应当根据 2012 年《道交赔偿解释》第二条[②]的规定，并参照该条规定，适用“交强险”予以赔偿。主要考虑是，私自驾驶的人员一般与投保人的关系都比较亲密，对于是投保人允许还是驾驶人私自驾驶，在具体的诉讼中很难区分，实践中，为了获得“交强险”的赔偿，投保人与私自驾驶人完全可以“制造”证据，证明驾驶是投保人允许的。另外，根据 2020 年《道交赔偿解释》第十四条规定，即使投保人允许不合法的驾驶人员驾驶造成交通事故的，投保人也能受“交强险”保护，而私自驾驶毕竟非出于投保人的本意，投保人的过错显然比较

---

① 对应《民法典》第一千二百一十五条。
② 对应《民法典》第一千二百一十二条。

轻微，本着举重以明轻的基本原则，此时，投保人更应获得相应的保护。

——最高人民法院民事审判第一庭编著：《最高人民法院关于道路交通损害赔偿司法解释理解与适用》，人民法院出版社 2012 年版，第 232~233 页。

21.交强险脱保而商业车险未脱保的，应如何处理

在保险诉讼实务中，有些当事人同时投保了交强险和商业三者险，在发生保险事故时却发现交强险已经过了保险责任期间，到保险公司要求理赔，保险公司告知其损失未超过交强险限额，故保险公司拒绝在商业第三者责任险内予以理赔，由此发生纠纷。

《道交赔偿解释》第二十条[①]规定，未按照国家规定投保交强险的机动车，发生交通事故造成损害的，由交强险的投保义务人在交强险责任限额范围内予以赔偿。投保义务人和行为人不一致的，由投保义务人和行为人在交强险责任限额内承担连带赔偿责任。不足部分，按照《道路交通安全法》第七十六条和《侵权责任法》的有关规定承担赔偿责任。但是对于保险公司存在明显违法行为的，比如保险公司未尽说明义务，未提示保险期间等，则可以依照相应的条文由保险公司承担不利的法律后果。

在商业车险中，如果发生类似的问题，投保义务人因个人原因没有及时续保，保险合同到期终止，保险公司对保险合同终止后发生的保险事故不应承担赔偿责任。这里也不存在赔偿限额的问题。肇事的被保险人应自负其责。

——最高人民法院民事审判第一庭编著：《最高人民法院关于道路交通损害赔偿司法解释理解与适用》，人民法院出版社 2012 年版，第 263 页。

22.如何认定保险公司拒保的合理期间

在保险公司拒保的情形下，赔偿义务人要求拒保的保险公司承担相应的赔偿责任，保险事故应当是在拒保后的合理期限内发生的。在拖延承保和拒保两种情形中，虽然保险公司均有过错，应当承担一定的责任，但这两种情形仍有区别，不能一概而论。拖延承保一方面使投保义务人不能获得保险保

① 现为《道交赔偿解释》（2020 年修正）第十七条。

障，另一方面也失去了另寻保险公司投保的机会，拒保则不会导致后一种后果。在保险公司直接拒保的情况下，投保义务人应当在一段“合理期限内”另寻保险公司投保，在该期限内发生保险事故的，才能要求拒保的保险公司承担赔偿责任。

我们认为，法律能发挥好的指引作用的前提在于该法律本身具有正当性，并为司法实践所检验。违法拒保责任的发生首先要求投保义务人依法投保，如果投保义务人怠于履行该义务，则不会发生《道交赔偿解释》第十七条规定的责任。而一旦投保义务人依法投保，保险公司就应该受到该行为的约束，并承担相应的义务。违反这一义务，保险公司就应该承担相应责任。

但是，如果投保义务人利用保险公司作出的违法拒绝而长时间不投保交强险，是否仍能依据《道交赔偿解释》第十七条判由保险公司承担交强险项下的赔偿责任呢？此时投保义务人已经违反了其投保交强险的义务，即使保险人曾经拒绝过投保义务人，也不能免除投保人的该项义务。在投保义务人和保险人均存在过错的情况下，应当根据各自的过错承担相应的责任，而不能完全引用《道交赔偿解释》第十七条作为保险公司承担全部责任的依据。

——最高人民法院民事审判第一庭编著：《最高人民法院关于道路交通损害赔偿司法解释理解与适用》，人民法院出版社 2012 年版，第 263~264 页。

23.关于交强险合同解除的溯及力问题

我国《保险法》第十六条规定了投保人违反告知义务，保险公司对于合同解除前的保险事故不承担责任。《交强险条例》并未区分故意和重大过失，但《交强险条例》第十七条规定，合同解除前的保险事故，保险人应当承担合同责任。此规定显然与《保险法》相冲突。此时应当如何协调和适用法律规定？我们认为，应当适用《交强险条例》的相关规定，理由如下：

1. 交强险的设立旨在保护第三人的利益，若解除合同，第三人将无法从保险合同获得补偿，这将不利于保护第三人的利益。

2.《保险法》第一百八十六条[①]第二款规定，强制保险，法律、行政法规另有规定的，适用其规定。强制保险又称法定保险，是指依据法律、行政法

① 对应《保险法》(2015 年修正)第一百八十四条。

规规定，特定的义务主体必须投保某种险种，特定的义务主体必须开办相应的险种业务的一种法律制度。交强险属于强制保险，因其规定与《保险法》不一致，故适用《交强险条例》的规定。因此，对于交强险合同解除前的保险事故，保险人应当承担责任。

由上可见，保险公司对于保险合同解除前发生的交通事故所造成的损失，仍然要承担保险赔偿责任。

——最高人民法院民事审判第一庭编著：《最高人民法院关于道路交通损害赔偿司法解释理解与适用》，人民法院出版社 2012 年版，第 264 页。

24.关于多个被侵权人未同时在同一法院起诉问题的处理

《道交赔偿解释》第二十二条[①]规定了同一交通事故的多个被侵权人同时起诉时，人民法院应该如何处理的问题。应该说，在司法解释制定过程中，各界对于该条的争议并不大。但是对于多个被侵权人未同时在同一法院起诉的，人民法院应该如何处理，实践中有如下做法：

一、关于多个被侵权人分别在同一个法院起诉的问题

此种情形下，法院要不要合并审理？实践中常见的一种做法是法院将案件合并审理，理由如下：（1）分别起诉的案件是同一事故引发的，引发纠纷的原因相同；（2）因涉及交强险的分配，合并审理有利于就交强险公平处理；（3）合并审理能够避免就相同事实重复审理，节约诉讼资源。我们认为，以上做法值得借鉴。

二、关于多个被侵权人分别在不同法院起诉的问题

对于多个被侵权人分别向不同的法院起诉且均有管辖权的，实践中的一种做法是由最先受理的法院管辖，后受理的人民法院将案件移交先受理的人民法院合并审理。此种做法的理由是，为了利于工作协调和判决的一致性，此类案件也应由一个法院审理为宜。另外一种做法是确定由最先受理的法院管辖，后受理的法院动员当事人撤诉然后到最先受理的法院重新起诉。我们认为，这些做法都是有益的探索，对于第一种做法而言，虽然不符合《民事诉讼法》关于移送管辖的规定，但也未违反法律的禁止性规定；对于第二种

① 现为《道交赔偿解释》（2020 年修正）第十九条。

做法而言，如果当事人经法院释明后自愿撤诉，则符合《民事诉讼法》关于共同诉讼的上述规定。但法院不能强迫当事人撤诉，如果当事人经释明后不撤诉，不同的法院之间应该加强沟通协调，并参照本条司法解释的规定尽可能同时判决。

三、关于多个被侵权人未同时起诉如何处理的问题

实践中，困扰法官的正是同一起道路交通事故中存在多名受害人且交强险赔偿限额不足以全额赔偿，部分受害人先起诉，此时，法院是否需要通知其他被侵权人参加诉讼，应该如何确定交强险责任限额的分配，是否需预留份额。对此，主要有以下做法：

（一）部分被侵权人起诉的，法院是否需要通知其他被侵权人参加诉讼

对此，一些法院认为，应该通知其他受害人。在此前提之下，部分法院的做法是，对只有部分受害人起诉的，根据交通事故认定书上确定的当事人找出交强险赔偿的受害人，由受案法院通知其他未起诉的受害人参加诉讼，其他受害人明确表示放弃权利的，就不再预留其交强险赔偿款份额，否则就应由其他受害人都参与到诉讼中来一并处理。部分法院的做法是，如果仅有部分赔偿权利人起诉，法院应当通知未起诉的赔偿权利人作为有独立请求权的第三人参加诉讼，一并审理。还有部分法院的做法是，如果只有部分被侵权人起诉，人民法院应当告知未起诉的被侵权人在合理的期限内起诉，如果逾期起诉，在交强险责任限额已被分配完毕的情况下，将不能向保险公司主张交强险赔偿。

另一些法院认为，对于只有部分被侵权人起诉的，法院无须通知其他被侵权人参加诉讼。在此前提下，部分法院的做法是，同一起交通事故存在多名受害人且交强险责任限额不足以全额赔偿，部分受害人先起诉的，人民法院应当在交强险赔偿限额内为其他受害人保留必要的赔偿份额。人民法院可以根据各受害人的伤情、治疗及善后事宜的迫切程度、家庭经济状况和侵权人赔付能力（包括商业三责险投保情况）等各项因素，综合认定预留交强险赔偿的金额。还有部分法院的做法是，部分被侵权人起诉的，法院对于各受损主体的起诉均可以按照单一受害人的案件进行正常审理，并且在无须查明受损总额或比例的情况下作出判决，将清偿的具体金额放到实际履行或执行程序中解决。

（二）关于部分受害人起诉，人民法院无法查明其他受害人或者通知其他受害人参加诉讼，或其他受害人坚持不起诉等情况下，是否需要为已知的其他受害人预留交强险的份额

对此，有部分法院的意见是，交强险限额赔偿存在多个受益者时，其中的部分受益者明确表示放弃，或者在人民法院指定的期限内仍不起诉，或者人民法院通过交警案卷所查找的联系方式无法通知时，人民法院不必为其预留交强险限额赔偿份额。还有部分法院的意见是，同一起事故多人受伤，每一位受害人都有权利向法院提起诉讼来维护自己的权利，至于受害人是否起诉是受害人的权利，既然是权利就可以放弃。法院应按照不诉不理的原则来处理。只有其中一个受害人起诉的，由该当事人享有，没有必要为其他受害人保留份额。因为其他受害人未主张权利，赔偿额亦难以确定，法院不应为其预留相应份额。另外，还有法院认为，交通事故后，因为事故中受害人受伤的情况不一样，其治疗过程也会有长有短，当部分受害人提起诉讼，而其他未放弃权利的受害人尚在治疗，损失暂无法确定时，案件应中止审理，待其治疗终结后一并审理。部分经济特别困难的受害人急需抢救治疗费用的，可申请法院先予执行解决，但执行的比例应与其他受害人协商确定。

以上介绍了实践中对这一问题的不同处理方式。目前，理论界对于交强险诸多理论问题的研究尚未深入，各法院对上述问题的处理并不完全一致，但这些都是有益的探索。鉴于这一问题的复杂性，司法解释不宜对此作出统一规定，在实践中宜由各法院根据个案来处理。上述各地法院的有益探索，值得参考。

——最高人民法院民事审判第一庭编著：《最高人民法院关于道路交通损害赔偿司法解释理解与适用》，人民法院出版社 2012 年版，第 295~297 页。

25.关于非法改装车在交强险合同有效期内发生交通事故的处理

实践中遇到的一个问题是，车主在交强险合同的有效期内对机动车进行了改装，但是，由于改装幅度过大无法完成机动车的变更登记。那么在交强险合同的有效期内发生了交通事故后，当事人请求保险公司在责任限额范围内予以赔偿的，法院是否应该支持。对此，分析如下：

《道路交通安全法》第十六条规定，任何单位或者个人不得有下列行为：（1）拼装机动车或者擅自改变机动车已登记的结构、构造或者特征；（2）改变机动车型号、发动机号、车架号或者车辆识别代号；（3）伪造、变造或者使用伪造、变造的机动车登记证书、号牌、行驶证、检验合格标志、保险标志；（4）使用其他机动车的登记证书、号牌、行驶证、检验合格标志、保险标志。

《道路交通安全法实施条例》第六条规定，已注册登记的机动车有下列情形之一的，机动车所有人应当向登记该机动车的公安机关交通管理部门申请变更登记：（1）改变机动车车身颜色的；（2）更换发动机的；（3）更换车身或者车架的；（4）因质量有问题，制造厂更换整车的；（5）营运机动车改为非营运机动车或者非营运机动车改为营运机动车的；（6）机动车所有人的住所迁出或者迁入公安机关交通管理部门管辖区域的。申请机动车变更登记，应当提交下列证明、凭证，属于前款第（1）项、第（2）项、第（3）项、第（4）项、第（5）项情形之一的，还应当交验机动车；属于前款第（2）项、第（3）项情形之一的，还应当同时提交机动车安全技术检验合格证明：（1）机动车所有人的身份证明；（2）机动车登记证书；（3）机动车行驶证。机动车所有人的住所在公安机关交通管理部门管辖区域内迁移、机动车所有人的姓名（单位名称）或者联系方式变更的，应当向登记该机动车的公安机关交通管理部门备案。

2008年，公安部颁布了修订后的《机动车登记规定》。《机动车登记规定》第十条第一款[①]规定，已注册登记的机动车有下列情形之一的，机动车所有人应当向登记地车辆管理所申请变更登记：（1）改变车身颜色的；（2）更换发动机的；（3）更换车身或者车架的；（4）因质量问题更换整车的；（5）营运机动车改为非营运机动车或者非营运机动车改为营运机动车等使用性质改变的；（6）机动车所有人的住所迁出或者迁入车辆管理所管辖区域的。

依据上述规定，法律认可的机动车改装包括“改变车身颜色、更换发动机、更换车身或者车架”，这些项目属于机动车的合法改装。

---

① 对应《机动车登记规定》（2021年修正）第十六条第一款。

同时,《机动车登记规定》第十五条[①]规定，有下列情形之一的，不予办理变更登记:（1）改变机动车的品牌、型号和发动机型号的，但经国务院机动车产品主管部门许可选装的发动机除外;（2）改变已登记的机动车外形和有关技术数据的，但法律、法规和国家强制性标准另有规定的除外;（3）有本规定第九条第（1）项、第（7）项、第（8）项、第（9）项规定情形的。

根据上述规定，机动车改装，属于更换发动机、车身或者车架的，应当提供机动车安全技术检验合格证明，车主对机动车进行上述改装幅度过大导致提供不了安全技术检验合格证明的，则属于非法改装；改变机动车的品牌、型号和发动机型号的，将不予办理变更登记；改变已登记的机动车外形和有关技术数据的，也不予办理变更登记。也就是说，依据上述规定，可以得出一个结论，法律法规对汽车的改装规定了一定的范围和条件，超出了这些范围和底线，则属于非法改装，其后果就是无法办理机动车变更登记。

依据上述分析，我们认为,《道交赔偿解释》第二十三条第二款[②]用语“改装”的本意是针对合法的改装车的，因此，对于合法改装车（包括已经完成变更登记和虽未进行变更登记但是可以进行变更登记的改装车）发生上述情形的，自然可以适用本条司法解释的规定。但是，对于非法改装车在交强险合同的有效期内发生交通事故的，考虑到该机动车处于交强险合同的有效期内，法院可以参照适用该条司法解释的规定，判令保险公司承担赔偿责任。但是在此种情形下，保险公司可以按照法律允许的最高保险费标准另行起诉投保义务人补足当期保险费。

——最高人民法院民事审判第一庭编著:《最高人民法院关于道路交通损害赔偿司法解释理解与适用》，人民法院出版社 2012 年版，第 309~310 页。

26.银行不能作为交强险保险金请求权人

交强险保险单中将银行设定为“受益人”，其行为实质是为当事人的保险金请求权设定担保，意图在发生事故时作为交强险的保险金请求权人获得贷款人的保险金。我们认为，银行不能作为交强险保险金请求权人。

---

① 对应《机动车登记规定》(2021 年修正）第二十一条。

② 现为《道交赔偿解释》(2020 年修正）第二十条第二款。

（一）该做法不符合《交强险条例》的立法目的

根据《交强险条例》第一条、第三十一条可以看出，交强险的立法目的是“为了保障机动车道路交通事故受害人依法得到赔偿”；从赔偿对象上看，保险金请求权只能由被保险人或者受害人或者死亡受害人近亲属行使。司法实践中人民法院往往判决保险公司直接将保险赔偿金支付给受害人或者死亡受害人近亲属。

（二）银行要求当事人对其保险金请求权设定担保，既无法律依据，又无现实意义

银行要成为交强险“受益人”的做法，源于贷款买车时银行往往以车损险的保险金请求权人身份出现。借款人向银行借款购车后，一般会投保车损险。在贷款合同履行过程中，若该车辆损毁、灭失，借款人可以向保险人索赔，保险人应按照保险合同约定向借款人支付赔偿金。按照《最高人民法院关于适用〈中华人民共和国担保法〉若干问题的解释》第八十条第一款[①]规定：“在抵押物灭失、毁损或者被征用的情况下，抵押权人可以就该抵押物的保险金、赔偿金或者补偿金优先受偿。”正是为了降低自身风险，银行要求贷款人投保过程中，将自己设定为“受益人”。

（三）通过设定“受益人”保护银行利益的做法没有法律依据

1. 车损险和交强险是根本不同的：（1）车损险在性质上属于商业车险，其作用在于弥补财产损失，不具有强制性。根据《担保法》第五十一条[②]第一款规定，“抵押物价值减少时，抵押权人有权要求抵押人恢复抵押物的价值，或者提供与减少的价值相当的担保”，为车辆购买保险，借款人就有了恢复抵押物价值的一个保障。退一步讲，即使车辆没有作为抵押物，车辆所有人也有必要购买车损险以防范风险。（2）交强险在性质上属于责任险，具有强制性，其作用在于承担被保险人的民事责任，保障受害人受到救济。人身伤亡保险金请求权具有人身依附性，因此该请求权不能用来优先清偿其他债务。

2. 借款人投保车损险时设定银行为“受益人”，有法律依据；而交强险项下，即使设定银行为保险金请求权人，但在发生交通事故时，银行也无权要

① 现为《最高人民法院关于适用〈中华人民共和国民法典〉有关担保制度的解释》第四十二条第一款。

② 对应《民法典》第四百零八条第一款。

求保险公司将交强险项下的保险金支付给自己。本条司法解释出台后，当事人还可以主张该担保无效。

（四）银行作为交强险保险金请求权人并无实际意义

不论车辆是否发生事故，保险公司应否在交强险项下给受害人进行赔偿，只要抵押物未损毁、灭失，银行的利益都有抵押物担保。如果银行担心因抵押物损毁、灭失，影响其债权，可以要求投保人购买车损险。

综上所述，银行要求投保义务人在交强险保险单中约定银行为保险金请求权人的做法，在当事人依据《道交赔偿解释》第二十四条[①]主张设定担保无效时，可以认定为无效。

——最高人民法院民事审判第一庭编著:《最高人民法院关于道路交通损害赔偿司法解释理解与适用》，人民法院出版社 2012 年版，第 319~320 页。

27.在责任保险中，不应存在被保险人保险金请求权的转让

交强险项下的财产损失保险从其性质上看是一种责任保险，其目的是弥补受害人的财产损失。在责任保险中，不应存在被保险人保险金请求权的转让。这是因为:（1）责任保险的赔偿通常是直接支付给第三方受害人的。如果责任保险的赔偿请求权可以转让，就会损害受责任保险保护的潜在第三方受害人利益，这是违反公共利益的。（2）责任保险的保险收益在损失发生前——法定责任确定前，不是一个可以确定的数额，是无法转让的；在损失发生之后——法定责任确定后，已经产生了责任保险赔偿的权利人，责任保险的保险金就不可能由被保险人转让。（3）在财产保险中，损失发生后，保险金请求权是被保险人的债权，是保险人的债务。因此，被保险人将自己的债权转让给他人，可以使他人由此获益。与此不同，在责任保险中，损失发生后，保险金请求权虽然仍可视为被保险人的债权，但同时也是被保险人的债务。否则，保险人就没有赔付义务。因此，保险金请求权对他人并无利益可言，也就不存在转让的基础。

《道路交通安全法》第七十六条等，赋予了受害人保险金直接请求权。对于受害人来说，事故发生后保险赔偿责任一旦确定，受害人就可以请求保险

① 现为《道交赔偿解释》（2020 年修正）第二十一条。

公司给付已经确定下来的保险金，这种权利是纯财产性质的利益，受害人有权进行转让或者提供担保。

另外，根据《交强险条例》第二十三条等，发生交通事故，致使受害人遭受人身伤亡或者财产损失，依法应当由被保险人承担的损害赔偿责任，保险人在赔偿限额内负责赔偿：其中有责财产损失赔偿限额为 2000 元；无责财产损失赔偿限额为 100 元。和人身伤亡损害动辄数十万元的赔偿金相比太低，利益驱动不大，因此转让及提供担保的现实意义较小。

——最高人民法院民事审判第一庭编著：《最高人民法院关于道路交通损害赔偿司法解释理解与适用》，人民法院出版社 2012 年版，第 321 页。

28.关于商业三者险保险合同的仲裁条款能否约束第三人（受害人）的问题

我们认为，商业三者险合同条款不能约束第三人。主要理由在于：

1.《保险法》第六十五条规定第三人的直接请求权是将商业三者险保险公司作为共同被告的实体法基础。如果承认商业三者险合同的仲裁条款能够约束第三人，则《保险法》第六十五条规定第三人的直接请求权的法律目的即落空。

2. 根据合同相对性原理，商业三者险合同的仲裁条款应当只约束当事人即被保险人与保险公司，而对合同当事人以外的人无约束力。由于第三人并非合同当事人，仲裁条款如对其具有约束力，则在实践中导致第三人对保险公司提起诉讼时应先就合同中存在仲裁条款进行调查，显然在实践中行不通。

3. 承认商业三者险合同的仲裁条款约束第三人，将增加当事人的诉累，并有可能损害第三人的利益。对于商业三者险合同而言，分散被保险人的风险是其主要目的。保险公司、被保险人与受害人的法律关系，规范模型是，受害人基于侵权法律关系向被保险人索赔，被保险人赔偿后，被保险人基于合同法律关系要求保险公司理赔。但根据《保险法》第六十五条的规定，保险公司也可根据被保险人的请求直接向第三人支付，并且在被保险人向第三人赔偿前，保险人不得向被保险人支付保险金。这种制度安排实际上更加重视第三人损失的赔偿。基于此，2012年《道交赔偿解释》第二十五条[①]将商业三者险保险公司纳入同一诉讼一并解决。如果仲裁条款能够约束第三人，实践中保险公司可能在所有的商业三者险合同中均订立仲裁条款，则2012年《道交赔偿解释》第二十五条规定的规范目的也就难以实现。

综上所述，我们认为，商业三者险合同约定的仲裁条款对第三人不发生效力。

——最高人民法院民事审判第一庭编著:《最高人民法院关于道路交通损害赔偿司法解释理解与适用》，人民法院出版社2012年版，第341~342页。

① 对应2020年《道交赔偿解释》第二十二条。

第三部分　最高人民法院指导性案例

指导案例 19 号

赵春明等诉烟台市福山区汽车运输公司、卫德平等机动车交通事故责任纠纷案

（最高人民法院审判委员会讨论通过　2013 年 11 月 8 日发布）

关键词　民事　机动车交通事故　责任　套牌　连带责任

裁判要点

机动车所有人或者管理人将机动车号牌出借他人套牌使用，或者明知他人套牌使用其机动车号牌不予制止，套牌机动车发生交通事故造成他人损害的，机动车所有人或者管理人应当与套牌机动车所有人或者管理人承担连带责任。

相关法条

《中华人民共和国侵权责任法》第八条[①]

《中华人民共和国道路交通安全法》第十六条[②]

基本案情

2008 年 11 月 25 日 5 时 30 分许，被告林则东驾驶套牌的鲁 F41703 货车在同三高速公路某段行驶时，与同向行驶的被告周亚平驾驶的客车相撞，两车冲下路基，客车翻滚致车内乘客冯永菊当场死亡。经交警部门认定，货车司机林则东负主要责任，客车司机周亚平负次要责任，冯永菊不负事故责任。

① 对应《民法典》第一千一百六十八条。

② 对应《道路交通安全法》(2021 年修正)第十六条。

原告赵春明、赵某某、冯某某、侯某某分别系死者冯永菊的丈夫、儿子、父亲和母亲。

鲁 F41703 号牌在车辆管理部门登记的货车并非肇事货车，该号牌登记货车的所有人系被告烟台市福山区汽车运输公司（以下简称福山公司），实际所有人系被告卫德平，该货车在被告永安财产保险股份有限公司烟台中心支公司（以下简称永安保险公司）投保机动车第三者责任强制保险。

套牌使用鲁 F41703 号牌的货车（肇事货车）实际所有人为被告卫广辉，林则东系卫广辉雇用的司机。据车辆管理部门登记信息反映，鲁 F41703 号牌登记货车自 2004 年 4 月 26 日至 2008 年 7 月 2 日，先后 15 次被以损坏或灭失为由申请补领号牌和行驶证。2007 年 8 月 23 日卫广辉申请补领行驶证的申请表上有福山公司的签章。事发后，福山公司曾派人到交警部门处理相关事宜。审理中，卫广辉表示，卫德平对套牌事宜知情并收取套牌费，事发后卫广辉还向卫德平借用鲁 F41703 号牌登记货车的保单去处理事故，保单仍在卫广辉处。

发生事故的客车的登记所有人系被告朱荣明，但该车辆几经转手，现实际所有人系周亚平，朱荣明对该客车既不支配也未从该车运营中获益。被告上海腾飞建设工程有限公司（以下简称腾飞公司）系周亚平的雇主，但事发时周亚平并非履行职务。该客车在某财产保险股份有限公司上海市分公司（以下简称人保公司）投保了机动车第三者责任强制保险。

裁判结果

上海市宝山区人民法院于 2010 年 5 月 18 日作出（2009）宝民一（民）初字第 1128 号民事判决：一、被告卫广辉、林则东赔偿四原告丧葬费、精神损害抚慰金、死亡赔偿金、交通费、误工费、住宿费、被扶养人生活费和律师费共计 396863 元。二、被告周亚平赔偿四原告丧葬费、精神损害抚慰金、死亡赔偿金、交通费、误工费、住宿费、被扶养人生活费和律师费共计 170084 元。三、被告福山公司、卫德平对上述判决主文第一项的赔偿义务承担连带责任；被告卫广辉、林则东、周亚平对上述判决主文第一项、第二项的赔偿义务互负连带责任。四、驳回四原告的其余诉讼请求。宣判后，卫德平提起上诉。上海市第二中级人民法院于 2010 年 8 月 5 日作出（2010）沪二中民一（民）终字第 1353 号民事判决：驳回上诉，维持原判。

裁判理由

法院生效裁判认为：根据本案交通事故责任认定，肇事货车司机林则东负事故主要责任，而卫广辉是肇事货车的实际所有人，也是林则东的雇主，故卫广辉和林则东应就本案事故损失连带承担主要赔偿责任。永安保险公司承保的鲁 F41703 货车并非实际肇事货车，其也不知道鲁 F41703 机动车号牌被肇事货车套牌，故永安保险公司对本案事故不承担赔偿责任。根据交通事故责任认定，本案客车司机周亚平对事故负次要责任，周亚平也是该客车的实际所有人，故周亚平应对本案事故损失承担次要赔偿责任。朱荣明虽系该客车的登记所有人，但该客车已几经转手，朱荣明既不支配该车，也未从该车运营中获益，故其对本案事故不承担责任。周亚平虽受雇于腾飞公司，但本案事发时周亚平并非在为腾飞公司履行职务，故腾飞公司对本案亦不承担责任。至于承保该客车的人保公司，因死者冯永菊系车内人员，依法不适用机动车交通事故责任强制保险，故人保公司对本案不承担责任。另，卫广辉和林则东一方、周亚平一方虽各自应承担的责任比例有所不同，但车祸的发生系两方的共同侵权行为所致，故卫广辉、林则东对于周亚平的应负责任份额、周亚平对于卫广辉、林则东的应负责任份额，均应互负连带责任。

鲁 F41703 货车的登记所有人福山公司和实际所有人卫德平，明知卫广辉等人套用自己的机动车号牌而不予阻止，且提供方便，纵容套牌货车在公路上行驶，福山公司与卫德平的行为已属于出借机动车号牌给他人使用的情形，该行为违反了《中华人民共和国道路交通安全法》等有关机动车管理的法律规定。将机动车号牌出借他人套牌使用，将会纵容不符合安全技术标准的机动车通过套牌在道路上行驶，增加道路交通的危险性，危及公共安全。套牌机动车发生交通事故造成损害，号牌出借人同样存在过错，对于肇事的套牌车一方应负的赔偿责任，号牌出借人应当承担连带责任。故福山公司和卫德平应对卫广辉与林则东一方的赔偿责任份额承担连带责任。

指导案例 19 号《赵春明等诉烟台市福山区汽车运输公司、卫德平等机动车交通事故责任纠纷案》的理解与参照

——套牌车出借人与使用人对交通事故负连带责任

最高人民法院案例指导工作办公室[①]

2013 年 11 月 8 日，最高人民法院发布了指导案例 19 号《赵春明等诉烟台市福山区汽车运输公司、卫德平等机动车交通事故责任纠纷案》。为了正确理解和准确参照适用该指导性案例，现对其推选经过、裁判要点、需要说明问题等情况予以解释、论证和说明。

一、推选经过及其指导意义

2013 年 1 月 15 日，上海市高级人民法院向最高人民法院案例指导工作办公室推荐该案例。案例指导工作办公室经集体讨论，并征求了最高人民法院民一庭的意见。民一庭经审查认为，本案例处理结果和理由，符合最高人民法院交通事故损害责任相关司法解释的规定。套牌车社会危险性极大，必须用司法裁判的手段促进实现公法上的管理功能，即应确立这样的规则，套牌车发生事故造成损害，同意套牌的机动车所有人应当承担连带责任。最高人民法院研究室室务会经讨论并报院领导同意提交审委会审议。2013 年 2 月 18 日，最高人民法院审判委员会经讨论认为，该案例符合《最高人民法院关于案例指导工作的规定》第二条的有关规定，同意将该案例确定为指导性案例。11 月 8 日，最高人民法院以法〔2013〕241 号文件将该案例列在第五批指导性案例予以发布。

该指导案例旨在明确出借机动车号牌给他人套牌使用的法律责任。该案例裁判要点明确机动车所有人或者管理人将机动车号牌出借他人套牌使用，或者明知他人套牌使用其机动车号牌不予制止，套牌机动车发生交通事故造

① 执笔人：石磊。

成他人损害的，机动车所有人或者管理人应当与套牌机动车所有人或者管理人承担连带责任。该案例进一步细化了交通事故责任纠纷有关法律和司法解释的规定，其价值导向是通过增加机动车号牌出借人的违法成本，遏制机动车套牌的违法行为，切实维护被害人的合法权益和机动车管理秩序，促进道路交通安全。

二、裁判要点的理解与说明

该指导案例的裁判要点确认：机动车所有人或者管理人将机动车号牌出借他人套牌使用，或者明知他人套牌使用其机动车号牌不予制止，套牌机动车发生交通事故造成他人损害的，机动车所有人或者管理人应当与套牌机动车所有人或者管理人承担连带责任。以下围绕与该裁判要点相关的问题逐一说明：

（一）套牌车概述

套牌车，即指导案例 19 号所涉的套牌机动车，俗称克隆车，是指通过伪造或者非法套取其他车辆号牌及行驶证等手续上路行驶的车辆。一般认为使用伪造、变造的机动车号牌，使用其他车辆的机动车号牌，使用欺骗、贿赂手段取得机动车号牌的机动车均可以称为套牌车。由于现在机动车及其号牌管理尚存在某些漏洞，套牌行为花样百出，从套用民用号牌发展到套用专用号牌、军牌、警牌，从改装、拼装车套牌发展到报废车、盗抢车套牌，再到用欺骗、贿赂手段重新取得机动车号牌均有发生。

套牌车产生的原因主要有：有的车辆来路不明，没有合法手续，例如非法走私车、盗抢车、报废车等，这些车辆根本不可能申领到合法号牌，为上路行驶而违法套用号牌。有的车主为行车“方便”，逃避电子警察的监控，套用别车号牌，甚至军牌、警牌，随意违法行驶，即使被电子警察抓拍到，也不会被查到而逍遥法外。有的车主受经济利益的驱使，购买车辆后不办理注册登记，直接套用别的车辆号牌上路行驶，逃避应该缴纳的税费，而且逃避参加车辆年检。由于交通监控技术难以全面覆盖，对于套牌车的处罚力度不够严厉，违法成本低，导致套牌车现象愈演愈烈，屡禁不止。以大货车为例，使用假牌套牌，一辆车一年可逃避的费用就高达数万元，但是被查获后的处罚数额偏低，违法成本低于守法成本，助长了某些违法车主的侥幸心理。

套牌车的危害：一是扰乱公安机关对公共安全的管控，制造社会不稳定因素。套牌车不仅严重干扰了良好的道路交通秩序，还增加了交通事故发生的概率，而且由于套牌车没有合法手续和保险，一旦发生交通事故，驾驶人极易逃逸，大大增加了案件的侦破难度。即使破获案件，高昂的医疗费用、车辆损害赔偿使得车主、驾驶人难以负担，严重危害社会治安稳定和人民群众生命财产安全。更重要的是，套牌车还为犯罪活动提供作案工具。近年来高发的“两抢”案件尤其是高速公路上的盗窃、抢劫案件，其作案工具多是套牌车辆，严重危害社会和谐和群众的生命、财产安全。

二是扰乱运输市场经营秩序。因为套牌车逃避各种税费，其运行成本比合法车辆要低得多，因而也降低了货物运输的费用，直接加剧了运输市场的恶性竞争，造成运输环境恶性循环，使有序的运输秩序变得杂乱无章。

三是扰乱国家的经济秩序。首先，由于套牌车多是非法营运，不会主动缴纳国家各种税费，管理部门又根本无从征收各种税费，从而造成了国家税费的大量流失。其次，保险公司在机动车投保、索赔等环节上对套牌车缺少有效管理和监督，套牌车发生事故后，经常出现骗保等欺诈行为，严重损害了保险业务的经营秩序和利益。

四是损害真实车主的合法权益。合法车辆在被别的车辆套牌后，在车辆交通违法、事故处理等方面，真实车主往往要充当“冤大头”，给真实车主带来不必要的麻烦和经济损失，严重损害了守法车主的合法权益。

（二）我国关于套牌车的法律规定

我国关于套牌车的法律规定主要在《道路交通安全法》、公安部相关规章，以及最高人民法院发布的相关道路交通事故司法解释中。

《道路交通安全法》第十六条第四项规定，禁止使用其他机动车的登记证书、号牌、行驶证、检验合格标志、保险标志。第九十六条第三款规定，使用其他车辆的机动车登记证书、号牌、行驶证、检验合格标志、保险标志的，由公安机关交通管理部门予以收缴，扣留该机动车，处2000以上5000元以下罚款。2013年公安部公布《机动车驾驶证申领和使用规定》加大了套牌车的处罚力度，其中规定：使用伪造、变造的机动车号牌、行驶证、驾驶证、校车标牌或者使用其他机动车号牌、行驶证的，一次记12分。另外，公安部还明确规定，确定为被套牌的车辆，可撤销使用套牌期间发生的交通违法信息，车主还可以申请换发新的号牌（使用新的车牌号）和行驶证。上述规定都是对套牌车进行行政管理和处罚方面的法律规定。

2012年12月21日起施行的《道交赔偿解释》第五条对套牌机动车的民事责任作出了规定。该条规定："套牌机动车发生交通事故造成损害，属于该机动车一方责任，当事人请求由套牌机动车的所有人或者管理人承担赔偿责任的，人民法院应予支持；被套牌机动车所有人或者管理人同意套牌的，应当与套牌机动车的所有人或者管理人承担连带责任。"该条最引人注目的规定即为机动车所有人或者管理人同意套牌的连带责任，指导案例19号的裁判要点正与这一规定相契合。

（三）套牌车交通事故责任相关案例

套牌车交通事故引发的纠纷时有发生，以前已有不少这方面的典型案例，下文择其中一二予以简评：

案例1：2003年4月15日，原车主王某将粤BC××号小轿车出售给陈某并办理了车辆登记转移手续，自己的行驶证随之作废。2003年5月26日，崔某以4万元低价购买了日产小轿车，并套用了粤BC××号的车牌号。2004年2月10日，崔某以6.5万元的价格将该套牌车出售给赵某。赵某购买该车后，仍然延续套用粤BC××小轿车的车牌号，并且由崔某帮助赵某在原王某作废的粤BC××号机动车行驶证上加盖"检验合格"标志，致使该车一直未经国家车辆管理部门登记、未进行技术检测，亦未投保第三者责任险。2005年12月11日晚9时许，赵某驾驶该套牌车与张某驾驶的正三轮摩托车和冯某停放在行车道上的挂车相撞，致使张某死亡，正三轮摩托车和套牌小轿车不同程度损伤。赵某承担该事故的25%责任。法院经审理认为，崔某以明显的低价购买车辆，明知自2004年5月1日《道路交通安全法》实施起，国家实行机动车投保第三者责任强制险，在未经技术检测、未投保第三者责任强制险情况下，套用他人的粤BC××号机动车车牌号，并将该套牌车出售给他人，且长期帮助购买人在他人作废的行驶证上加盖虚假的"检验合格"标志，致使安全性能无法保障的套牌车由赵某驾驶长期上路行驶，成为安全隐患和"马路杀手"，并造成事故的发生。崔某应与赵某承担道路交通事故的连带责任。

案例2：2007年7月10日10时，林某驾驶车牌号为闽D80361的重型货车行驶在厦门市集美区杏滨路，欲左转进入新阳大桥时，不慎与驾驶两轮摩托车的徐某发生了碰撞，造成徐某重伤、摩托车损坏的后果。2007年8月13日，厦门市公安局交警支队集美大队作出交通事故认定书，认定林某应负事故全部责任。由于林某受雇于陈某，故作为雇主的陈某被追加为被告。陈某则称，肇事车为套牌车，系他套用柯某的闽D80361车牌，故柯某也被追加为被告。柯某辩称，肇事车辆的真实车牌号是闽D51022，车主为陈某，事故发生时是陈某套用其所有的闽D80361车牌，他不是本案适格被告，更不应对徐某承担人身损害赔偿责任。另外，柯某还向法院申请对闽D80361车辆进行鉴定，但是由于时隔久远而且两辆车都在营运中，这两辆车的现状与事发时的车辆现状已发生改变，丧失了鉴定条件。一审法院认为，陈某应赔偿徐某医疗费、误工费等共计约22万元。此外，林某也应承担连带赔偿责任。而柯某作为闽D80361的车主，在事故发生后知道套牌事实，却未及时向交警部门反映或采取其他措施，导致是否“套牌”的事实无法查清，其提供的证据不能证明事故发生时肇事车辆为闽D51022，应承担举证不能的法律后果，鉴于柯某对事故的发生存在管理上的过失，应当对徐某的损失承担连带赔偿责任。二审维持了一审判决。[①]

评析：上述两案最终判决结果都是套牌车发生交通事故所涉车主承担连带赔偿责任。有所不同的是，第一个案例中崔某将套牌车出售给赵某，属于明知自己的行为可能发生危害社会的结果，因此与肇事车车主赵某承担连带责任；第二个案例中，柯某在事故发生后知道自己的车被套牌事实，却未及时向相关部门反映，导致是否“套牌”事实无法查清，应承担不利的后果，即应与套牌车车主承担连带责任。

（四）指导案例19号的具体说明

本指导案例中，鲁F41703货车的登记所有人福山公司和实际所有人卫德平系明知卫广辉等人套用自己的车牌而不予阻止，且提供方便，纵容套牌货车在公路上行驶，卫德平与福山公司的行为实质上等同于出借机动车号牌给他人使用，该行为违反了道路交通安全法等有关机动车管理的法律规定。套牌机动车肇事造成损害的，号牌出借人同样存在过错，二者构成共同侵权。

① 《套牌车肇事伤人名义车主被判负连带责任》，载《厦门日报》2010年3月26日。

《侵权责任法》第八条[①]规定："二人以上共同实施侵权行为，造成他人损害的，应当承担连带责任。"因此，对于肇事的套牌车一方应负的赔偿责任，号牌出借人应当承担连带责任。故本案福山公司和卫德平应对卫广辉与林则东一方的赔偿责任份额承担连带责任。

前文已述，最高人民法院发布的《道交赔偿解释》第五条规定被套牌机动车所有人或者管理人同意套牌的，应当与套牌机动车的所有人或者管理人承担连带责任。本指导案例进一步明确，明知他人套牌使用而不予制止的，也应当与套牌机动车所有人或者管理人承担连带责任。本指导案例裁判要点述及的套牌行为有两种情形：一种是积极地出借机动车号牌给他人使用，另一种是知道他人套牌使用自己的机动车号牌而消极地不予制止。两种情形下行为人对于损害的发生都具有过错。前文评析的两个相关案例正好契合了本指导案例所述的两种套牌情形，这样本案例的指导价值更为全面、准确，有利于指导相关案件的审判。

发放机动车号牌是对机动车管理的重要手段，只有经定期检验符合国家安全技术标准的机动车才可核发和使用号牌。当前，机动车套牌行驶的违法现象十分突出，这一行为严重违反《道路交通安全法》的规定，并且使大量不符合安全技术标准的机动车在道路上行驶，增加道路交通的危险性。对于这类违法行为，相关行政机关加大执法力度固然有必要，而本指导案例通过依法合理延伸交通事故民事赔偿责任主体的范围，增加机动车号牌出借人的违法风险和成本，来遏制机动车套牌的违法行为，维护道路交通安全和正常的机动车管理秩序，也将具有很好的法律效果和社会效果。

三、其他需要说明的问题

本指导案例在适用时要注意以下几个问题：

1. 关于相关法律依据问题。需要说明的是，本指导案例原型案件发生于《侵权责任法》施行之前，认定共同侵权的依据主要是原《民法通则》[②]和相关

---

① 对应《民法典》第一千一百六十八条。

② 根据《民法典》第一千二百六十条的规定，《民法典》自 2021 年 1 月 1 日起施行，原《民法通则》同时废止。

司法解释的规定。《民法通则》第一百三十条[①]规定："二人以上共同侵权造成他人损害的，应当承担连带责任。"最高人民法院于2003年颁布的《关于审理人身损害赔偿案件适用法律若干问题的解释》对共同侵权进行了细化，其中第三条第一款规定："二人以上共同故意或者共同过失致人损害，或者虽无共同故意、共同过失，但其侵害行为直接结合发生同一损害后果的，构成共同侵权，应当依照民法通则第一百三十条规定承担连带责任。"《侵权责任法》自2010年7月1日起施行以后，机动车套牌构成共同侵权适用的法律依据应当是《侵权责任法》第八条及其他相关法律规定。

2. 关于所有人、管理人责任问题。本指导案例裁判要点将机动车所有人和管理人都纳入承担连带责任的主体，合理地规定了责任主体的范围，有利于加强被侵权人请求权的保护，提高被侵权人获得赔偿的可能性。责任主体涵盖所有人和管理人，不仅包括机动车号牌出借方的机动车所有人、管理人，也包括套牌机动车的所有人、管理人。

指导案例24号

荣宝英诉王阳、永诚财产保险股份有限公司江阴支公司机动车交通事故责任纠纷案

（最高人民法院审判委员会讨论通过　2014年1月26日发布）

关键词　民事　交通事故　过错责任

裁判要点

交通事故的受害人没有过错，其体质状况对损害后果的影响不属于可以减轻侵权人责任的法定情形。

相关法条

《中华人民共和国侵权责任法》第二十六条[②]

① 对应《民法典》第一千一百六十八条。

② 对应《民法典》第一千一百七十三条。

《中华人民共和国道路交通安全法》第七十六条第一款第二项[①]

基本案情

原告荣宝英诉称：被告王阳驾驶轿车与其发生剐擦，致其受伤。该事故经江苏省无锡市公安局交通巡逻警察支队滨湖大队（简称滨湖交警大队）认定：王阳负事故的全部责任，荣宝英无责。原告要求下述两被告赔偿医疗费用30006元、住院伙食补助费414元、营养费1620元、残疾赔偿金27658.05元、护理费6000元、交通费800元、精神损害抚慰金10500元，并承担本案诉讼费用及鉴定费用。

被告永诚财产保险股份有限公司江阴支公司（简称永诚保险公司）辩称：对于事故经过及责任认定没有异议，其愿意在交强险限额范围内予以赔偿；对于医疗费用30006元、住院伙食补助费414元没有异议；因鉴定意见结论中载明"损伤参与度评定为75%，其个人体质的因素占25%"，故确定残疾赔偿金应当乘以损伤参与度系数0.75，认可20743.54元；对于营养费认可1350元，护理费认可3300元，交通费认可400元，鉴定费用不予承担。

被告王阳辩称：对于事故经过及责任认定没有异议，原告的损失应当由永诚保险公司在交强险限额范围内优先予以赔偿；鉴定费用请求法院依法判决，其余各项费用同意保险公司意见；其已向原告赔偿2万元。

法院经审理查明：2012年2月10日14时45分许，王阳驾驶号牌为苏MT1×××的轿车，沿江苏省无锡市滨湖区蠡湖大道由北往南行驶至蠡湖大道大通路口人行横道线时，碰擦行人荣宝英致其受伤。2月11日，滨湖交警大队作出《道路交通事故认定书》，认定王阳负事故的全部责任，荣宝英无责。事故发生当天，荣宝英即被送往医院治疗，发生医疗费用30006元，王阳垫付2万元。荣宝英治疗恢复期间，以每月2200元聘请一名家政服务人员。号牌苏MT1×××轿车在永诚保险公司投保了机动车交通事故责任强制保险，保险期间为2011年8月17日0时起至2012年8月16日24时止。原、被告一致确认荣宝英的医疗费用为30006元、住院伙食补助费为414元、精神损害抚慰金为10500元。

荣宝英申请并经无锡市中西医结合医院司法鉴定所鉴定，结论为：1. 荣宝

① 对应《道路交通安全法》（2021年修正）第七十六条第一款第二项。

英左桡骨远端骨折的伤残等级评定为十级；左下肢损伤的伤残等级评定为九级。损伤参与度评定为75%，其个人体质的因素占25%。2.荣宝英的误工期评定为150日，护理期评定为60日，营养期评定为90日。一审法院据此确认残疾赔偿金27658.05元扣减25%为20743.54元。

裁判结果

江苏省无锡市滨湖区人民法院于2013年2月8日作出（2012）锡滨民初字第1138号判决：一、被告永诚保险公司于本判决生效后10日内赔偿荣宝英医疗费用、住院伙食补助费、营养费、残疾赔偿金、护理费、交通费、精神损害抚慰金共计45343.54元。二、被告王阳于本判决生效后10日内赔偿荣宝英医疗费用、住院伙食补助费、营养费、鉴定费共计4040元。三、驳回原告荣宝英的其他诉讼请求。宣判后，荣宝英向江苏省无锡市中级人民法院提出上诉。无锡市中级人民法院经审理于2013年6月21日以原审适用法律错误为由作出（2013）锡民终字第497号民事判决：一、撤销无锡市滨湖区人民法院（2012）锡滨民初字第1138号民事判决。二、被告永诚保险公司于本判决生效后10日内赔偿荣宝英52258.05元。三、被告王阳于本判决生效后10日内赔偿荣宝英4040元。四、驳回原告荣宝英的其他诉讼请求。

裁判理由

法院生效裁判认为：《中华人民共和国侵权责任法》第二十六条规定："被侵权人对损害的发生也有过错的，可以减轻侵权人的责任。"《中华人民共和国道路交通安全法》第七十六条第一款第二项规定，机动车与非机动车驾驶人、行人之间发生交通事故，非机动车驾驶人、行人没有过错的，由机动车一方承担赔偿责任；有证据证明非机动车驾驶人、行人有过错的，根据过错程度适当减轻机动车一方的赔偿责任。因此，交通事故中在计算残疾赔偿金是否应当扣减时应当根据受害人对损失的发生或扩大是否存在过错进行分析。本案中，虽然原告荣宝英的个人体质状况对损害后果的发生具有一定的影响，但这不是《侵权责任法》等法律规定的过错，荣宝英不应因个人体质状况对交通事故导致的伤残存在一定影响而自负相应责任，原审判决以伤残等级鉴定结论中将荣宝英个人体质状况"损伤参与度评定为75%"为由，在计算残疾赔偿金时作相应扣减属适用法律错误，应予纠正。

从交通事故受害人发生损伤及造成损害后果的因果关系看，本起交通事故的引发系肇事者王阳驾驶机动车穿越人行横道线时，未尽到安全注意义务碰擦行人荣宝英所致；本起交通事故造成的损害后果系受害人荣宝英被机动车碰撞、跌倒发生骨折所致，事故责任认定荣宝英对本起事故不负责任，其对事故的发生及损害后果的造成均无过错。虽然荣宝英年事已高，但其年老骨质疏松仅是事故造成后果的客观因素，并无法律上的因果关系。因此，受害人荣宝英对于损害的发生或者扩大没有过错，不存在减轻或者免除加害人赔偿责任的法定情形。同时，机动车应当遵守文明行车、礼让行人的一般交通规则和社会公德。本案所涉事故发生在人行横道线上，正常行走的荣宝英对将被机动车碰撞这一事件无法预见，而王阳驾驶机动车在路经人行横道线时未依法减速慢行、避让行人，导致事故发生。因此，依法应当由机动车一方承担事故引发的全部赔偿责任。

根据我国《道路交通安全法》的相关规定，机动车发生交通事故造成人身伤亡、财产损失的，由保险公司在机动车第三者责任强制保险责任限额范围内予以赔偿。而我国交强险立法并未规定在确定交强险责任时应依据受害人体质状况对损害后果的影响作相应扣减，保险公司的免责事由也仅限于受害人故意造成交通事故的情形，即便是投保机动车无责，保险公司也应在交强险无责限额内予以赔偿。因此，对于受害人符合法律规定的赔偿项目和标准的损失，均属交强险的赔偿范围，参照“损伤参与度”确定损害赔偿责任和交强险责任均没有法律依据。

指导案例24号《荣宝英诉王阳、永诚财产保险股份有限公司江阴支公司机动车交通事故责任纠纷案》的理解与参照

——个人体质特殊不属于减轻侵权人责任的情形

最高人民法院案例指导工作办公室[①]

2014年1月26日，最高人民法院发布了指导案例24号《荣宝英诉王阳、

① 执笔人：石磊。

永诚财产保险股份有限公司江阴支公司机动车交通事故责任纠纷案》。为了正确理解和准确参照适用该指导案例，现对该指导案例的推选过程、裁判要点等有关情况予以解释、论证和说明。

一、推选过程及指导意义

该案例系由无锡市中级人民法院推荐，经江苏省高级人民法院审核后向最高人民法院案例指导工作办公室推荐。2013 年 9 月 9 日，江苏省高级人民法院审判委员会讨论认为，本案例符合《最高人民法院关于案例指导工作的规定》要求，在指导类似案件的审判以及保护被侵权人合法权益等方面有一定意义，同意推荐本案例。9 月 13 日，案例指导工作办公室经集体讨论后征求了最高人民法院民一庭的意见。民一庭审查认为，本案例说理清晰，结论正确，有利于澄清实践中的不当认识，具有一定示范意义。具体理由如下：一是从《道路交通安全法》第七十六条的规定来看，受害人个人体质原因不能认定为受害人的过错；二是从行为的违法性看，本案加害人的鲁莽驾驶行为具有违法性，承担全部责任具有伦理基础；三是从因果关系看，受害人的损害后果与加害人的行为之间符合相当因果关系判断标准；四是从规范目的来看，此种情形下加害人承担全部责任符合《道路交通安全法》的原则精神；五是从比较法上看，受害人的特殊体质对损害不具有因果关系，此亦为通说。11 月 20 日，研究室室务会讨论通过本案例，同意报主管院领导审核后提交审委会审议。2014 年 1 月 21 日，最高人民法院审判委员会经过讨论，同意本案例作为指导案例。1 月 26 日，最高人民法院以法〔2014〕18 号文件将该案例列在第六批指导案例予以发布。

该指导案例旨在明确交通事故受害人体质状况对损害后果的发生，即使存在一定程度的影响，也不属于可以减轻侵权人责任的法定情形。受害人没有过错的，侵权人应当承担全部损害赔偿责任。目前，在交通事故责任纠纷案件处理中存在一定的模糊认识，有的主张被侵权人体质特殊的，可以减轻侵权人承担的损害赔偿责任，这种认识是对侵权责任纠纷案件中过错责任原则的错误理解，不符合法律对于侵权责任的有关规定。本指导案例对于澄清认识，正确区分民事赔偿与刑事处罚的法律适用规则，指导交通事故责任纠纷案件的审理，依法保护被侵权人的合法权益，具有重要的作用和意义。

二、裁判要点的理解与说明

该指导案例的裁判要点确认：交通事故的受害人没有过错，其体质状况对损害后果的影响不属于可以减轻侵权人责任的法定情形。现围绕与该裁判要点相关的问题逐一论证和说明如下：

（一）受害人体质特殊是否属于《侵权责任法》中的“过错”

《侵权责任法》第六条第一款[①]规定：“行为人因过错侵害他人民事权益，应当承担侵权责任。”该款是对过错责任的规定。所谓过错责任，是指造成损害是否承担赔偿责任，必须要看行为人是否有过错，有过错有责任，无过错无责任。该款继承了《民法通则》第一百零六条第二款的规定，重申过错责任原则是《侵权责任法》的基本归责原则。在过错责任原则中，过错是确定行为人是否承担侵权责任的核心要件，也是人民法院审理侵权案件的主要考虑因素。过错分为故意和过失。过错是行为人行为时的一种应受谴责的心理状态。正是由于这种应受谴责的心理状态，法律要对行为人所实施的行为作否定性评价，让其承担侵权责任。

本案例中，被告王阳驾驶轿车穿越人行横道时，未尽到安全注意义务，将行人即本案原告荣宝英撞伤。交警作出的交通事故认定书认定王阳负全部责任，荣宝英无责。司法鉴定结论认定荣宝英所受损伤交通事故因素参与度为75%，其个人体质骨质疏松等因素占25%。受害人体质特殊，如骨质疏松、体质虚弱等是否属于《侵权责任法》中的“过错”？答案是否定的。如前所述，《侵权责任法》中的“过错”是指行为人的一种主观心理状态，分为故意和过失两种情形。本案中，受害人的体质特殊是其身体的一种客观情况，与其主观心理状态无关。显然，不能将受害人体质虚弱认定为一种应受谴责的主观心理状态。司法鉴定结论是民事诉讼证据的一种，人民法院在审理案件时，同样应当进行审查认证。交通事故认定书认定受害人无责，即认定其没有过错。将受害人的特殊体质状况认定为“过错”，缺乏法律和事实依据。

（二）受害人特殊体质是否可以作为扣减残疾赔偿金的依据

本案例生效判决认为，计算残疾赔偿金时是否应当扣减，应当根据受害

① 对应《民法典》第一千一百六十五条第一款。

人对损失扩大是否存在过错进行分析。本案例中，受害人不应对特殊体质在伤残中存有参与度而负担相应责任。主要理由如下：

1. 不构成过错相抵

《侵权责任法》第二十六条[①]规定："被侵权人对损害的发生也有过错的，可以减轻侵权人的责任。"《侵权责任法》第四十八条[②]规定："机动车发生交通事故造成损害的，依照道路交通安全法的有关规定承担赔偿责任。"《道路交通安全法》第七十六条规定："机动车发生交通事故造成人身伤亡、财产损失的，由保险公司在机动车第三者责任强制保险责任限额范围内予以赔偿；不足的部分，按照下列规定承担赔偿责任：（一）机动车之间发生交通事故的，由有过错的一方承担赔偿责任；双方都有过错的，按照各自过错的比例分担责任。（二）机动车与非机动车驾驶人、行人之间发生交通事故，非机动车驾驶人、行人没有过错的，由机动车一方承担赔偿责任；有证据证明非机动车驾驶人、行人有过错的，根据过错程度适当减轻机动车一方的赔偿责任；机动车一方没有过错的，承担不超过百分之十的赔偿责任。交通事故的损失是由非机动车驾驶人、行人故意碰撞机动车造成的，机动车一方不承担赔偿责任。"

本案例中，案涉交通事故造成的损害后果系受害人荣宝英在机动车碰撞后倒地并引发骨折所致，虽然荣宝英年事已高、骨质疏松，但事故责任认定荣宝英对本起事故不负责任，其对事故的发生及损害后果的造成均无主观过错，其年老骨质疏松仅是与事故造成后果存在客观上的介入因素，并无法律上的因果关系。而在交通事故中，加害人的行为与损害后果之间符合"无此行为，必不生此损害；有此行为，通常即生此种损害"的相当因果关系判断标准。也就是说，加害人的行为是损害后果的直接原因，二者之间具有相当的因果关系，这也是损害赔偿责任的重要构成要件之一。而受害人自身的体质因素，按法理上之通说，对损害后果的发生并不具有相当的因果关系。

根据《侵权责任法》第二十六条的规定，受害人对损害发生有过错，可以减轻侵权人的责任。受害人没有过错的，自然不构成过错相抵，不应承担

---

① 对应《民法典》第一千一百七十三条。

② 对应《民法典》第一千二百零八条。

责任。因此，受害人荣宝英对于损害的发生或者扩大没有过错，不存在减轻或者免除侵权人赔偿责任的法定情形。《道路交通安全法》第七十六条规定机动车与行人之间发生交通事故，行人没有过错的，由机动车一方承担赔偿责任。《道路交通安全法》并未规定行人自身体质状况对侵权损害后果有介入影响时，机动车方可以减免相应责任，故按照老年人体质状况对伤残结果的参与度比例扣减相应残疾赔偿金属于适用法律错误。因此，交通事故受害人没有过错，以其体质特殊对构成伤残的参与度作为减轻侵权人责任的依据不符合《侵权责任法》《道路交通安全法》的规定。

2. 不符合法律的立法目的和原则

我国《侵权责任法》的立法目的为"保护民事主体的合法权益，明确侵权责任，预防并制裁侵权行为，促进社会和谐稳定"。本案所涉受害人荣宝英的特殊体质系因年老而导致骨质疏松，但骨质随着年龄增长而疏松是一般生理规律，而非当事人个人特例。荣宝英根据交通法规在人行横道上行走，没有违反法律规定，属于其基本的生活权利和自由，理应受到法律的保护。另外，老年人、儿童、残疾人等群体，由于自我保护能力较弱，属于社会生活中的弱势群体，法律对其参与社会活动中的合法权益更应加强保障力度。本案例所涉事故发生在人行横道线上，正常行走的荣宝英本身没有过错，行为不具有违法性，其对将被机动车撞击这一事件无法预见，要求老年人具备与年轻人相同的风险避让能力、抗击打能力及伤后自愈能力亦与常理相悖。而王阳驾驶机动车在路经人行横道线时未依法减速慢行、避让行人，对损害结果的发生具有过失，其行为具有违法性，理应由机动车方承担事故引发的全部赔偿责任。而行人作为弱势群体，如果没有过错，却因自身体质状况分担一部分赔偿责任，显然有失公平。因此，将老年人遭受侵害后的残疾赔偿金按照特殊体质对伤残的参与度作相应扣减，违背《侵权责任法》的立法目的，不利于老年人等弱势群体权益的保护，缺乏社会伦理基础。

机动车较非机动车、行人而言，具有更大的交通危险性，在发生事故时其自身也具有更高的安全性，因此机动车在获得自身更为快速的交通便利的同时，应当恪守文明行车、礼让行人的一般交通规则和社会公德。我国《道路交通安全法》等相关法律规定了机动车驾驶人员更高的注意义务和更严格的法律责任，从而平衡不同通行主体的权益，保护相对弱势的行人的通行权利。例如，《道路交通安全法》第四十七条规定：“机动车行经人行横道时，应当减速行驶；遇行人正在通过人行横道，应当停车让行。机动车行经没有交通信号的道路时，遇行人横过道路，应当避让。”《道路交通安全法》第七十六条规定，机动车发生交通事故造成人身伤亡、财产损失的，即使机动车一方没有过错，仍然要承担不超过百分之十的赔偿责任。上述法律规定，充分体现了法律对行人通行权利倾斜性保护的原则和精神。因此，《道路交通安全法》等相关法律规定的原则与《侵权责任法》是一致的，都没有将受害人特殊体质作为侵权人减轻责任的考虑因素和依据。

3. 不符合侵权责任理论通说

将受害人体质特殊对构成伤残的参与度作为扣减残疾赔偿金的依据，也不符合侵权责任理论上关于人身损害赔偿的通说。本案例所作结论也是“蛋壳脑袋理论”在交通事故责任纠纷案件中的具体适用，具有法理基础，有一定普遍性。所谓“蛋壳脑袋理论”，是英美侵权法中关于人身损害赔偿责任的一项著名规则。该规则指出，一个对他人犯有过失的人，不应计较受害人的个人特质，尽管受害人的这种个人特质增加了他遭受损害的可能性和程度；对于一个因受害人的头骨破裂而引起的损害赔偿请求，受害人的头骨异常易于破裂不能成为抗辩的理由，即侵权人不能以此作为减少应承担的损害赔偿金的理由。“蛋壳脑袋理论”的适用充分体现在法律对加强弱势群体权益的保护上。在交通事故中，无论受害人体质状况如何，机动车驾驶人是否能够预见，都应当具有同样的高度注意义务，对其行为直接引起的全部损害承担法律责任。

4. 混淆了刑事责任与侵权民事责任的区别

刑事责任与侵权民事责任同属法律责任，在构成要件上具有一定相似性，如都必须有违法行为的存在，一般要考虑行为人主观上的过错，都重视对因果关系的考察等。但二者之间区别也是非常明显的。就制裁目的而言，刑事责任设立目的为通过惩罚犯罪分子以达到教育、预防的社会作用，不是被告人行为造成的直接后果，就不能让其承担全部的刑事责任，故刑事责任考虑各种因素对损害后果“参与度”问题。而侵权民事责任是一种事后补救性质的责任，更多的是考虑保护被侵权人的合法权益，一般遵循“填平”原则，对于侵权行为造成的全部损害后果，侵权人都应当承担赔偿责任。在交通事故责任纠纷中，以被害人体质“参与度”作为减轻侵权人责任的依据，属于对刑事处罚和民事赔偿的混淆和误用。

三、其他相关问题的说明

本案例还涉及保险金赔付是否应当依据损伤“参与度”问题。本案例中，被告王阳驾驶的机动车在被告永诚财产保险股份有限公司江阴支公司（以下简称永诚保险公司）投保了机动车交通事故责任强制保险。原告荣宝英将永诚保险公司一同告上法庭。被告永诚保险公司的一项抗辩理由即认为应当按照伤残鉴定意见结论确定的损伤“参与度”对应赔偿的保险金作相应扣减。法院认为保险公司的主张没有法律依据，故不采纳其抗辩理由。

实践中，类似的保险金赔付争议并不鲜见。在原告宿迁市立昌塑业有限公司（以下简称立昌公司）诉被告某财产保险股份有限公司宿迁中心支公司（以下简称人保公司）、第三人杨以生保险合同纠纷案中，即面临相似的法律问题。2009年1月11日，立昌公司职员驾驶该公司机动车与电动自行车驾驶人杨以生相撞，致杨以生受伤，两车损坏。经交警鉴定双方分别承担同等责任。事后，立昌公司赔偿了杨以生部分相关损失。立昌公司的事故车辆在人保公司投保了第三者责任商业保险，限额为50万元，并附加不计免赔率特约条款。但立昌公司在向人保公司理赔时，人保公司拒绝赔付。立昌公司将人保公司诉至法院。人保公司主张其支付保险金的具体数额应当限定于交通事故对杨以生造成伤残的参与度比例范围内。司法鉴定意见认为，交通事故作为杨以生病情的诱发因素参与度为25%左右。此案一审判决认为，因交通事故造成第三者损害的，尽管损害后果与其自身疾病恶化可能引发的临床症状相似，但疾病非属过错，不应因此而减轻侵权人的民事赔偿责任。机动车第三者责任险是投保人缴纳保险费而由保险公司替代责任者进行赔偿的一种保险合同，基于保险的基本功能和对价公平的考虑，保险公司的理赔责任亦不应因此而减轻。保险公司以医学鉴定部门认定的事故造成损害后果的“参与度”比例为限承担赔付责任的抗辩没有法律依据，不予支持。法院应严格区分受害人身体所受伤害在病理上的因果关系与侵权法、保险法领域的责任因果关系，如受害人损害后果是由交通事故引发和造成的，应据此确定保险公司的保险赔偿责任。二审法院在查明案件事实基础上，认可了一审法院判决。

但鉴于杨以生为了及时实现损害赔偿，同意放弃部分赔偿款，二审法院组织三方当事人进行调解，该案以调解方式结案。

保险公司关于依损伤“参与度”扣减保险赔偿金的抗辩，与交强险或商业保险的设置目的及赔付规则是不相符的。以交强险为例，我国《道路交通安全法》第七十六条规定：“机动车发生交通事故造成人身伤亡、财产损失的，由保险公司在机动车第三者责任强制保险责任限额范围内予以赔偿……”《交强险条例》第二十一条规定：“被保险机动车发生道路交通事故造成本车人员、被保险人以外的受害人人身伤亡、财产损失的，由保险公司依法在机动车交通事故责任强制保险责任限额范围内予以赔偿。道路交通事故的损失是由受害人故意造成的，保险公司不予赔偿。”该条例第二十三条规定了责任限额分为死亡伤残赔偿限额、医疗费用赔偿限额、财产损失赔偿限额以及被保险人在道路交通事故中无责任的赔偿限额。上述规定，明确了机动车发生交通事故，保险公司在机动车第三者责任强制保险责任限额范围内的赔付责任。可见，在确定交强险赔付责任时，我国相关立法并没有因受害人体质状况对损伤存有参与度须作相应扣减的规定，保险公司的免责事由仅限于受害人故意造成交通事故的情形，即便是投保机动车无责，保险公司也应在交强险无责限额内予以赔偿。因此，对于交通事故受害人符合法律规定的赔偿项目和标准的损失，均属交强险的赔付范围，参照损伤“参与度”而对交强险赔付责任进行扣减是没有法律依据的。

立昌公司案与指导案例24号荣宝英案在法律争议方面具有一定相似性，这说明侵权责任领域中，尤其是交通事故责任案件中对于损害“参与度”问题有一定模糊或不当的认识。在交通事故责任案件中，有人主张被侵权人体质特殊的，应当减轻侵权人承担的损害赔偿责任，即按个人特殊体质对侵权损害后果的介入程度，即“参与度”减轻侵权人的责任；也有人主张以医学鉴定部门认定的事故造成伤害后果的“参与度”比例为限承担交强险或机动车第三者责任险的赔付责任。通过上述两案的分析，我们认为这些认识是对侵权责任法过错责任原则的误用，不符合《侵权责任法》《道路交通安全法》和《保险法》的有关规定，不符合保护被侵权人的合法权益、制裁违法行为、分散交通安全风险的立法目的。由于立昌公司案二审调解结案，不宜推荐为指导案例，最终荣宝英案经过审查程序讨论通过，作为指导案例发布。指导案例24号荣宝英案的发布，有利于澄清认识，统一裁判尺度，实现法律效果和社会效果的良好统一，对此类案件的审判具有指导意义。

指导案例32号

张某某、金某危险驾驶案

（最高人民法院审判委员会讨论通过　2014年12月18日发布）

关键词　刑事　危险驾驶罪　追逐竞驶　情节恶劣

裁判要点

1. 机动车驾驶人员出于竞技、追求刺激、斗气或者其他动机，在道路上曲折穿行、快速追赶行驶的，属于《中华人民共和国刑法》第一百三十三条之一规定的“追逐竞驶”。

2. 追逐竞驶虽未造成人员伤亡或财产损失，但综合考虑超过限速、闯红灯、强行超车、抗拒交通执法等严重违反《道路交通安全法》的行为，足以威胁他人生命、财产安全的，属于危险驾驶罪中“情节恶劣”的情形。

相关法条

《中华人民共和国刑法》第一百三十三条之一

基本案情

2012年2月3日20时20分许，被告人张某某、金某相约驾驶摩托车出去享受大功率摩托车的刺激感，约定“陆家浜路、河南南路路口是目的地，谁先到谁就等谁”。随后，由张某某驾驶无牌的本田大功率二轮摩托车（经过改装），金某驾驶套牌的雅马哈大功率二轮摩托车（经过改装），从上海市浦东新区乐园路99号车行出发，行至杨高路、巨峰路路口掉头沿杨高路由北向南行驶，经南浦大桥到陆家浜路下桥，后沿河南南路经复兴东路隧道、张杨路回到张某某住所。全程28.5公里，沿途经过多个公交站点、居民小区、学校和大型超市。在行驶途中，二被告人驾车在密集车流中反复并线、曲折穿插、多次闯红灯、大幅度超速行驶。当行驶至陆家浜路、河南南路路口时，张某某、金某遇执勤民警检查，遂驾车沿河南南路经复兴东路隧道、张杨路逃离。其中，在杨高南路浦建路立交（限速 60km/h）张某某行驶速度 115km/h、金某行驶速度 98km/h；在南浦大桥桥面（限速 60km/h）张某某行驶速度 108km/h、金某行驶速度 108km/h；在南浦大桥陆家浜路引桥下匝道（限速 40km/h）张某某行驶速度大于 59km/h、金某行驶速度大于 68km/h；在复兴东路隧道（限速 60km/h）张某某行驶速度 102km/h、金某行驶速度 99km/h。

2012 年 2 月 5 日 21 时许，被告人张某某被抓获到案后，如实供述上述事实，并向公安机关提供被告人金某的手机号码。金某接公安机关电话通知后于 2 月 6 日 21 时许主动投案，并如实供述上述事实。

裁判结果

上海市浦东新区人民法院于 2013 年 1 月 21 日作出（2012）浦刑初字第 4245 号刑事判决：被告人张某某犯危险驾驶罪，判处拘役四个月，缓刑四个月，并处罚金人民币 4000 元；被告人金某犯危险驾驶罪，判处拘役三个月，缓刑三个月，并处罚金人民币 3000 元。宣判后，二被告人均未上诉，判决已发生法律效力。

裁判理由

法院生效裁判认为：根据《中华人民共和国刑法》第一百三十三条之一第一款规定，“在道路上驾驶机动车追逐竞驶，情节恶劣的”构成危险驾驶罪。刑法规定的“追逐竞驶”，一般指行为人出于竞技、追求刺激、斗气或者其他动机，二人或二人以上分别驾驶机动车，违反道路交通安全规定，在道路上快速追赶行驶的行为。本案中，从主观驾驶心态上看，二被告人张某某、金某到案后先后供述“心里面想找点享乐和刺激”“在道路上穿插、超车、得到心理满足”；在面临红灯时，“刹车不舒服、逢车必超”“前方有车就变道曲折行驶再超越”。二被告人上述供述与相关视听资料相互印证，可以反映出其追求刺激、炫耀驾驶技能的竞技心理。从客观行为上看，二被告人驾驶超标大功率的改装摩托车，为追求速度，多次随意变道、闯红灯、大幅超速等严重违章。从行驶路线看，二被告人共同自浦东新区乐园路 99 号出发，至陆家浜路、河南南路路口接人，约定了竞相行驶的起点和终点。综上，可以认定二被告人的行为属于危险驾驶罪中的“追逐竞驶”。

关于本案被告人的行为是否属于“情节恶劣”，应从其追逐竞驶行为的具体表现、危害程度、造成的危害后果等方面，综合分析其对道路交通秩序、不特定多人生命、财产安全威胁的程度是否“恶劣”。本案中，二被告人追逐竞驶行为，虽未造成人员伤亡和财产损失，但从以下情形分析，属于危险驾驶罪中的“情节恶劣”：第一，从驾驶的车辆看，二被告人驾驶的系无牌和套牌的大功率改装摩托车；第二，从行驶速度看，总体驾驶速度很快，多处路段超速达50%以上；第三，从驾驶方式看，反复并线、穿插前车、多次闯红灯行驶；第四，从对待执法的态度看，二被告人在民警盘查时驾车逃离；第五，从行驶路段看，途经的杨高路、张杨路、南浦大桥、复兴东路隧道等均系城市主干道，沿途还有多处学校、公交和地铁站点、居民小区、大型超市等路段，交通流量较大，行驶距离较长，在高速驾驶的刺激心态下和躲避民警盘查的紧张心态下，极易引发重大恶性交通事故。上述行为，给公共交通安全造成一定危险，足以威胁他人生命、财产安全，故可以认定二被告人追逐竞驶的行为属于危险驾驶罪中的“情节恶劣”。

被告人张某某到案后如实供述所犯罪行，依法可以从轻处罚。被告人金某投案自首，依法亦可以从轻处罚。鉴于二被告人在庭审中均已认识到行为的违法性及社会危害性，保证不再实施危险驾驶行为，并多次表示认罪悔罪，且其行为尚未造成他人人身、财产损害后果，故依法作出如上判决。

指导案例32号《张某某、金某危险驾驶案》的理解与参照

——危险驾驶罪中“追逐竞驶”“情节恶劣”的认定

最高人民法院案例指导工作办公室

2014年12月18日，最高人民法院发布了指导性案例《张某某、金某危险驾驶案》(指导案例32号)。为了正确理解和准确参照适用该指导性案例，现对其推选经过、裁判要点、需要说明问题等情况予以解释、论证和说明。

一、推选经过及其指导意义

张某某、金某危险驾驶案，由上海市浦东新区人民法院向上海市高级人

民法院报送。上海市高级人民法院审判委员会讨论认为，刑法新增的“追逐竞驶”型危险驾驶行为，目前理论和司法实践中研究不够，司法尺度把握方面存在困难。该案例的裁判涉及对“追逐竞驶”和“情节恶劣”的具体认定问题，具有典型性。因此将此案例作为备选指导性案例向最高人民法院案例指导工作办公室推荐。案例指导工作办公室经研究讨论后，将案例分别送最高人民法院刑一庭、刑五庭和公安部法制局、交管局征求了意见。刑一庭、刑五庭经审查认为，该案例适用法律正确，对审理同类案件具有指导作用，同意作为指导性案例。公安部法制局、交管局也赞同将该案例作为指导性案例。2014 年 11 月 25 日，最高人民法院审委会第 228 次会议讨论认为，该案例符合《最高人民法院关于案例指导工作的规定》第二条的有关规定，同意将该案例确定为指导性案例。同年 12 月 18 日，最高人民法院以法〔2014〕327 号文件将该案例作为第八批指导性案例予以发布。

该案例旨在明确何种情形属于《刑法》第一百三十三条之一规定的“追逐竞驶”和“情节恶劣”。随着我国社会经济的发展和人们生活水平不断提高，汽车逐渐成为人们重要的代步工具，特别是在一些经济发达、人口密集的城市，汽车的保有量正在逐年提高，相伴而生的是违法驾驶行为及其所致的交通事故频发。特别是醉酒驾车和追逐竞驶的“飙车”行为，具有高度危险性，极易造成恶性事故，更是引起了社会广泛关注。虽然《刑法修正案（八）》将追逐竞驶的危险驾驶行为纳入刑法视野，但由于目前对“追逐竞驶”和“情节恶劣”尚无明确的司法界定标准，因此实践中这类案件入罪的较少，与实际生活中此类行为频发形成了鲜明对比，不利于打击这类犯罪。该指导性案例明确了“追逐竞驶”和“情节恶劣”认定标准，有利于遏制把道路作为游乐场、竞技场而置他人人身、财产安全于不顾的危险驾驶行为，倡导安全、文明驾驶车辆的良好风尚，保障正常的道路交通秩序和公众的人身财产安全。

二、裁判要点的理解与说明

该指导案例的裁判要点确认：1. 机动车驾驶人员出于竞技、追求刺激、斗气或者其他动机，在道路上曲折穿行、快速追赶行驶的，属于《中华人民共和国刑法》第一百三十三条之一规定的“追逐竞驶”。

2. 追逐竞驶虽未造成人员伤亡或财产损失，但综合考虑超过限速、闯红灯、强行超车、抗拒交通执法等严重违反《道路交通安全法》的行为，足以威胁他人生命、财产安全的，属于危险驾驶罪中“情节恶劣”的情形。

下面结合案情对裁判要点进行逐一说明。

（一）“追逐竞驶”应当坚持主客观统一原则予以认定

“追逐竞驶”，从一般意义上理解，是对追赶行驶、比赛驾驶速度或者比拼驾驶技能的状态的描述。《刑法》第一百三十三条之一规定，在道路上驾驶机动车追逐竞驶，情节恶劣的，或者在道路上醉酒驾驶机动车的，处拘役，并处罚金。依据该规定，刑法危险驾驶罪中追逐竞驶的犯罪主体为一般主体，即在道路上行驶的机动车的驾驶人。犯罪人主观上为故意，并且从实践中的具体情况来看，较常见的是出于行为人为了比拼驾驶技术、追求“飙车”的刺激感、与其他行驶中的车辆斗气或出于其他动机而实施。本案例中结合行为人主观状态和客观行为，行为人构成了追逐竞驶：首先，从主观动机上看，本案中二被告人到案后先后供述“一起出去晃晃、兜兜、跑跑路”，后又先后具体分别供述“自己手痒，心里面想找点享乐和刺激”“有段时间没开过了，手痒、心里要感受驾驶这种车辆的快感，所以就一起驾车去了”“开这种世界顶级摩托车心里感到舒服、刺激、速度快”“享受这种大功率世界顶级摩托车的刺激感”，可以印证二被告人出于追求刺激进行驾驶的主观意思联络。其次，从竞技心态上看，二被告人分别供述“只管发挥自己的驾车技能”“在道路上穿插、超车，得到心理满足”、在面临红灯时“相信自己操控车辆的技能闯过去不会出事”“相信自己的驾车技能”“刹车不舒服、逢车必超”。这也得到相关证人证言、街面监控的印证，可以印证其相约竞技的驾驶心态。再次，从行驶路线上看，二被告人均供述行驶路线系一起自浦东新区乐园路99号出发，至陆家浜路、河南南路路口接人，“谁先到，谁就等谁”，这也得到相关证人证言佐证，可以证明二被告人共同约定了驾驶路线的起点和终点，从而补强二被告人竞技驾驶心态。最后，从行驶状态上看，二被告人均系驾驶依据法律法规不能上牌的大功率摩托车，反复并线、随意曲折变道超车、绝大部分路段超速、高速行驶、逢车必超，在行驶途中还屡次闯红灯、相互超越，这也有街面监控视频、测速鉴定意见、二被告人多次及当庭供述等证据证实，从客观行为方面进一步印证二被告人在道路上驾驶机动车“追逐竞驶”的状态。结合在案证据，可以认定二被告人的行为构成了《刑法》所规定的追逐竞驶。

鉴于本案例中二行为人是属于同向行驶，且设定了一个共同驾驶目的地的情形，而实践中，在道路上驾驶机动车“追逐竞驶”的，可能还存在其他的行为表现形态。比如，有可能仅为1人在道路上“飙车”，以特定的或不特定其他车辆作为追逐目标，且没有设定目的地的；有的是2人以上的多人实施的“追逐竞驶”行为；有的则可能是2人或2人以上人员非同向竞驶，而是反向行驶，但约定了一个共同驾驶目的地等。鉴于实践中情况比较复杂多样，不是仅限于案例中这一种情形。经征求刑一庭、刑五庭和公安部意见，裁判要点第一条立足案例的基本案情，但作了适度延展，将“追逐竞驶”行为表述为：“机动车驾驶人员出于竞技、追求刺激、斗气或者其他动机，在道路上曲折穿行、快速追赶行驶的，属于《中华人民共和国刑法》第一百三十三条之一规定的‘追逐竞驶’”。也就是说，司法实践中认定“追逐竞驶”，一方面，要求符合机动车驾驶人员出于竞技、追求刺激、斗气或者其他动机的要件；另一方面，机动车驾驶人员不论有几人，不论是否设定了行驶的起点和终点，也不论是同向而行，抑或反向行驶的，只要是具有驾驶机动车在道路上曲折穿行、快速追赶行驶情形的，就可以认定为“追逐竞驶”行为。

（二）“情节恶劣”应当从追逐竞驶行为的具体表现、造成危害的程度、危害后果等方面认定

危险驾驶罪是刑法分则第二章“危害公共安全罪”中的一个新增罪名，其侵害的客体主要是道路交通秩序，同时也威胁到不特定多数人的生命、财产安全。追逐竞驶型危险驾驶罪的“情节恶劣”，是评价追逐竞驶行为应否入罪的重要条件。一般需要结合追逐竞驶行为的具体表现及所造成危害的程度、后果等方面，分析其对道路交通秩序、不特定多人生命、财产安全威胁的程度是否达到“恶劣”来判定。

本案例中，二被告人虽然具有驾驶资格，但其行为被认定属于“情节恶劣”，是根据以下情形综合进行判定的：一是二被告人追逐竞驶行为严重违反了道路安全交通规定：驾驶无牌照改装的大功率摩托车，在密集车流中任意穿插变道，曲折变线，多次闯红灯，致使沿途正常行驶的车辆纷纷闪避；交管部门监测到二车至少在四个路段超速行驶，并且其中在三个路段超速接近

限速的一倍，造成所经路段交通秩序混乱；二是案发时恰逢周五晚高峰，车流和人流均十分密集。二被告行驶路线长达 28.5 公里，沿途经过多个公交站点、居民小区、学校和大型超市，追逐竞驶行为足以对途经人员车辆的生命财产安全造成威胁；三是在交警对其拦查时，不仅不配合盘查，反而加速逃离，逃避执法。综合以上三方面情形，本案例在裁判中认定被告人行为属于“情节恶劣”。梳理本案法官判断“情节恶劣”的依据，可以提炼归纳为三点：一是追逐竞驶中严重违反道路交通安全规定；二是扰乱了沿途正常的道路交通秩序或居民生活秩序，引起人员、车辆恐慌；三是足以威胁途经人员、车辆的生命财产安全。

裁判要点第二条主要根据本案例的情节，对“情节恶劣”判定标准进行了概括。征求意见中，对该标准的表述，主要有以下三种不同观点：第一种观点认为，行为人追逐竞驶，虽未造成人员伤亡或财产损失，但具有超过限速 50% 以上、闯红灯、强行超车或抗拒交通执法等严重违反道路交通安全规定行为之一的，即应当认定为“情节恶劣”。第二种观点认为，行为人追逐竞驶的，应当综合考虑超过限速、闯红灯、强行超车、抗拒交通执法等违反道路交通安全规定的情节，判断是否构成“情节恶劣”。第三种观点认为，宜表述为“行为人追逐竞驶，虽未造成人员伤亡或财产损失，但具有超过限速 50% 以上、闯红灯、强行超车或抗拒交通执法等严重违反道路交通安全规定行为，足以威胁途经人员生命、财产安全的，也属于危险驾驶罪中‘情节恶劣’的情形”。考虑到如果按第一种观点界定“情节恶劣”，可能导致该类危险驾驶罪的入罪门槛过低，打击面过宽，不符合刑法谦抑性原则的要求；而按第二种观点界定“情节恶劣”则过于原则，对“情节恶劣”的限定失之笼统，司法实践中不易把握，操作性不强；第三种观点则存在表述不明确、不清晰的问题，尤其是前面所罗列的几种具体情节是只需具备其一即可，还是需要同时具备才能认定，不清晰。综合考虑以上几种观点，经过研究，最终裁判要点第二条表述为：“追逐竞驶虽未造成人员伤亡或财产损失，但综合考虑超过限速、闯红灯、强行超车、抗拒交通执法等严重违反《道路交通安全法》的行为，足以威胁他人生命、财产安全的”，属于危险驾驶罪中“情节恶劣”的情形。也就是说，行为人追逐竞驶行为“超过限速、闯红灯、强行超车、抗拒交通执法等严重违反《道路交通安全法》的行为”，无论被告人是实施了其中几种，还是只具有其中一种情形，只要其行为达到“足以威胁他人生命、财产安全”程度的，即可认定“情节恶劣”。这样表述明确了判断“情节恶劣”的底线标准，即必须达到“足以威胁他人生命、财产安全”的程度。

总之，追逐竞驶型危险驾驶犯罪与醉酒后在道路上驾驶机动车的犯罪行为相比，侦查比较困难、取证难度较大，但其社会危害性显而易见。在司法实践中认定该罪成立时应当从行为人主观故意和动机、客观驾驶行为、危险状态评估三个方面深入辨析，并严格依照证据裁判原则予以认定。

三、需要说明问题

（一）危险驾驶罪与交通肇事罪和以危险方法危害公共安全罪竞合的问题

《刑法》第一百三十三条之一第三款对此问题做了规定，即“有前两款行为，同时构成其他犯罪的，依照处罚较重的规定定罪处罚。”根据该款规定，界定危险驾驶罪中追逐竞驶的“情节恶劣”，还要注意同时考虑此种行为入危险驾驶罪的条件，与交通肇事罪和以危险方法危害公共安全罪的入罪条件要相衔接。只有在不构成交通肇事罪或者以危险方法危害公共安全罪的情况下，追逐竞驶行为，“情节恶劣”的，才有可能以危险驾驶罪定罪处罚。如果行为人追逐竞驶，造成人员伤亡或者公私财产重大损失的，符合《刑法》第一百三十三条交通肇事罪构成要件的，根据《刑法》第一百三十三条之一第二款规定的精神，应当依照《刑法》第一百三十三条的规定，以交通肇事罪定罪处罚，而行为人追逐竞驶的行为，可以作为处罚的量刑情节予以考虑。由于《刑法》第一百一十五条规定的以危险方法危害公共安全罪，最高可判处死刑，属于严重犯罪，对于因追逐竞驶的危险驾驶行为而应当定以危险方法危害公共安全罪的，必须注意严格把握入罪条件，同时还应当注意对这类情况予以适当量刑，罚当其罪。

（二）防止打击面过宽问题

本案例涉及的追逐竞驶型危险驾驶犯罪，属于尚未造成任何人员伤亡和财产损失的情形，因此在该类犯罪中也属于比较常见、犯罪危害结果在同类犯罪中相对较轻微的情况。将该案例作为指导性案例，也是希望通过该指导案例的示范性裁判，确立类似情形下“情节恶劣”的判定标准，作为该类犯罪入罪的“低限”标杆指导审判。司法实践中不宜再进一步放宽掌握该罪的入罪尺度，注意避免造成打击面过宽的问题。还需要说明的是，《刑法》第一百三十三条之一规定中的“机动车”和“道路”，应当依照《道路交通安全法》的相关规定予以认定。

（执笔人：张鹏飞、李兵）

指导案例 90 号

贝汇丰诉海宁市公安局交通警察大队道路交通管理行政处罚案

（最高人民法院审判委员会讨论通过　2017 年 11 月 15 日发布）

关键词

行政　行政处罚　机动车让行　正在通过人行横道

裁判要点

礼让行人是文明安全驾驶的基本要求。机动车驾驶人驾驶车辆行经人行横道，遇行人正在人行横道通行或者停留时，应当主动停车让行，除非行人明确示意机动车先通过。公安机关交通管理部门对不礼让行人的机动车驾驶人依法作出行政处罚的，人民法院应予支持。

相关法条

《中华人民共和国道路交通安全法》第四十七条第一款[①]

基本案情

原告贝汇丰诉称：其驾驶浙 F1158J 汽车（以下简称“案涉车辆”）靠近人行横道时，行人已经停在了人行横道上，故不属于“正在通过人行横道”。而且，案涉车辆经过的西山路系海宁市主干道路，案发路段车流很大，路口也没有红绿灯，如果只要人行横道上有人，机动车就停车让行，会在很大程度上影响通行效率。所以，其可以在确保通行安全的情况下不停车让行而直

① 对应《道路交通安全法》（2021 年修正）第四十七条第一款。

接通过人行横道，故不应该被处罚。海宁市公安局交通警察大队（以下简称“海宁交警大队”）作出的编号为3304811102542425的公安交通管理简易程序处罚决定违法。贝汇丰请求：撤销海宁交警大队作出的行政处罚决定。

被告海宁交警大队辩称：行人已经先于原告驾驶的案涉车辆进入人行横道，而且正在通过，案涉车辆应当停车让行；如果行人已经停在人行横道上，机动车驾驶人可以示意行人快速通过，行人不走，机动车才可以通过；否则，构成违法。对贝汇丰作出的行政处罚决定事实清楚，证据确实充分，适用法律正确，程序合法，请求判决驳回贝汇丰的诉讼请求。

法院经审理查明：2015年1月31日，贝汇丰驾驶案涉车辆沿海宁市西山路行驶，遇行人正在通过人行横道，未停车让行。海宁交警大队执法交警当场将案涉车辆截停，核实了贝汇丰的驾驶员身份，适用简易程序向贝汇丰口头告知了违法行为的基本事实、拟作出的行政处罚、依据及其享有的权利等，并在听取贝汇丰的陈述和申辩后，当场制作并送达了公安交通管理简易程序处罚决定书，给予贝汇丰罚款100元，记3分。贝汇丰不服，于2015年2月13日向海宁市人民政府申请行政复议。3月27日，海宁市人民政府作出行政复议决定书，维持了海宁交警大队作出的处罚决定。贝汇丰收到行政复议决定书后于2015年4月14日起诉至海宁市人民法院。

裁判结果

浙江省海宁市人民法院于2015年6月11日作出（2015）嘉海行初字第6号行政判决：驳回贝汇丰的诉讼请求。宣判后，贝汇丰不服，提起上诉。浙江省嘉兴市中级人民法院于2015年9月10日作出（2015）浙嘉行终字第52号行政判决：驳回上诉，维持原判。

裁判理由

法院生效裁判认为：首先，人行横道是行车道上专供行人横过的通道，是法律为行人横过道路时设置的保护线，在没有设置红绿灯的道路路口，行人有从人行横道上优先通过的权利。机动车作为一种快速交通运输工具，在道路上行驶具有高度的危险性，与行人相比处于强势地位，因此必须对机动车在道路上行驶时给予一定的权利限制，以保护行人。其次，认定行人是否“正在通过人行横道”应当以特定时间段内行人一系列连续行为为标准，而不能以某个时间点行人的某个特定动作为标准，特别是在该特定动作不是行人在自由状态下自由地做出，而是由于外部的强力原因迫使其不得不做出的情况下。案发时，行人以较快的步频走上人行横道线，并以较快的速度接近案发路口的中央位置，当看到贝汇丰驾驶案涉车辆朝自己行走的方向驶来，行人放慢了脚步，以确认案涉车辆是否停下来，但并没有停止脚步，当看到案涉车辆没有明显减速且没有停下来的趋势时，才为了自身安全不得不停下脚步。如果此时案涉车辆有明显减速并停止行驶，则行人肯定会连续不停止地通过路口。可见，在案发时间段内行人的一系列连续行为充分说明行人“正在通过人行横道”。最后，机动车和行人穿过没有设置红绿灯的道路路口属于一个互动的过程，任何一方都无法事先准确判断对方是否会停止让行，因此处于强势地位的机动车在行经人行横道遇行人通过时应当主动停车让行，而不应利用自己的强势迫使行人停步让行，除非行人明确示意机动车先通过，这既是法律的明确规定，也是保障作为弱势一方的行人安全通过马路、减少交通事故、保障生命安全的现代文明社会的内在要求。综上，贝汇丰驾驶机动车行经人行横道时遇行人正在通过而未停车让行，违反了《中华人民共和国道路交通安全法》第四十七条的规定。海宁交警大队根据贝汇丰的违法事实，依据法律规定的程序在法定的处罚范围内给予相应的行政处罚，事实清楚，程序合法，处罚适当。

指导案例 90 号《贝汇丰诉海宁市公安局交通警察大队道路交通管理行政处罚案》的理解与参照

——人行横道前机动车驾驶人具有礼让行人的义务

最高人民法院案例指导工作办公室

2017 年 11 月 15 日，最高人民法院发布了第 17 批指导性案例，包括第 88 号至第 92 号共 5 件指导性案例，总结了行政审判、知识产权审判实践中某些普遍的疑难复杂法律适用问题，有利于进一步明确裁判规则，统一司法尺度。其中，第 90 号指导案例为《贝汇丰诉海宁市公安局交通警察大队道路交通管理行政处罚案》。为了正确理解和准确参照适用该指导案例，现对该指导案例的选编过程、裁判要点、参照适用等有关情况予以解释和说明。

一、选编过程及指导意义

本案由浙江省海宁市人民法院于2015年6月11日作出一审行政判决，原告贝汇丰不服，提起上诉，浙江省嘉兴市中级人民法院于2015年9月10日判决：驳回上诉，维持原判。本案是全国首例机动车驾驶人不服因在人行横道前未礼让行人被罚款记分而提起行政诉讼的案件。本案被最高人民法院评为“2015年度推动法治进程十大案件”，并被写入2015年度最高人民法院工作报告。浙江省高级人民法院于2016年8月1日经审判委员会讨论决定将本案作为指导性案例上报。最高人民法院案例指导工作办公室收到该案例后，经过初审，认为基本符合指导性案例的要求。同年11月23日，最高人民法院研究室室务会经讨论认为，该案例符合指导性案例的规定，建议送行政庭征求意见。12月30日，行政庭回复同意推荐该案例作为指导性案例，并对裁判要点提出了修改意见。案例指导工作办公室根据室务会讨论意见及行政庭提供的修改意见对该案例进行了修改，建议提交审委会讨论。2017年10月31日，该案例经最高人民法院民专会第273次会议审议通过。11月15日，最高人民法院以法〔2017〕332号文件将该案例列在第17批指导案例予以发布。

该指导案例旨在明确礼让行人是文明安全驾驶的基本要求。机动车驾驶人驾驶车辆行经人行横道，遇行人正在人行横道通行或者停留时，应当主动停车让行，除非行人明确示意机动车先通过，公安机关交通管理部门对不礼让行人的机动车驾驶人依法作出行政处罚的，人民法院应予支持。该案例明确的裁判规则弥补了《道路交通安全法》第四十七条第一款规定比较原则的不足，进一步明确了机动车“礼让斑马线”的义务和“行人优先、生命至上”的文明安全驾驶准则，为广大机动车驾驶人确立了行为规范，引导了文明礼让的社会风尚，很好地实现了法律效果和社会效果的统一。

二、关于本案例的相关情况

随着经济社会的飞速发展，我国机动车的数量增长迅速，道路交通问题越来越严重。针对日益严重的道路交通问题，我国通过运用立法、行政执法、司法等诸多措施，对城市道路交通进行了综合治理。例如立法上的“酒驾入刑”，已经取得了较好的社会效果；特别是近年来，全国很多地方还就机动车礼让行人开展了专项教育宣传、整治行动，全国很多城市推进的“礼让斑马线”活动。与酒驾、闯红灯、超速行驶等交通违法行为相比较，机动车在人行横道前不礼让行人的现象更加普遍，也更加不为社会公众关注，但由此造成的交通事故屡见不鲜，给社会带来了严重的安全隐患。为此，《道路交通安全法》第四十七条第一款规定，机动车行经人行横道时，应当减速行驶；遇行人正在通过人行横道，应当停车让行。此规定对于人行横道前不礼让行人的问题进行了规制，考察其立法目的，该条规定实质上涉及通行安全与通行效率相冲突的情形下如何处理的问题。但对于何为“正在通过人行横道”，在人行横道停留能否认定为“正在通过人行横道”，司法中对此认识不一，本案经过法院的审判后，进一步明确了规则，规范了社会行为，取得了良好的法律效果和社会效果，非常具有典型意义。

本案的基本案情是：2015 年 1 月 31 日，贝汇丰驾驶案涉车辆沿浙江省海宁市西山路行驶，遇行人正在通过人行横道，未停车让行。海宁交警大队执法交警当场将案涉车辆截停，核实了贝汇丰的驾驶员身份，适用简易程序向贝汇丰口头告知了违法行为的基本事实、拟作出的行政处罚、依据及其享有的权利等，并在听取贝汇丰的陈述和申辩后，当场制作并送达了公安交通管理简易程序处罚决定书，给予贝汇丰罚款 100 元，记 3 分。贝汇丰不服，于 2015 年 2 月 13 日向海宁市人民政府申请行政复议。3 月 27 日，海宁市人民政府作出行政复议决定书，维持了海宁交警大队作出的处罚决定。贝汇丰收到行政复议决定书后于 2015 年 4 月 14 日起诉至海宁市人民法院。浙江省海宁市人民法院于 2015 年 6 月 11 日作出（2015）嘉海行初字第 6 号行政判决：驳回贝汇丰的诉讼请求。宣判后，贝汇丰不服，提起上诉。浙江省嘉兴市中级人民法院于 2015 年 9 月 10 日作出（2015）浙嘉行终字第 52 号行政判决：驳回上诉，维持原判。

三、裁判要点的理解与说明

该指导案例的裁判要点确认：礼让行人是文明安全驾驶的基本要求。机动车驾驶人驾驶车辆行经人行横道，遇行人正在人行横道通行或者停留时，应当主动停车让行，除非行人明确示意机动车先通过，公安机关交通管理部门对不礼让行人的机动车驾驶人依法作出行政处罚的，人民法院应予支持。现围绕与该裁判要点相关的问题逐一解释和说明如下。

（一）通行安全与通行效率相冲突情形下的价值判断：礼让行人是文明安全驾驶的基本要求

"人权"与"路权"以及"生命权"与"通行自由权"之间的关系既是交通立法思想争论的焦点，也是讨论交通法律问题的核心。在道路交通管理中，安全和效率是两个相互矛盾的价值因素，道路交通立法的目的就是追求这两种利益的合理平衡：一方面要保证通行的安全性，另一方面又要促进道路通行的流畅性。但两者冲突时如何处理便是解决问题的关键。

当不同位阶的法的价值发生冲突时，法理上的价值位阶理论便提供了解决的思路，即在先的价值优于在后的价值。按照一般法理，法的价值位阶是自由高于正义、正义高于秩序，人身权利高于财产权利等。根据前述价值位阶法理，人身安全的价值理应高于通行效率的价值。2003 年 10 月 28 日，经全国人大常委会表决通过的《道路交通安全法》在功能定位、价值取向等方面均体现了对人身权的优先保护和以人为本的精神。该法第一条规定："为了维护道路交通秩序，预防和减少交通事故，保护人身安全，保护公民、法人和其他组织的财产安全及其他合法权益，提高通行效率，制定本法。"由此可见，《道路交通安全法》确立了对人身权优先保护的原则，把对公民人身权、财产权的保护放在了更加重要的位置，这也符合前述的价值位阶理论。实践中，在通行安全和通行效率发生冲突的情形下，通行安全理所当然应当优先于通行效率，故此，本案的裁判要点进一步明确：礼让行人是文明安全驾驶的基本要求。

（二）"正在通过人行横道"的事实判断：机动车驾驶人驾驶车辆行经人行横道，遇行人正在人行横道通行或者停留时，应当主动停车让行

根据《道路交通安全法》第四十七条的规定，人行横道前机动车礼让行人的前提是行人"正在通过人行横道"。但实践中如何认定行人"正在通过人行横道"？根据经验法则，一般而言，如果行人正走在人行横道上，无疑应当认定为正在通过。但是，如果行人已经停在了人行横道上，是否还能认定为

正在通过？对于这一问题如何认定是本案的争议焦点之一。

如果行人以通过为目的进入人行横道，即使在人行横道上有短暂停留，也应该认定是“正在通过人行横道”，不能简单以行人“走”或“停”等短暂的特定动作进行判断。这就意味着，“正在通过人行横道”并不意味着“正在走”，行人在人行横道上也可以作短暂停留，以观察交通状况，确保交通安全。试想，如果只要行人在人行横道上不“走”了就不被认为是“正在通过人行横道”，机动车就可以不礼让的话，那么机动车就会肆无忌惮地利用自身的强势地位，迫使弱势的行人停下来。当看到机动车靠近人行横道时没有减速或停车的趋势，行人为了保护自身的生命财产安全，就会本能地主动停下来，待机动车通过后再通过。在此情形下，行人实际上是在机动车的强迫下停下来。如此，行人在人行横道上的优先通行权将无法保障，《道路交通安全法》第四十七条的立法目的将无法实现。现实生活中，杭州地区的“礼让斑马线”现象具有典型示范意义，机动车驾驶人驾驶车辆行经人行横道，遇行人正在人行横道通行或者停留时，机动车驾驶人（特别是公共交通工具驾驶人）会主动示意行人先行通过，体现了良好的文明形象，也给社会公众留下了特别深刻的印象。

本案中，尽管行人在进入人行横道并走到道路中央位置后停在了人行横道上，但行人停下来，是因为看到贝汇丰驾驶车辆没有停车让行的趋势，行人出于自我保护，才被迫停了下来，行人后来快速通过道路的行为就足以说明。所以，应当认定行人“正在通过人行横道”，贝汇丰驾驶的案涉车辆应当停车让行。贝汇丰驾车未停车让行，违反了《道路交通安全法》第四十七条的规定。本案中，公安机关交通管理部门对机动车驾驶人违反道路交通安全法律、法规的行为，除依法给予行政处罚外，实行累积记分制度。海宁交警大队对贝汇丰驾车未礼让行人的违法行为予以记 3 分，符合法律规定。因此，本案例将裁判要旨明确为：机动车驾驶人驾驶车辆行经人行横道，遇行人正在人行横道通行或者停留时，应当主动停车让行。针对“行人正在通过人行横道”如何认定，在裁判要旨中进行了进一步的解释，即，即使是短暂的停留，也应视为“行人正在通过人行横道”，机动车驾驶人也应当让行人优先通行。

（三）比例原则在处理法的价值冲突时的体现："除非行人明确示意机动车先通过"

在处理法的价值冲突时，除了遵循价值位阶原则之外，还应遵循比例原则，即，即使某种较优越价值的实现必然会以其他价值的损害为代价，也应当使被损害的价值减低到最小限度。因此，本案中行人的优先通行权也并非绝对的，还有一种情形可以进一步讨论，即如果行人在通过斑马线时明确指示机动车驾驶员先行如何处理？此种情形下，从法律层面，则可以视为行人通过自身的行为处分了权利，放弃自身优先通行的权利，属于行人意思自治的体现。这种情形下，机动车驾驶人在确保安全谨慎驾驶的前提下，可以先于行人通过人行横道，此时机动车驾驶人先于行人通行当然具有合理性，不应受到法律的处罚。因此，本案例在裁判要旨中明确了机动车驾驶人礼让行人通行的例外规则，即"除非行人明确示意机动车先通过"。

四、参照适用时应注意的问题

"人们遵守法律的主要原因在于，集体成员在信念上接受了这些法律，并且能够在行为上体现这些法律所表达的价值观。"该案旨在明确礼让行人是文明安全驾驶的基本要求，在斑马线上礼让行人也是社会文明程度的标志之一。该案的裁判要点明确规定：机动车驾驶人驾驶车辆行经人行横道，遇行人正在人行横道通行或者停留时，应当主动停车让行，除非行人明确示意机动车先通过，公安机关交通管理部门对不礼让行人的机动车驾驶人依法作出行政处罚的，人民法院应予支持。这是全国首例机动车驾驶人不服因在人行横道前未礼让行人被罚款记分而提起行政诉讼的案件。该案例要点确定的裁判规则弥补了《道路交通安全法》第四十七条第一款规定比较原则的不足，对法律条文规定的"行人正在通过人行横道"进行了进一步解释，明确即使是"行人在人行横道停留时"也应当礼让行人。这进一步明确了机动车"礼让斑马线"的义务和"行人优先、生命至上"的文明安全驾驶准则，为广大机动车驾驶人确立了行为规范，指引和督促其自觉地规范自己的驾驶行为，引导形成文明礼让的良好社会风尚。为此，其他法院在遇到"行人正在人行横道通行或者停留时"类似案情时应当参照适用本案例。

当然，如果实践中遇到行为人在人行横道耍赖、故意在人行横道上长时间停留等极端现象，则涉及治安管理问题，应由相关部门对其进行批评、教育和处罚，则不能参照适用本案例。

（执笔人：浙江省高级人民法院　杨　治
最高人民法院案例指导工作办公室　石　磊）

指导案例98号

张庆福、张殿凯诉朱振彪生命权纠纷案

（最高人民法院审判委员会讨论通过　2018年12月19日发布）

关键词　民事　生命权　见义勇为

裁判要点

行为人非因法定职责、法定义务或约定义务，为保护国家、社会公共利益或者他人的人身、财产安全，实施阻止不法侵害者逃逸的行为，人民法院可以认定为见义勇为。

相关法条

《中华人民共和国侵权责任法》第六条①

《中华人民共和国道路交通安全法》第七十条②

基本案情

原告张庆福、张殿凯诉称：2017年1月9日，被告朱振彪驾驶奥迪小轿车追赶骑摩托车的张永焕。后张永焕弃车在前面跑，被告朱振彪也下车在后面继续追赶，最终导致张永焕在迁曹线90公里495米处（滦南路段）撞上火车身亡。朱振彪在追赶过程中散布和传递了张永焕撞死人的失实信息；在张永焕用语言表示自杀并撞车实施自杀行为后，朱振彪仍然追赶，超过了必要限度；追赶过程中，朱振彪手持木凳、木棍，对张永焕的生命造成了威胁，并数次谩骂张永焕，对张永焕的死亡存在主观故意和明显过错，对张永焕死

① 对应《民法典》第一千一百六十五条。
② 对应《道路交通安全法》（2021年修正）第七十条。

亡应承担赔偿责任。

被告朱振彪辩称：被告追赶交通肇事逃逸者张永焕的行为属于见义勇为行为，主观上无过错，客观上不具有违法性，该行为与张永焕死亡结果之间不存在因果关系，对张永焕的意外死亡不承担侵权责任。

法院经审理查明：2017 年 1 月 9 日上午 11 时许，张永焕由南向北驾驶两轮摩托车行驶至古柳线青坨鹏盛水产门口，与张雨来无证驾驶同方向行驶的无牌照两轮摩托车追尾相撞，张永焕跌倒、张雨来倒地受伤、摩托车受损，后张永焕起身驾驶摩托车驶离现场。此事故经曹妃甸交警部门认定：张永焕负主要责任，张雨来负次要责任。

事发当时，被告朱振彪驾车经过肇事现场，发现肇事逃逸行为即驾车追赶。追赶过程中，朱振彪多次向柳赞边防派出所、曹妃甸公安局 110 指挥中心等公安部门电话报警。报警内容主要是：柳赞镇一道档北两辆摩托车相撞，有人受伤，另一方骑摩托车逃逸，报警人正在跟随逃逸人，请出警。朱振彪驾车追赶张永焕过程中不时喊“这个人把人怼了逃跑呢”等内容。张永焕驾驶摩托车行至滦南县胡各庄镇西梁各庄村内时，弃车从南门进入该村村民郑如深家，并从郑如深家过道屋拿走菜刀一把，从北门走出。朱振彪见张永焕拿刀，即从郑如深家中拿起一个木凳，继续追赶。后郑如深赶上朱振彪，将木凳讨回，朱振彪则拿一木棍继续追赶。追赶过程中，有朱振彪喊“你怼死人了往哪跑！警察马上就来了”，张永焕称“一会儿我就把自己砍了”，朱振彪说“你把刀扔了我就不追你了”之类的对话。

走出西梁各庄村后，张永焕跑上滦海公路，有向过往车辆冲撞的行为。在被李江波驾驶的面包车撞倒后，张永焕随即又站起来，在路上行走一段后，转向铁路方向的开阔地跑去。在此过程中，曹妃甸区交通局路政执法大队副大队长郑作亮等人加入，与朱振彪一起继续追赶，并警告路上车辆，小心慢行，这个人想往车上撞。

张永焕走到迁曹铁路时，翻过护栏，沿路堑而行，朱振彪亦翻过护栏继续跟随。朱振彪边追赶边劝阻张永焕说：被撞到的那个人没事儿，你也有家人，知道了会惦记你的，你自首就中了。2017 年 1 月 9 日 11 时 56 分，张永焕自行走向两铁轨中间，51618 次火车机车上的视频显示，朱振彪挥动上衣，向驶来的列车示警。2017 年 1 月 9 日 12 时 02 分，张永焕被由北向南行驶的

51618次火车撞倒，后经检查被确认死亡。

在朱振彪跟随张永焕的整个过程中，两人始终保持一定的距离，未曾有过身体接触。朱振彪有劝张永焕投案的语言，也有责骂张永焕的言辞。

另查明，张雨来在与张永焕发生交通事故受伤后，当日先后被送到曹妃甸区医院、唐山市工人医院救治，于当日回家休养，至今未进行伤情鉴定。张永焕死亡后其第一顺序法定继承人有二人，即其父张庆福、其子张殿凯。

2017年10月11日，大秦铁路股份有限公司大秦车务段滦南站作为甲方，与原告张殿凯作为乙方，双方签订《铁路交通事故处理协议》，协议内容“2017年1月9日12时02分，51618次列车运行在曹北站至滦南站之间90公里495米处，将擅自进入铁路线路的张永焕撞死，构成一般B类事故；死者张永焕负事故全部责任；铁路方在无过错情况下，赔偿原告张殿凯4万元。”

裁判结果

河北省滦南县人民法院于2018年2月12日作出（2017）冀0224民初3480号民事判决：驳回原告张庆福、张殿凯的诉讼请求。一审宣判后，原告张庆福、张殿凯不服，提出上诉。审理过程中，上诉人张庆福、张殿凯撤回上诉。河北省唐山市中级人民法院于2018年2月28日作出（2018）冀02民终2730号民事裁定：准许上诉人张庆福、张殿凯撤回上诉。一审判决已发生法律效力。

裁判理由

法院生效裁判认为：张庆福、张殿凯在本案二审审理期间提出撤回上诉的请求，不违反法律规定，准许撤回上诉。

本案焦点问题是被告朱振彪行为是否具有违法性；被告朱振彪对张永焕的死亡是否具有过错；被告朱振彪的行为与张永焕的死亡结果之间是否具备法律上的因果关系。

首先，案涉道路交通事故发生后张雨来受伤倒地昏迷，张永焕驾驶摩托车逃离。被告朱振彪作为现场目击人，及时向公安机关电话报警，并驱车、徒步追赶张永焕，敦促其投案，其行为本身不具有违法性。同时，根据《中华人民共和国道路交通安全法》第七十条规定，交通肇事发生后，车辆驾驶人应当立即停车、保护现场、抢救伤者，张永焕肇事逃逸的行为违法。被告朱振彪作为普通公民，挺身而出，制止正在发生的违法犯罪行为，属于见义勇为，应予以支持和鼓励。

其次，从被告朱振彪的行为过程看，其并没有侵害张永焕生命权的故意和过失。根据被告朱振彪的手机视频和机车行驶影像记录，双方始终未发生身体接触。在张永焕持刀声称自杀意图阻止他人追赶的情况下，朱振彪拿起木凳、木棍属于自我保护的行为。在张永焕声称撞车自杀，意图阻止他人追赶的情况下，朱振彪和路政人员进行了劝阻并提醒来往车辆。考虑到交通事故事发突然，当时张雨来处于倒地昏迷状态，在此情况下被告朱振彪未能准确判断张雨来伤情，在追赶过程中有时喊话传递的信息不准确或语言不文明，但不构成民事侵权责任过错，也不影响追赶行为的性质。在张永焕为逃避追赶，跨越铁路围栏、进入火车运行区间之后，被告朱振彪及时予以高声劝阻提醒，同时挥衣向火车司机示警，仍未能阻止张永焕死亡结果的发生。故该结果与朱振彪的追赶行为之间不具有法律上的因果关系。

综上，原告张庆福、张殿凯一审中提出的诉讼请求理据不足，不予支持。

（生效裁判审判人员：李学静、刘群勇、徐万启）

指导案例98号《张某福、张某凯诉朱某彪生命权纠纷案》的理解与参照

——见义勇为行为在诉讼中的认定

2018年12月19日，最高人民法院发布了第19批指导性案例，包括第97号至第101号共5件指导性案例，总结了审判实践中某些普遍的疑难复杂法律适用问题，有利于进一步明确裁判规则，统一司法尺度。其中，第98号指导案例为《张某福、张某凯诉朱某彪生命权纠纷案》。为了正确理解和准确参照适用该指导案例，现对该指导案例的选编过程、裁判要点、参照适用等有关情况予以解释和说明。

一、案例选编过程及指导意义

2018年6月21日，河北省高级人民法院向案例指导工作办公室推荐该

案例作为备选指导性案例。最高人民法院案例指导工作办公室经过初审认为，该案例基本符合指导性案例要求，并提交最高人民法院研究室室务会讨论。2018年9月30日，最高人民法院研究室室务会经讨论，同意推荐该案例，并建议征求最高人民法院研究室民事处和民一庭意见。最高人民法院研究室民事处、民一庭均同意推荐该案例为指导性案例。2018年11月20日，该案例经最高人民法院民专会第302次会议讨论，同意其作为指导性案例。12月19日，最高人民法院以法〔2018〕338号文件将该案例编入第19批指导性案例予以发布。

二、关于本案例的相关情况

本案的基本情况是：2017年1月9日，张某焕由南向北驾驶两轮摩托车行驶至古柳线青坨鹏盛水产门口时发生交通事故，张某焕跌倒，对方倒地受伤、摩托车受损，后张某焕起身驾驶摩托车驶离现场。事发当时，被告朱某彪驾车经过肇事现场，并驾车追赶张某焕。朱某彪多次向公安部门电话报警。追赶过程中，张某焕走到迁曹铁路，翻过护栏，沿路堑而行，朱某彪亦翻过护栏继续跟随，朱某彪追赶的同时亦在劝阻张某焕。后张某焕自行走向两铁轨中间，被由北向南行驶的火车撞倒，后经检查被确认死亡。其间，朱某彪挥动上衣，向驶来的列车示警。张某焕之父张某福、之子张某凯向河北省滦南县人民法院起诉请求朱某彪对张某焕的死亡承担赔偿责任。2018年2月12日，河北省滦南县人民法院一审判决认定：张某焕肇事逃逸构成违法，朱某彪的追赶行为是对张某焕逃逸行为的制止，属于见义勇为，应予支持和鼓励。驳回原告张某福、张某凯的诉讼请求。原告不服，提出上诉。审理过程中，上诉人张某福、张某凯撤回上诉。2018年2月28日，河北省唐山市中级人民法院作民事裁定，准许上诉人张某福、张某凯撤回上诉。

本案的发生引发了社会的高度关注，继“扶不扶”“劝不劝”后，又形成了“追不追”的社会话题，社会各界期待人民法院给出明确答案。法院经审理认为，因《道路交通安全法》第七十条规定，交通肇事发生后，车辆驾驶人应当立即停车、保护现场、抢救伤者，故张某焕肇事逃逸的行为构成违法，朱某彪作为普通公民，发现违法行为，挺身而出，予以制止，属于见义勇为。该案的审理对于传统严格适用法律解决纠纷裁判模式进行适当拓展，承担起对社会主导价值观和行为模式的引导责任，通过司法裁判的方式认定见义勇为行为，并旗帜鲜明地予以支持和鼓励，以公正裁判树立行为规则，引领社会风尚。

三、裁判要点的理解与说明

该指导案例的裁判要点确认：行为人非因法定职责、法定义务或约定义务，为保护国家、社会公共利益或者他人的人身、财产安全，实施阻止不法侵害者逃逸的行为，人民法院可以认定为见义勇为。

现围绕与该裁判要点相关的问题逐一解释和说明如下。

在此类案件的审判中我们必须面对的问题就是：一何谓见义勇为；二在民事审判中能否认定见义勇为。《论语·为政》中说："见义不为，无勇也。"看到合乎道义的事，便勇敢地去做，甚至不顾个人安危，是大义。见义勇为是中华民族的传统美德，属于传统的道德规范范畴。博登海默认为，虽然道德和法律代表着不同的规范性命令，然而它们控制的领域却在部分上是重叠的。那些被视为是社会交往的基本而必要的道德正当原则，通过转化为法律规则，而在所有的社会中被赋予了具有强大力量的强制性质。在那些已成为法律一部分的道德原则与那些仍处于法律范围之外的道德原则之间有一条不易确定的分界线，且这条分界线也不是一成不变的，是受到社会发展影响的。[①] 在我国，绝大部分地方都制定了关于见义勇为的地方性法规和规章，体现了各地对见义勇为行为的鼓励和重视，但由于各地情况不同，对见义勇为行为的界定也不尽相同，这就可能会存在对同一行为作出不同认定的情形。因而，为避免对于同一行为产生不同认定的情形，在全国范围内进一步统一对于见义勇为行为的认定就显得十分必要了。

现代社会的复杂性对司法裁判提出了新要求和新期待，司法裁判要确保政治上的正确性、法律上的合法性以及伦理上的正当性，要弘扬社会主义核心价值，要让司法公正得到更广泛的社会认同。司法裁判要承担起对社会主导价值观和行为模式的引导责任，势必要对传统严格适用法律解决纠纷裁判

---

① 参见［美］埃德加·博登海默：《法理学：法律哲学与法律方法》，邓正来译，中国政法大学出版社2004年版，第391～399页。

模式进行适当拓展。具体到本案，因《道路交通安全法》七十条明确规定，交通肇事发生后，车辆驾驶人应当立即停车、保护现场、抢救伤者，故张某焕肇事逃逸的行为构成违法。朱某彪作为普通公民，事发当时，驾车经过肇事现场，发现肇事逃逸行为即驾车追赶，属于为了保护他人的利益，在紧急情况下自愿实施的紧急救助行为，故应当认定朱某彪的行为属于见义勇为。

四、参照适用时应注意的问题

本案中，朱某彪目睹交通事故的发生，并看到张某焕事故后起身驾驶摩托车驶离现场。朱某彪为了保护他人的利益，及时报警，并追赶肇事逃逸者张某焕。发生交通事故，驾驶人应当立即停车、保护现场、抢救伤者，这是法定义务。遵守法律，不仅是对法律的尊重，也是对自身安全的最好保护。朱某彪的行为符合行为人非因法定职责、法定义务或约定义务，为保护国家、社会公共利益或者他人的人身、财产安全，实施阻止不法侵害者逃逸的行为，故最终法院认定朱某彪的行为构成见义勇为。

（执笔人：河北省高级人民法院　王　佳
编审人：最高人民法院研究室　马蓓蓓）

指导案例 140 号

李秋月等诉广州市花都区梯面镇红山村村民委员会违反安全保障义务责任纠纷案

（最高人民法院审判委员会讨论通过　2020 年 10 月 9 日发布）

关键词　民事　安全保障义务　公共场所　损害赔偿

裁判要点

公共场所经营管理者的安全保障义务，应限于合理限度范围内，与其管理和控制能力相适应。完全民事行为能力人因私自攀爬景区内果树采摘果实而不慎跌落致其自身损害，主张经营管理者承担赔偿责任的，人民法院不予支持。

相关法条

《中华人民共和国侵权责任法》第三十七条第一款[①]

基本案情

红山村景区为国家AAA级旅游景区，不设门票。广东省广州市花都区梯面镇红山村村民委员会（以下简称红山村村民委员会）系景区内情人堤河道旁杨梅树的所有人，其未向村民或游客提供免费采摘杨梅的活动。2017年5月19日下午，吴某私自上树采摘杨梅不慎从树上跌落受伤。随后，有村民将吴某送红山村医务室，但当时医务室没有人员。有村民拨打120电话，但120救护车迟迟未到。后红山村村民李某1自行开车送吴某到广州市花都区梯面镇医院治疗。吴某于当天转至广州市中西医结合医院治疗，后因抢救无效于当天死亡。

红山村曾于2014年1月26日召开会议表决通过《红山村村规民约》，该村规民约第二条规定：每位村民要自觉维护村集体的各项财产利益，每个村民要督促自己的子女自觉维护村内的各项公共设施和绿化树木，如有村民故意破坏或损坏公共设施，要负责赔偿一切费用。

吴某系红山村村民，于1957年出生。李记坤系吴某的配偶，李秋月、李月如、李天托系吴某的子女。李秋月、李月如、李天托、李记坤向法院起诉，主张红山村村民委员会未尽到安全保障义务，在本案事故发生后，被告未采取及时和必要的救助措施，应对吴某的死亡承担责任。请求判令被告承担70%的人身损害赔偿责任631346.31元。

裁判结果

广东省广州市花都区人民法院于2017年12月22日作出（2017）粤0114民初6921号民事判决：一、被告广州市花都区梯面镇红山村村民委员会向原告李秋月、李月如、李天托、李记坤赔偿45096.17元，于本判决发生法律效力之日起10日内付清；二、驳回原告李秋月、李月如、李天托、李记坤的其他诉讼请求。宣判后，李秋月、李月如、李天托、李记坤与广州市花都

① 对应《民法典》第一千一百九十八条。

区梯面镇红山村村民委员会均提出上诉。广东省广州市中级人民法院于2018年4月16日作出（2018）粤01民终4942号民事判决：驳回上诉，维持原判。二审判决生效后，广东省广州市中级人民法院于2019年11月14日作出（2019）粤01民监4号民事裁定，再审本案。广东省广州市中级人民法院于2020年1月20日作出（2019）粤01民再273号民事判决：一、撤销本院（2018）粤01民终4942号民事判决及广东省广州市花都区人民法院（2017）粤0114民初6921号民事判决；二、驳回李秋月、李月如、李天托、李记坤的诉讼请求。

裁判理由

法院生效裁判认为：本案的争议焦点是红山村村民委员会是否应对吴某的损害后果承担赔偿责任。

首先，红山村村民委员会没有违反安全保障义务。红山村村民委员会作为红山村景区的管理人，虽负有保障游客免遭损害的安全保障义务，但安全保障义务内容的确定应限于景区管理人的管理和控制能力的合理范围之内。红山村景区属于开放式景区，未向村民或游客提供采摘杨梅的活动，杨梅树本身并无安全隐患，若要求红山村村民委员会对景区内的所有树木加以围蔽、设置警示标志或采取其他防护措施，显然超过善良管理人的注意标准。从爱护公物、文明出行的角度而言，村民或游客均不应私自爬树采摘杨梅。吴某作为具有完全民事行为能力的成年人，应当充分预见攀爬杨梅树采摘杨梅的危险性，并自觉规避此类危险行为。故李秋月、李月如、李天托、李记坤主张红山村村民委员会未尽安全保障义务，缺乏事实依据。

其次，吴某的坠亡系其私自爬树采摘杨梅所致，与红山村村民委员会不具有法律上的因果关系。《红山村村规民约》规定：村民要自觉维护村集体的各项财产利益，包括公共设施和绿化树木等。该村规民约是红山村村民的行为准则和道德规范，形成红山村的公序良俗。吴某作为红山村村民，私自爬树采摘杨梅，违反了村规民约和公序良俗，导致了损害后果的发生，该损害后果与红山村村民委员会不具有法律上的因果关系。

最后，红山村村民委员会对吴某私自爬树坠亡的后果不存在过错。吴某坠亡系其自身过失行为所致，红山村村民委员会难以预见和防止吴某私自爬树可能产生的后果。吴某跌落受伤后，红山村村民委员会主任李某2及时拨打120电话求救，在救护车到达前，另有村民驾车将吴某送往医院救治。因此，红山村村民委员会对吴某损害后果的发生不存在过错。

综上所述，吴某因私自爬树采摘杨梅不慎坠亡，后果令人痛惜。虽然红山村为事件的发生地，杨梅树为红山村村民委员会集体所有，但吴某的私自采摘行为有违村规民约，与公序良俗相悖，且红山村村民委员会并未违反安全保障义务，不应承担赔偿责任。

（生效裁判审判人员：龚连娣、张一扬、兰永军）

指导案例140号《李某月等诉广州市花都区梯面镇红山村村民委员会违反安全保障义务责任纠纷案》的理解与参照

——公共场所经营管理人的安全保障义务有合理限度，对他人违背公序良俗的行为不承担赔偿责任

2020年10月9日，最高人民法院发布了第25批指导性案例，包括第140号至第143号共4件指导性案例，主题均为弘扬社会主义核心价值观案例。《民法典》已于2021年1月1日开始实施，弘扬社会主义核心价值观明确规定为立法目的之一。这批指导性案例的发布对于加强裁判标准统一，弘扬社会主义核心价值观具有积极的意义，同时总结了审判实践中某些普遍的疑难复杂法律适用问题，有利于进一步明确裁判规则，统一司法尺度。其中，第140号指导案例为《李某月等诉广州市花都区梯面镇红山村村民委员会违反安全保障义务责任纠纷案》。为了正确理解和准确参照适用该指导案例，现对该指导案例的选编过程、裁判要点、参照适用等有关情况予以解释和说明。

一、案例选编过程

广东省高级人民法院向最高人民法院案例指导工作办公室推荐该案例作为备选指导性案例。该案例备受社会关注，《人民日报》、新华网、中国新闻网、法治网、《人民法院报》等知名媒体均有报道。最高人民法院微信公众号

推出的“小案大道理”栏目开栏，将本案作为首案宣传。案例指导工作办公室收到该案例后经过初审、修改，送最高人民法院民一庭征求意见。民一庭同意推荐该案例作为备选指导性案例。2020年4月17日，研究室室务会对该案例进行了讨论，同意将该案例报送审委会进行讨论。2020年7月28日，该案例经最高人民法院民专会第355次会议讨论，同意作为指导性案例。10月9日，最高人民法院以法〔2020〕253号文件将该案例编入第25批指导性案例予以发布。

二、关于本案例的相关情况

（一）相关案情及裁判结果

红山村景区为国家AAA级旅游景区，不设门票。广东省广州市花都区梯面镇红山村村民委员会系景区内情人堤河道旁杨梅树的所有人，其未向村民或游客提供免费采摘杨梅的活动。2017年5月19日下午，吴某私自上树采摘杨梅不慎从树上跌落受伤。随后，有村民将吴某送红山村医务室，但当时医务室没有人员。有村民拨打120电话，但120救护车迟迟未到。后红山村村民李某1自行开车送吴某到广州市花都区梯面镇医院治疗。吴某于当天转至广州市中西医结合医院治疗，后因抢救无效于当天死亡。

红山村曾于2014年开会表决通过《红山村村规民约》，其中第二条规定：“每位村民要自觉维护村集体的各项财产利益，每个村民要督促自己的子女自觉维护村内的各项公共设施和绿化树木，如有村民故意破坏或损坏公共设施，要负责赔偿一切费用。”

吴某系红山村村民，于1957年出生。李某坤系吴某的配偶，李某月、李某如、李某托系吴某的子女。李某月、李某如、李某托、李某坤向法院起诉，主张红山村村民委员会未尽到安全保障义务，在本案事故发生后，被告未采取及时和必要的救助措施，应对吴某的死亡承担责任。请求判令被告承担70%的人身损害赔偿责任631346.31元。

广州市中级人民法院再审认为，吴某因私自爬树采摘杨梅不慎坠亡，后果令人痛惜。虽然红山村为事件的发生地，杨梅树为红山村民委员会集体所有，但吴某的私自采摘行为有违村规民约，与公序良俗相悖，且红山村民委员会并未违反安全保障义务，不应承担赔偿责任。再审改判驳回李某月等人的诉讼请求。

（二）公共场所的安全保障义务的相关理论及法理基础

现代法中的安全保障义务的雏形产生于罗马法，如倒泼和投掷的责任和堆置或悬挂物件的责任，[①]设立目的是维护公共安全。德国法的一般安全注意义务被认为是大陆法系现代法意义上安全保障义务的来源，司法审判者根据诚信原则并结合分配正义的需要，通过判例确立。一般安全注意义务，从最早的应用于维持交通安全方面经过法官的解释类推后拓展为普遍的社会注意义务，强调每个人都应采取必要和适当的措施保护他人的合法权利，并且有这样的义务，不管这个人为危险状态的制造者还是危险的维持者。大陆法系的其他主要国家也都通过司法实践创设有类似的制度，如法国法中的安全义务，设置之初是为了及时处理工伤事故为受害人提供保护，之后，仅应用于契约法中的该义务被逐渐适用于侵权法领域；日本通过判例创设了安全关照义务，存在于具有契约关系的当事人之间基于诚信原则对彼此所负的附随义务，经广泛适用后进而形成一项制度。在英美法系中，公共场所的安全保障义务来自过失侵权中的注意义务，最早出现自英国，在 Donoghue v. Stevenson 一案中，法官确立了一条规则："你必须采取合理的注意来避免你所能合理预见的可能会给你的邻居造成伤害的行为或者疏忽。"意味着，如果一个行为人能够合理预见到其行为可能对其他人造成人身上的伤害或财产上的损害，其应对此负有注意义务进行防制与防止。

我国未对公共场所的安全保障义务进行概念性的定义，2003 年的《人身损害赔偿解释》首次提出了安全保障义务，[②]标志着安全保障义务在我国法律中的明确。在《侵权责任法》第三十七条[③]外，安全保障义务的规定分散在《铁路法》《民用航空法》《消防法》《公路法》《产品质量法》《未成年人保护法》《消费者权益保护法》《物业管理条例》《互联网上网服务营业场所管理条例》等部门法及行政规章中，保护范围也不仅限人身权，权利人的财产权也受保

① 参见周枏：《罗马法原论》，商务印书馆 1994 年版，第 866 ~ 868 页。

② 2003 年《人身损害赔偿解释》第六条第一款规定："从事住宿、餐饮、娱乐等经营活动或者其他社会活动的自然人、法人、其他组织，未尽合理限度范围内的安全保障义务致使他人遭受人身损害，赔偿权利人请求其承担相应赔偿责任的，人民法院应予支持。"

③ 《侵权责任法》因《民法典》的实施已被废止，《民法典》第一千一百九十八条对《侵权责任法》第三十七条作了修改。

护。包括《民法典》[①]在内，现行法律对于安全保障义务的范围都以肯定式的列举方式规定，明确受规范的法律对象。安全保障义务在域内域外的创设发展沿革，显示安全保障义务是人类社会应对安全风险的产物，是在诚信原则之下基于分配正义理论发展而来，在缺乏明确请求权基础的时代由法官通过案例的形式设定产生，在我国，该义务是以法定义务的形式被设定的，义务人为避免承担责任应当积极作为。

公共场所的安全保障义务自创设后被不断拓宽援引领域，有深厚的理论依据。通说观点有：获利报偿理论，该观点认为根据收益风险一致的原则，经营者或组织者获取了收益，理当负有制止危险发生的义务；危险责任理论，该观点认为应由能控制及减少危险的人承担责任；合理信赖理论，该观点认为，行为人在基于特殊信赖进入某一个公共场所，其合法权益不受侵犯；节约社会成本理论，该观点从经济学角度出发，认为应该由避免损失付出成本最低的一方来承担责任，以节约社会总成本。上述理论，各有合理性，不同的个案情形都能对应有上述一致的理论基础。如指导案例的生效判决的理论基础是节约社会成本，无论是基于信任完全民事行为能力人的风险预判能力与风险规避能力的考虑，还是基于合理期待行为人在公共场所将文明规范言行的考量，行为人皆无须直接投入经济成本就能规避风险。而对于公共场所管理人而言，若要对所有树木加以围蔽、设置防止攀爬的安全防护措施或警示标志，显然是加重管理成本，如此无限度地扩大管理人的保障义务，不符合经济规律，长远来看，不利于社会进步。

（三）案例的指导意义

因公共场所安全保障义务的行为而滋生纠纷成讼的案件广泛存在于诸多领域，法官裁判的立足点不尽相同，裁判结论的最终目标都是维护社会的公平正义。行为人在公共场所因种种原因遭受损害的事件时有发生，公共场所的安全保障义务的限度应当如何界定，往往引起一定争议，对于受损一方是否必然要进行补偿，判决是否必须达到令受损方接受的满意程度？答复是否定的。指导案例明确了公共场所管理人的安全保障义务应当有一定限度，行

① 《民法典》第一千一百九十八条第一款规定："宾馆、商场、银行、车站、机场、体育场馆、娱乐场所等经营场所、公共场所的经营者、管理者或者群众性活动的组织者，未尽到安全保障义务，造成他人损害的，应当承担侵权责任。"

为人对其违背公序良俗的行为后果应自担责任，创新性地适用公序良俗这一民法基本原则作为认定损害后果与管理人是否具有法律上因果关系的依据，对类案具有指导意义。指导案例传达了破坏社会公共利益、违背公序良俗的行为不符合公民的价值观，在司法领域亦不受到支持与鼓励的理念，旗帜鲜明地表明司法拒绝“和稀泥”，充分体现了法律和司法维护社会道德、守护社会底线的立场，彰显了人民法院以公正裁判树立行为规则、引领社会风尚的积极作用，由此传达的公序良俗的社会价值极具标志意义，在规范人们行为方面具有典型性，对弘扬社会主义核心价值观、引导人们遵守公序良俗、规范人们道德意识、引领人们向善向上具有激励督促效用。

三、裁判要点的理解与说明

指导案例的裁判要点确认：公共场所经营管理者的安全保障义务，应限于合理限度范围内，与其管理和控制能力相适应。完全民事行为能力人因私自攀爬景区内果树采摘果实而不慎跌落致其自身损害，主张经营管理者承担赔偿责任的，人民法院不予支持。现围绕与该裁判要点相关的问题逐一解释和说明如下。

（一）安全保障义务的主体

承担安全保障义务的主体是对公共场所的具有实际支配控制能力或是负有法定安全保障义务的主体，涵盖自然人、法人或者其他组织，涉及公共场所的管理者或经营者。在无特指的情况下，可称为安全保障义务人。

公共场所是对公众开放，允许不特定对象进入，用于参与公共事务或进行公共活动的场所，在生活中的表现形式多样。国务院发布的《公共场所卫生管理条例》对公共场所作出了列举规定，[①] 突出了公共场所具有提供公共服务或是公共娱乐的性质。但有关侵权责任的法律条款对公共场所的列举都略为局限，[②] 致公共场所在法学领域中的界定颇有争议，司法实践中对法律规定

① 《公共场所卫生管理条例》第二条：“本条例适用于下列公共场所：（一）宾馆、饭馆、旅店、招待所、车马店、咖啡馆、酒吧、茶座；（二）公共浴室、理发店、美容店；（三）影剧院、录像厅（室）、游艺厅（室）、舞厅、音乐厅；（四）体育场（馆）、游泳场（馆）、公园；（五）展览馆、博物馆、美术馆、图书馆；（六）商场（店）、书店；（七）候诊室、候车（机、船）室、公共交通工具。”

② 《侵权责任法》第三十七条列举的公共场所为宾馆、商场、银行、车站、娱乐场所等，《民法典》第一千一百九十八条第一款对该规定作了修改，列举式的规定中另包括机场、体育场馆。

的公共场所采取一定程度的扩张理解，具备公共服务及公益性的实体场所都纳入公共场所的范围。在信息科技的高速发展下，技术开发商通过网络向受众提供全新的公共平台进行社交生活与娱乐，网络平台在近年也进入法律规制范畴。

立法对于公共场所是否应具有营利性质没有明确。《侵权责任法》第三十七条特指的酒店、银行等公共场所都是营利场所，《民法典》第一千一百九十八条中特指的公共场所增加了有非营利性质的体育场馆。是否具有经营营利性，不宜作为影响公共场所主体承担安全保障义务的因素，基于管理人对公共场所的了解与支配控制力，其应当更具能力防止公共场所内出现潜在的可能危及他人人身、财产的危险。案例中的事故发生地在不设门票的红山村景区，对不特定人群开放，具有公益性，景区的管理人红山村村民委员会基于对景区的管理控制力自然成为安全保障义务人。

（二）安全保障义务的对象

安全保障义务的对象是被允许准入该公共场所的不特定人。此处的不特定人受行为人目的的限制。对于营利性质场所而言，与其建立合同关系的消费者及未与其建立合同关系的潜在消费者都是提供安全保障义务的对象；对于非营利性质的公共场所，行为人进入公共场所的目的与公共场所开放的目的当有趋同性，才属于被安全保障的对象。例如，免费开放的博物馆对前来观展的人有义务提供安全保障，对心存异念的伺机行窃者则无义务负担安全保障义务。本案被告红山村景区的管理人未提供采摘杨梅的活动，杨梅树供景区游人观赏，吴某上树采摘杨梅，与景区的目的不具有趋同性。

基于作为民事主体的自然人的行为能力与认知能力有不同，安全保障义务人对安全保障义务对象当作特殊区分。众所周知，儿童的认知能力弱，对事物是否具备危险性及危险性大小缺乏明确认知，儿童也不具备预防与消除危险的行为能力。对儿童需进行特殊保护是社会的一致共识，联合国《儿童权利公约》也明确规定有“儿童最大利益原则”。在任一公共场所中，管理者对儿童都承担有更高标准的安全保障义务。案例中的吴某是完全民事行为能力人，吴某的年龄说明其已积累了丰富的生活经验，对攀爬树木有跌坠危险的常识应当有所认知，理应具备基本的自我保护意识与风险防范意识，避免自陷危险，不属于景区管理人应当特殊保护的对象。

（三）安全保障义务的内容

依据安全保障义务的类型，安全保障义务的内容可分为人的安全保障义务与物的安全保障义务。

人的安全保障义务，指安全保障义务人在合理预见的范围内，对属于其范畴的主体及第三人的侵权行为，应采取措施进行防止。通常，安全保障义务人会根据可能的危险性质及危险频率配备专业的安保机构、设置监控设施保障进入公共场所的行为人的人身与财产安全。案例中不存在人的安全性隐患。

物的安全保障义务，指安全保障义务人应采取措施保证场所内各物件的安全性，对公共活动场所内的建筑物、设施设备等定期检修确保性能正常、对林木植物等进行修剪维护，避免产生安全隐患，安全保障义务人对可能预见的有一定发生频率的危险要设置警示告知。警示告知义务的危险具有权利人难以及时了解或极容易忽视的客观状态，比如常见的“地板未干、小心地滑”之类的警示牌。就案例事故而言，杨梅树是景区内的观赏树木，自身不具备风险性，在杨梅树正常生长的情况下，管理人无须对其进行围蔽、设置警示标识或采取其他防护措施。

（四）安全保障义务的限度

安全保障义务产生的前提是危险具有预测性与可控性，绝对的安全保障不可能实现，大陆法系中的合理限制与英美法中的理性人标准都表明安全保障义务应当有限度。合理性是司法实践中判断安全保障义务人是否尽到安全保障义务的重要因素，合理性可从以下几个方面综合判断：合理期间、合理预见、合理措施、权利人合理的行为方式。

合理期间，指承担安全保障义务的时间限制，在公共场所正常开放的时间段内或是公共活动开展期间，安全保障义务人对进入活动场所的公众负有安全保障的义务，在上述时间段之外，被安全保障义务人允许进入的人，也属于安全保障义务的对象。

合理预见，指安全保障义务人对于危险的防范必须在可合理预见的范围之内。根据可预见性理论，作为一个理性人，在其应当预见其他人将受到其行为的损害，或是预见到受害者将受到第三人的侵害时，应承担对他人的合理注意义务。[1]对于难以预见的低概率危险事件，不应苛责义务人提供安全保障。在案例中，攀爬杨梅树有跌坠受伤的危险可以预知，但攀爬树木有跌坠的危险性也是一般生活常识，不属于仅为管理人知晓的专业知识，有一定认知能力的行为人都应谨慎，避免攀爬树木引发危险。景区管理人红山村村民委员会无理由合理预测完全民事行为能力人在不采取安全措施的情况下攀爬杨梅树进行采摘，由此造成的损害后果不在红山村村民委员会的可控范围之内，不属于红山村村民委员会的合理预见范围。

合理措施，指安全保障义务人为预防、避免产生危险及消除危险采取的合理措施，包括为预防危险对公共场所设备物的定期检修维护、对可能发生危险的警示告知、建立专业的安保系统等，在危险发生时及时采取应急措施消除危险、防止扩大损害结果。措施的合理与否，可以从法定标准、行业标准、合同标准、善良管理人的标准、对特殊人群的特别保护标准几个角度进行判断。在案例事故发生前，吴某与红山村民委员会之间未有合同约定的特别义务，作为完全民事行为能力的吴某亦不存在需特殊照顾之处，在事故发生后，红山村村民委员会未怠于救治，积极联系救援，已尽到善良管理人的应有义务。若为避免发生此类危险事故，对景区内的大量杨梅树采取围蔽或其他警示措施，无疑加重了管理成本，超出旅游行业中对景区安保义务的要求，超过了合理的限度。

权利人合理的行为方式，指进入公共场所的行为人的行为性质应当合理。民事法律明文规定，民事主体从事民事活动，不得违反法律，不得违背公序良俗。[2]民事法律保护民事主体的合法权益，不合法的行为造成的权益损失不受法律支持。行为方式的合法合理是判断安全保障义务人承担责任的依据，无视公共场所的安全提示、不遵守公共场所的行为规范的不合理行为造成的损失不应当由安全保障义务人承担。红山村以村规民约的形式制定了红山村村民的行为准则，形成了红山村的公序良俗。村规民约中明确规定了村民要自觉维护村集体的各项财产利益，包括公共设施和绿化树木等。吴某是红山村村民，其私自爬树采摘杨梅的行为违反了村规民约，有违公序良俗，既有

① 参见苏艳英：《侵权法上的作为义务研究》，人民出版社 2013 年版，第 76 页。

② 《民法总则》与《民法典》第八条都规定了公序良俗原则。

违公众对社会公德的要求，也违反了法律规定，其在公共场所因行为方式不当自陷危险，应自担责任后果，管理人对该事故的后果不具有主观过错，亦不具有法律上的因果关系。

四、参照适用时应注意的问题

案例的基本法理是安全保障义务，引入适用公序良俗这一民法基本原则，是为了更好理解适用安全保障义务，在司法实践中，应严格限制适用民法基本原则，防止滥用民法基本原则直接处理案件。

（执笔人：广东省广州市中级人民法院　龚　珏

编审人：最高人民法院研究室　马蓓蓓）

第四部分　人民法院案例库参考案例

江西省遂川县生态环境局诉某和财保荆门公司等机动车交通事故责任纠纷案

——危险货物运输机动车交通事故致环境污染损害赔偿责任的认定和承担

关键词：民事　机动车交通事故责任纠纷　危险货物运输　交通事故　环境污染　损害赔偿责任

基本案情

江西省遂川县生态环境局诉称：2021 年 5 月 12 日，忽某山驾驶涉案重型罐式半挂车，在宜遂高速遂川县五斗江车坳村路段侧翻，造成一人死亡，车载 32.36 吨柴油泄漏、道路设施受损的事故。事故发生后，为了控制环境污染，防止柴油泄漏沿河污染，造成更大损失，遂川县委县政府及时启动应急响应。原告作为救援单位之一参与了事故应急救援工作，为此支出了费用。故诉请：（1）被告赔偿应急环境监测费 11.8 万元、车辆租赁调配费用 3.1 万元、应急物资采购费 1.95 万元、吸污车租赁费 0.35 万元；（2）诉讼费用由被告承担。

忽某山辩称：本案事故车实际所有人是魏某，其是雇员履职行为，无须承担本案的赔偿责任。

魏某未答辩。

荆门某燃气公司辩称：案涉事故车辆在某和财保荆门公司、某民财保荆门公司投保了交强险和商业三者险、危险货物承运人责任险等，足以赔付损失。某和财保荆门支公司未按《保险法》第十七条第一款、第二款的规定履行提示和明确说明义务，根据《保险法》第十九条第一款、第十七条第二款的规定应当认定某和财保荆门支公司的保险免责条款无效。商业三者险和承运人责任保险均是机动车保险，应当各半负担。

某和财保荆门公司辩称：应急环境监测系原告的法定职能，不应收取费用。本公司已向投保人履行了提示和明确说明义务，原告诉请的各项费用属于车辆发生交通事故后，所载货物泄漏造成污染的损失属于保险合同约定的免责情形，应当免责。道路危险货物承运人责任保险投保单中约定了每次事故的绝对免赔额，本公司只应承担超过免赔金额的赔偿责任。

某民财保荆门公司辩称：江西省遂川县生态环境局在法定职责内执行公务不应向纳税人再收取费用。本案中某和财保荆门支公司与荆门某燃气公司之间约定免赔金额，明显损害了某民财保荆门分公司的合法权益，该约定应无效。应先由某和财保荆门公司在承保车辆的交强险和机动车三者险责任范围承担赔偿责任，对交强险及机动车三者险限额不足以赔偿的部分，再由道路危险货物承运人责任险赔偿。

法院经审理查明：2021 年 5 月 12 日，忽某山驾驶涉案重型半挂牵引车牵引涉案重型罐式半挂车载 32.36 吨柴油，行驶至遂川县五斗江车坳村鹅湾组路段时冲下山谷侧翻，造成副驾驶室乘坐人李某死亡，忽某山受伤，车载柴油泄漏，水泥护墩和车辆受损的道路交通事故。遂川县人民政府组织江西省遂川县生态环境局等单位及时进行应急处置。江西省遂川县生态环境局参与事故施救和环境监测支出的费用：环境应急监测费 117957 元、车辆租赁费 24400 元、应急物资 18400 元，共计 160757 元。后遂川县公安局交警大队作出道路交通事故认定书，认定忽某山驾驶安全设施不全的机动车在道路上行经下坡路段时未确保安全，发生交通事故，负事故的全部责任。忽某山驾驶的涉案重型半挂牵引车、重型罐式半挂车登记所有人为荆门某燃气公司，实际车主是魏某。

2020 年 12 月 3 日，荆门某燃气公司为涉案重型半挂牵引车和重型罐式半挂车投保了某民财保荆门公司的道路危险货物运输承运人责任保险，该保单载明：保障内容为货物责任和第三者责任，其中第三者责任为每人责任限额 40 万元，每次事故除污费用责任限额 100 万元，每次事故施救费用责任限额 100 万元，第三者累计赔偿限额 500 万元。

2020 年 12 月 17 日，荆门某燃气公司为涉案重型半挂牵引车投保了某和财保荆门公司的道路危险货物承运人责任保险，该保单载明：第三者责任每次事故责任限额800万元，第12条特别约定中第3点内容为“车辆投保的‘交强险’‘机动车辆第三者责任保险’和非本保单承保的‘道路危险货物承运责任保险’（运管处统保）等其他保险应承担的保险责任属于免赔范围，且该绝对免赔金额以每次事故120万元作为下限”。

2020年12月28日，荆门某燃气公司为涉案重型半挂牵引车投保某和财保荆门支公司的机动车综合商业保险，该保单载明：机动车第三者责任保险为100万元。同日，荆门某燃气公司为涉案重型罐式半挂车投保某和财保荆门支公司特种车综合商业保险，该保单载明承保特种车第三者责任保险10万元。某和财保荆门支公司提供的《特种车商业保险免责事项说明书》载明：特种车第三者责任保险免责条款内容为“下列原因导致的人身伤亡、财产损失和费用，保险人不负责赔偿：（一）战争、军事冲突、恐怖活动、暴乱、污染（含放射性污染）、核反应、核辐射……”；第五部分免除保险人责任条款有关名词释义中“污染（含放射性污染）”指被保险机动车正常使用过程中或发生事故时，由于油料、尾气、货物或其他污染物的泄漏、飞溅、排放、散落等造成的被保险机动车和第三方财产的污损、状况恶化或人身伤亡。荆门某燃气公司在该《特种车商业保险免责事项说明书》上签写了“保险人已明确说明免除保险人责任条款的内容及法律后果”的字样并加盖了公章。

本案事故发生在上述各保险保险期间内。

江西省吉安市遂川县人民法院于2022年4月25日作出（2022）赣0827民初234号民事判决：一、某和财保荆门公司于本判决生效之日起10日内在交强险限额内赔偿江西省遂川县生态环境局财产损失2000元，在商业三者险保险限额内赔偿江西省遂川县生态环境局各项损失82553.64元，共计84553.64元；二、某民财保荆门公司于本判决生效之日起10日内在保险限额内赔偿江西省遂川县生态环境局各项损失76203.36元；三、驳回原告江西省遂川县生态环境局的其他诉讼请求。宣判后，某和财保荆门公司、某民财保荆门公司提出上诉。江西省吉安市中级人民法院于2022年9月30日作出（2022）赣08民终1314号民事判决：驳回上诉，维持原判。

裁判理由

法院生效裁判认为：根据《突发事件应对法》第七条[①]规定，突发事件发生后，发生地县级人民政府应当立即组织开展应急救援和处置工作。根据《生产安全事故应急条例》第十九条规定，应急救援队伍根据救援命令参加生产安全事故应急救援所耗费用，由事故责任单位承担。涉案交通事故导致车载柴油泄漏，造成环境污染损害，江西省遂川县生态环境局因处理柴油泄漏造成的环境污染损害而支出的相关费用，是江西省遂川县生态环境局在应急处置案涉油罐车倾翻车载柴油泄漏安全事故过程中所产生的费用，属于《保险法》（2015年修正）第五十七条第二款规定的“保险事故发生后，被保险人为防止或者减少保险标的的损失所支付的必要的、合理的费用”。即本案应为机动车交通事故责任纠纷，江西省遂川县生态环境局因处理涉案车辆柴油泄漏造成的环境污染损害而支出的相关费用属于该起交通事故中的财产损失，应由交通事故的侵权人承担赔偿责任，江西省遂川县生态环境局有权向事故责任单位荆门某燃气公司等主张赔偿。某和财保荆门公司、某民财保荆门公司作为案涉机动车的保险机构，应按保险合同约定承担保险理赔责任。

关于某和财保荆门公司能否依据合同约定免责问题。某和财保荆门公司与荆门某燃气公司签署的《特种车商业保险免责事项说明书》载明的免责条款中的“污染”与地震及其次生灾难、战争、军事冲突、恐怖活动、暴乱、核反应、核辐射并列，系指与地震、战争、军事冲突、恐怖活动、暴乱、核反应、核辐射同一级别的不可抗力情形而导致人身伤亡或财产损害后果的污染事件。本案中的“污染”系因交通事故导致投保车辆所载原油泄漏产生的，明显非“污染”免责条款中表述的具有不可抗力性质的“污染”情形。某和财保荆门支公司在《特种车商业保险免责事项说明书》中将“污染（含放射性污染）”解释为“被保险机动车正常使用过程中或发生事故时，由于油料、尾气、货物或其他污染物的泄漏、飞溅、排放、散落等造成的被保险机动车和第三方财产的污损、状况恶化或人身伤亡”，并在本案中以该免责条款主张免责限制了被保险人的合法权益，与投保人的投保目的相悖。投保人荆门某燃气公司对该解释亦不予认可，理解分歧明显，依法不予支持。

---

① 对应《突发事件应对法》（2014年修订）第十七条。

关于某和财保荆门支公司和荆门某燃气公司道路危险货物承运人责任保险单中关于绝对免赔金额的约定是否有效的问题。荆门某燃气公司购买某民财保荆门分公司的道路危险货物承运人责任险在前，荆门某燃气公司是在购买某民财保荆门分公司100万道路危险货物承运人责任险后，再向某和财保荆门公司购买道路危险货物承运人责任险，并约定绝对免赔120万元。该约定符合荆门某燃气公司的保险利益需求，且未损害某民财保荆门公司的合法权益。因为荆门某燃气公司与某和财保荆门公司约定的是“其他保险应承担的保险责任属于免赔范围”，并未加重某民财保荆门公司的保险义务，也未约定由某民财保荆门公司先行赔付。即某民财保荆门公司需承担的保险责任是按双方保险合同约定的保险责任，与荆门某燃气公司是否再购买保险无关，该绝对免赔条款的风险也是由荆门某燃气公司承担。因而，该绝对免赔条款系双方真实意思表示，未违反法律禁止性规定，应当合法有效。

关于某和财保荆门公司、某民财保荆门公司赔偿比例的问题。根据《民法典》第一千二百一十三条规定，机动车强制保险优先赔偿，强制保险赔偿不足部分，由商业保险赔偿。荆门某燃气公司在某民财保荆门公司投保的道路危险货物运输承运人责任保险和某民财保荆门分公司投保的机动车综合商业保险、特种车综合商业保险、道路危险货物运输承运人责任保险均属于商业保险。因而，应当根据某和财保荆门公司与荆门某燃气公司的绝对免赔金额特别约定，判决江西省遂川县生态环境局的损失先在交强险财产损失限额2000元内赔偿，超出交强险以外的部分，按照某和财保荆门公司商业三者险110万元限额与某民财保荆门分公司的道路危险货物运输承运人责任险100万元限额的限额总和比例确定。即某和财保荆门公司承担110/210（0.52）的赔偿责任，某民财保荆门公司承担100/210（0.48）的赔偿责任。经核算，由某和财保荆门公司承担82553.64元，由某民财保荆门分公司承担76203.36元。

裁判要旨

1. 危险货物运输机动车发生交通事故造成环境污染损害的，生态环境部门等单位在应急处置涉案安全事故过程中所产生的事故应急环境监测等相关应急救援费用属于《保险法》第五十七条规定的“保险事故发生后，被保险人为防止或者减少保险标的的损失所支付的必要的、合理的费用”。即属于危险货物运输机动车交通事故造成的财产损失，应由交通事故的侵权人承担赔偿责任，生态环境部门等单位有权向事故损害赔偿责任主体主张赔偿，案涉机动车保险人应当按保险合同约定承担保险理赔责任。

2. 保险合同载明的免责条款中的“污染”与地震等事由并列，应当解释为与地震等同一级别的不可抗力情形而导致损害后果的污染事件。如果“污染”系因投保车辆交通事故等人为因素导致，明显非“污染”免责条款中表述的具有不可抗力性质的“污染”情形。保险合同同时将该“污染”解释为非不可抗力性质的污染，与投保人的投保目的相悖，在保险人与投保人存在理解分歧的情况下，保险人以此主张免责的，依法不予支持。

3. 投保人先后向不同的保险人投保车辆综合商业险，其中成立在后的保险合同约定了绝对免赔条款的，因该约定符合投保人的保险利益需求，且既未加重成立在前的保险合同保险人的保险义务，也未约定由其先行赔付，故未损害其合法权益，成立在前的保险合同保险人应当按照其与投保人的合同约定履行义务。成立在后的保险合同中的绝对免赔条款的风险应当由被保险人承担，故应当认定免赔条款系合同双方真实意思表示，未违反法律禁止性规定，未加重、损害第三人的权益，合法有效。

4. 投保人投保机动车强制保险的同时，向两个以上保险人投保不同车辆综合商业险的，保险事故发生后，机动车强制保险优先赔偿，强制保险赔偿不足部分，应当由商业保险按各自保险限额比例赔偿。保险人主张特定商业保险先予赔偿的，依法不予支持。

关联索引

《中华人民共和国民法典》第一千一百六十五条第一款、第一千一百八十四条、第一千二百一十三条

《中华人民共和国突发事件应对法》第七条

《最高人民法院关于审理道路交通事故损害赔偿案件适用法律若干问题的解释》第十三条

一审：江西省吉安市遂川县人民法院（2022）赣0827民初234号民事判决（2022年4月25日）

二审：江西省吉安市中级人民法院（2022）赣08民终1314号民事判决（2022年9月30日）

柴某某等诉某财产保险股份有限公司黄山市分公司等机动车交通事故责任纠纷案

——被保险机动车年检合格但在发生交通事故时检验不合格的情形，不属于保险合同约定的“未按规定检验或检验不合格”的免责情形

关键词：民事　机动车交通事故责任　保险合同　免责条款　车辆检验

基本案情

2019年10月29日23时15分许，柴某甲驾驶赣L57×号重型半挂牵引车（牵引赣LH8×挂车，搭载汪某某）沿206国道由北往南行驶，行驶至206国道1836公里200米处（广昌县甘竹镇答田村刘家堡路段）时追尾撞上停于前方路面等候通行的陈某某驾驶的皖J09×号重型半挂牵引车（牵引皖JB2×挂车），造成柴某甲当场死亡、汪某某受伤，两车及车上货物损坏的交通事故。本起事故经广昌县公安局交通警察大队认定，柴某甲负事故主要责任，陈某某当日驾驶的车辆尾部反光标识不符合相关技术标准，以致夜间不能对其他车辆起到应有的警示作用，是引发此次事故的次要原因，因此负事故次要责任，汪某某不承担事故责任。

皖J09×号重型半挂牵引车与皖JB2×挂车的所有人均为黄山某物流公司，陈某某系黄山某物流公司雇员，事发时驾车系履行雇员职责。黄山某物流公司为皖J09×号重型半挂牵引车在某财产保险股份有限公司黄山市分公司（以下简称某财保黄山分公司）投保了交强险及商业不计免赔额的150万元的第三者责任险保险，为皖JB2×挂车投保了商业不计免赔额的5万元的第三者责任险保险，本次事故发生在两个险种的保险期间内。黄山某物流公司在为皖J09×号重型半挂牵引车与皖JB2×挂车投保商业三者险时签署了投保人声明，且保险条款第24条第3款第1项约定：发生保险事故时被保险机动车行驶证、号牌被注销的，或未按规定检验或检验不合格属于免责事由。

柴某甲夫妻及其父母在该起交通事故发生前一年，经常居住地为贵溪市城区。柴某甲与黄某某系夫妻关系，共生育一儿、一女，即柴某乙、柴某丙。柴某某、龚某某共生育两儿、一女，分别为长子柴某甲、次子柴某丁（病

故）、长女柴某戊（已出嫁）。柴某甲死亡时45周岁。

柴某某、龚某某、黄某某、柴某乙、柴某丙（以下简称柴某某等5人）诉请：（1）判令陈某某、黄山某物流公司、某财保黄山分公司赔偿因交通事故导致柴某甲死亡给柴某某等5人造成的各项经济损失共计520026.4元；（2）本案诉讼费用由陈某某、黄山某物流公司、某财保黄山分公司承担。

江西省抚州市广昌县人民法院于2019年12月24日作出（2019）赣1030民初1220号民事判决：一、某财保黄山分公司在机动车交强险责任限额内赔偿柴某某等5人交通事故损失11万元；二、黄山某物流公司赔偿柴某某等5人交通事故损失362314.4元；三、驳回柴某某等5人的其他诉讼请求。黄山某物流公司不服提起上诉，江西省抚州市中级人民法院于2020年4月16日作出（2020）赣10民终324号民事判决：驳回上诉，维持原判。黄山某物流公司不服，申请再审。江西省高级人民法院于2021年3月31日作出（2021）赣民再1号民事判决：一、撤销一、二审判决；二、某财保黄山分公司应于本判决生效之日起10日内在交强险及商业三者险范围内赔偿柴某某等5人因本案交通事故造成的各项损失472314.4元；三、驳回柴某某等5人的其他诉讼请求。

裁判理由

法院生效裁判认为：本案系机动车交通事故责任纠纷，涉案交通事故发生的时间在被保险机动车检验有效期内，《道路交通事故认定书》认定涉案车辆尾部反光标识不符合相关技术标准。根据涉案保险合同责任免除条款部分第24条约定，“在上述保险责任范围内，下列情况下，不论任何原因造成的人身伤亡、财产损失和费用，保险人均不负责赔偿：……（三）被保险机动车有下列情形之一者：1. 发生保险事故时被保险机动车行驶证、号牌被注销的，或未按规定检验或者检验不合格……”黄山某物流公司主张被保险机动车年检合格，即使车辆上的反光标识不合格，也不属于上述保险合同免责条款约定的免赔事项。而某财保黄山分公司主张被保险机动车虽然年检合格，但在发生交通事故时检验不合格，属于保险公司免责事由。因此，本案的争议焦点在于：涉案被保险机动车年检合格但在发生交通事故时检验不合格的情形，是否属于保险合同约定的“未按规定检验或检验不合格”的免责情形。

法院认为，应明确本案保险合同约定的“未按规定检验或检验不合格”

的具体免责情形范围，主要存在两种情形：一是被保险机动车“未按规定检验”；二是被保险机动车“检验不合格”。

对于第一种情形，《道路交通安全法》第十三条第一款规定：“对登记后上道路行驶的机动车，应当依照法律、行政法规的规定，根据车辆用途、载客载货数量、使用年限等不同情况，定期进行安全技术检验。对提供机动车行驶证和机动车第三者责任强制保险单的，机动车安全技术检验机构应当予以检验，任何单位不得附加其他条件。对符合机动车国家安全技术标准的，公安机关交通管理部门应当发给检验合格标志。”《道路交通安全法实施条例》第十五条第一款规定：“机动车安全技术检验由机动车安全技术检验机构实施。机动车安全技术检验机构应当按照国家机动车安全技术检验标准对机动车进行检验，对检验结果承担法律责任。”该条例第十六条规定：“机动车应当从注册登记之日起，按照下列期限进行安全技术检验：……（二）载货汽车和大型、中型非营运载客汽车10年以内每年检验1次；超过10年的，每6个月检验1次……营运机动车在规定检验期限内经安全技术检验合格的，不再重复进行安全技术检验。”从文义理解角度看，被保险机动车“未按规定检验”应理解为被保险机动车未按法律法规或行政管理规章的要求，在规定检验期内由机动车安全技术检验机构按照国家机动车安全技术检验标准实施机动车安全技术检验，也就是通常所说的被保险机动车未参加定期年检。本案中，双方当事人对涉案机动车已参加定期年检并检验合格的事实无争议，故涉案机动车不属于此种免责情形。

对于第二种情形，双方当事人对于涉案机动车是否属于此种情形存在争议。黄山某物流公司主张保险条款中的“检验不合格”是指被保险机动车经年检不合格仍上路行驶发生交通事故的情形。某财保黄山分公司主张应理解为被保险机动车在发生交通事故后经有关鉴定机构检验，认定车辆质量不合格的情形。生效裁判认为，保险条款中的“检验不合格”应理解为被保险机动车年检不合格而非发生交通事故后另行所做的检验不合格，本案机动车不属于此种免责情形。具体分析如下：

第一，从合同条款上下文理解来看，“检验不合格”应理解为被保险机动车年检不合格。本案中，涉案保险合同约定的“未按规定检验或检验不合格”应整体理解，“检验不合格”应与该条款中的“未按规定检验”相呼应，意指被保险机动车已经按规定参加了定期年检，但检验结论不合格。

第二，从格式条款的通常理解来看，“检验不合格”也应理解为被保险机动车年检不合格。本案中争议的保险合同免责条款是某财保黄山分公司为了重复使用而预先拟定，属于格式条款。根据《保险法》第三十条的规定，本案保险合同免责条款中“检验不合格”存在两种解释，应当根据普通大众的理解进行解读，作出符合日常生活经验的通常理解，同时还应作出有利于投保人黄山某物流公司的解释，故该免责条款中的“检验不合格”应意指机动车定期年检的检验结论不合格。

第三，从投保人的合理期待来看，“检验不合格”也应理解为被保险机动车年检不合格。首先，就保险合同缔约目的而言，投保人投保的目的在于分散风险减少损失，保险公司制定免责条款的目的在于控制承保风险。基于对专门的机动车安全技术检验机构出具的机动车检验合格标志的合理信赖，当被保险机动车拥有该检验合格标志后，可以认为该机动车性能合格，可以上路行驶且并不会增加其发生交通事故的危险程度。对于投保人与保险公司而言，这也符合双方订立保险合同的目的并可以实现双方的利益衡平。本案中，涉案被保险机动车按规定进行了年检并检验合格，黄山某物流公司已尽到投保人义务，并没有加大某财保黄山分公司的承保风险。其次，就事物发展的自然规律而言，在机动车年检合格到发生交通事故期间，被保险机动车的基本性能必然有一个自然损耗的过程，可能会出现零件老化、隐形故障或机械故障等问题，也可能会出现因交通事故碰撞导致的故障。所以，在投保人正常合理使用车辆的情况下，也可能会出现发生交通事故时机动车性能经检验不符合国家安全技术标准的情形。因此，在被保险机动车年检合格的情况下，将涉案保险合同免责条款中的“检验不合格”单独割裂出来理解为被保险机动车发生交通事故时检验不合格的情形，无疑是加重了投保人的风险负担，不利于保护投保人主动按规定参加机动车年检的积极性，也不符合投保人投保机动车商业三者险的心理预期。所以，黄山某物流公司主张“检验不合格”应理解为被保险机动车定期年检的检验结论不合格是符合其理性预期的。

当然，驾驶人在驾驶机动车上道路行驶前，应当在合理谨慎范围内尽到认真检查机动车安全技术性能的日常检验义务，避免驾驶具有明显安全隐患的机动车，但这并不构成保险公司的免责事由。本案中，根据江西抚州司法鉴定中心出具的《司法鉴定意见书》以及现场照片，涉案被保险机动车挂车后部的反光标识并非没有，而是“尾部左右纵梁反光标识及上部横梁反光标识被篷布遮挡，被遮挡的车身后部没有水平固定一块200mm×150mm的柔性反光标识”，尾部下部横梁反光标识仍可见，本案被保险机动车安全技术性能并没有明显重大故障隐患，仅是驾驶人未完成合理谨慎的日常检验义务，并不能因此免除某财保黄山分公司的保险责任。

法院认为，基于上述理由，本案被保险机动车年检合格但在发生交通事故时检验不合格的情形，不属于保险合同约定的“未按规定检验或检验不合格”的免责情形。黄山某物流公司主张某财保黄山分公司在商业三者险范围内承担赔偿责任，符合保险合同约定，法院予以支持。结合一、二审查明的事实，柴某某等5人的损失由某财保黄山分公司在交强险的死亡残疾赔偿限额下赔付11万元，超过交强险赔偿限额的部分905786元（1015786元-11万元），由某财保黄山分公司在商业三者险范围内承担40%的赔偿责任，即362314.4元（905786元×40%）。

综上，一、二审判决认定事实清楚，但在认定某财保黄山分公司应当承担的保险赔偿责任范围上存在适用法律错误，再审予以纠正。

裁判要旨

保险合同约定的“未按规定检验或检验不合格”的免责情形，意指被保险机动车已经按规定参加了定期年检但检验结论不合格，而非被保险机动车年检合格但在发生交通事故后经有关鉴定机构检验认定车辆质量不合格的情形，故保险公司仍应在商业第三者责任保险范围内承担赔偿责任。

关联索引

《中华人民共和国保险法》第三十条

《中华人民共和国道路交通安全法》第十三条

《中华人民共和国道路交通安全法实施条例》第十五条、第十六条

一审：江西省抚州市广昌县人民法院（2019）赣1030民初1220号民事判决（2019年12月24日）

二审：江西省抚州市中级人民法院（2020）赣10民终324号民事判决（2020年4月16日）

再审：江西省高级人民法院（2021）赣民再1号民事判决（2021年3月

31 日）

朱某、保险公司诉田某、蔡某香机动车交通事故责任纠纷案

——法庭辩论结束后受害人死亡不应成为减少赔偿金的理由

关键词：民事　机动车交通事故责任　法庭辩论结束前　后续治疗费　侵权责任　公平正义观

基本案情

朱某驾驶小型轿车，与行驶方向右侧路边站立的蔡某武相撞，造成蔡某武受伤的交通事故，经交通警察大队现场勘查，认定朱某承担全部责任，蔡某武无责任。经司法鉴定所鉴定，蔡某武因外伤造成特重型颅脑损伤术后，遗留持续性植物人生存状态的残疾等级为一级。蔡某武诉至原审法院，请求判令朱某及某保险股份有限公司某支公司（以下简称保险公司）赔偿经济损失 140 万余元。原审法院判决朱某、保险公司向蔡某武赔偿 110 万余元，其中，后续治疗费，根据鉴定意见支持伤后两年；生存期护理费，鉴于蔡某武为特重型颅脑损伤后呈持续性植物人生存状态，对鉴定后生存期护理费暂支持 5 年。朱某及其保险公司在履行完原生效判决后才发现，蔡某武已于原审判决作出前一日死亡，遂以出现“新的证据”为由，向法院申请再审，请求返还后续治疗费、生存期护理费共计 22 万余元。

湖北省宜昌市夷陵区人民法院于 2022 年 4 月 22 日作出（2022）鄂 0506 民初 595 号民事判决：一、保险公司在本判决生效后 10 日内在交强险限额内赔偿蔡某武经济损失 18 万元，在商业三者险限额内赔偿 859478.22 元，合计 1039478.22 元。二、朱某在本判决生效后 10 日内赔偿蔡某武经济损失 41338.08 元。三、驳回蔡某武的其他诉讼请求。

该判决发生法律效力后，朱某、保险公司不服，向湖北省宜昌市中级人民法院申请再审。宜昌市中级人民法院裁定提审本案，并由湖北省宜昌市中级人民法院于 2023 年 3 月 27 日作出（2023）鄂 05 民再 12 号民事判决：维持湖北省宜昌市夷陵区人民法院（2022）鄂 0506 民初 595 号民事判决。

裁判理由

法院生效裁判认为：受害人蔡某武此时死亡，其家属田某、蔡某香无须向朱某、保险公司退还后续治疗费、生存期护理费22万余元。（1）从后续治疗费、生存期护理费的价值功能和法律标准来看，其具有补偿性和预判性。后续治疗费是指对损伤经治疗后体征固定而遗留功能障碍并且需要再次治疗或者是伤情还没有恢复需要进行二次治疗所需要的医疗费用，需要结合损伤程度、治疗情况、医学水平等因素进行综合考量、评估、预判，是一个动态、反复给付的过程。生存期护理费，是一种潜在的、尚未发生的损害，须依受害人生存年限确定，具有不确定性与难预测性的特点。原审法院支持受害人蔡某武伤后2年内后续治疗费、5年生存期护理费，具有补偿性、预判性。（2）从民事诉讼程序的构造来看，"法庭辩论结束前"应为事实认定的节点。民事诉讼程序的构造、安排有其自身的逻辑性、科学性和合理性，无论是诉讼当事人、还是审判组织都必须遵守民事诉讼的原理和规则。民事诉讼中关于法律事实的审查和认定也有其时间范围，即以法庭辩论终结前为基准，当事人的权利、义务随之就被确定，一般不得再就此进行争执，否则，诉讼活动将无法正常、有序、公平开展。对此，《民事诉讼法》也有相关的规定，从维护裁判的稳定性、权威性、公正性出发，受害人蔡某武在原审法庭辩论结束后、原审裁判文书作出前一日死亡，不应成为衡量原审判决对错的标准。（3）从法、理、情的有机统一角度来看，应尊重人民群众朴素的公平正义观。按照一般公众认知，死亡系比受伤更为严重的结果，若因受害人蔡某武死亡，再审法院支持朱某、保险公司的再审请求，判决受害人蔡某武的继承人田某、蔡某香返还22万余元，则违法行为人因受害人死亡反而减轻了赔偿责任，这有违民法的公平、诚信、公序良俗原则，有违社会主义核心价值观"诚信友善"的公民价值准则，不符合法理情的有机统一，再审法院依法维持原审判决。

裁判要旨

在新时代，司法裁判过程已不再是与法条做简单比对的过程，而是蕴含着科学理性裁判思维和多元复杂裁判方法的过程，新型、复杂、疑难案件尤其如此。如果本案机械适用法条，因受害人此时死亡，原审诉讼中原告主体资格就存在问题，再审法院若裁定程序违法、发回重审，这就涉及随着原审诉讼请求变更，赔偿项目将相应发生变化，最终导致赔偿金严重“缩水”。公平、诚信、公序良俗原则是社会主义核心价值观在法律中的重要体现，如支持再审请求，那么本案民事赔偿责任与侵权结果失衡，再审法院无法作出一份侵权人从其违法行为中“获利”的判决，受害人家属亦无法认可这样的“退赔”，普通民众也无法接受这样的“正义”。

1. 从后续治疗费、生存期护理费的价值功能和法律标准来看，其具有补偿性和预判性。后续治疗费、生存期护理费具有补偿性和预判性。后续治疗费是指对损伤经治疗后体征固定而遗留功能障碍并且需要再次治疗或者是伤情还没有恢复需要进行二次治疗所需要的医疗费用，需要结合损伤程度、治疗情况、医学水平等因素进行综合考量、评估、预判，是一个动态、反复给付的过程。生存期护理费，是一种潜在的、尚未发生的损害，须依受害人生存年限确定，具有不确定性与难预测性的特点。原审法院支持受害人蔡某武伤后 2 年内后续治疗费、5 年生存期护理费，具有补偿性、预判性。

2. 从民事诉讼程序的构造来看，“法庭辩论结束前”应为事实认定的节点。民事诉讼程序的构造、安排有其自身的逻辑性、科学性和合理性，无论是诉讼当事人、还是审判组织都必须遵守民事诉讼的原理和规则。民事诉讼中关于法律事实的审查和认定也有其时间范围，即以法庭辩论终结前为基准，当事人的权利、义务随之就被确定，一般不得再就此进行争执，否则，诉讼活动将无法正常、有序、公平开展。对此，民事诉讼法也有相关的规定，如《最高人民法院关于适用〈中华人民共和国民事诉讼法〉的解释》第二百三十二条、《最高人民法院关于审理侵犯商业秘密民事案件适用法律若干问题的规定》第二十七条第一款、《最高人民法院关于人民法院立案、审判与执行工作协调运行的意见》第十四条等规定。故从维护裁判的稳定性、权威性、公正性出发，受害人蔡某武在原审法庭辩论结束后、原审裁判文书作出前一日死亡，不应成为衡量原审判决对错的标准。

3. 从法、理、情的有机统一角度来看，应尊重人民群众朴素的公平正义观。蔡某武死亡之前，朱某、保险公司对原审判决不持异议，现以损失不再发生、赔偿范围已确定为由，据此否定原审判决，申请再审，请求返还差额。举轻以明重，违法行为人因受害人死亡反而减轻了赔偿责任，这有违民法的公平、诚信、公序良俗原则，有违社会主义核心价值观“诚信友善”的公民价值准则，不符合法理情的有机统一。

关联索引

《中华人民共和国民法典》第一千二百一十三条

一审：湖北省宜昌市夷陵区人民法院（2022）鄂0506民初595号民事判决（2022年4月22日）

再审：湖北省宜昌市中级人民法院（2023）鄂05民再12号民事判决（2023年3月27日）

吴某某诉某保险公司机动车交通事故责任纠纷案

——交强险和商业三者责任保险中“第三者”的认定

关键词：民事　机动车交通事故责任　交强险　商业三者责任保险　第三者

基本案情

原告吴某某诉称：2015年5月17日，吴某某驾驶其所有的轿车在闽清123县道31公里处将车辆熄火停靠路边后下车，其间，发现车辆后溜，便用身体阻挡以制止，被车辆碰撞致颅脑损伤。经闽清县交警大队认定吴某某对本次交通事故的发生负全部责任。经评定，吴某某的伤残程度为三级伤残，终身需要护理依赖。吴某某在某保险公司处为轿车投保了机动车交通事故责任强制保险和商业第三者责任保险50万元（不计免赔）。故诉至法院请求：判令某保险公司在交强险、商业三者险限额内赔偿各项损失62万元。

某保险公司辩称：吴某某为被保险车辆的车主、驾驶员、投保人、被保险人，不属于交强险与商业第三者责任险项下的“第三者”，根据责任保险性质、《机动车交通事故责任强制保险条例》第三条及第二十一条、交强险及商业第三者责任险保险条款的规定，不属于交强险与商业第三者责任险的赔偿对象，某保险公司不承担本案保险责任。

法院经审理查明：2015年5月17日，吴某某驾驶其所有的闽AX××0号轿车在闽清123县道31公里处将车辆熄火停靠路边后下车方便，其间，发现车辆后溜，吴某某用身体去阻挡，以制止车辆后溜，并被后溜的车碰撞致颅脑损伤，闽清县交警大队认定吴某某对本交通事故的发生负全部责任。吴某某受伤后即被送往医院抢救治疗，共住院治疗 78 天。2016 年 6 月 16 日，福建某力司法鉴定中心鉴定吴某某的伤残程度评定为三级伤残，终身需要护理依赖。吴某某在某保险公司处为闽 AX×××0 号轿车投保了交强险和商业三者险 50 万元且不计免赔，且事故发生于保险期限内。吴某某的户籍地为闽清县梅城镇，根据国家统计局城乡分类代码，闽清县梅城镇为“121”，属于城镇范围。

福建省福州市闽清县人民法院于 2020 年 12 月 21 日作出（2020）闽 0124 民初 2514 号民事判决：某保险公司在交强险限额范围内赔偿吴某某 12 万元；在第三者责任商业保险限额范围内赔偿吴某某 50 万元。某保险公司不服提出上诉，福建省福州市中级人民法院于 2021 年 3 月 31 日作出（2021）闽 01 民终 1817 号民事判决：驳回上诉，维持原判。某保险公司不服终审判决，向福建省福州市中级人民法院申请再审。福建省福州市中级人民法院裁定再审本案，并于 2022 年 6 月 28 日作出（2022）闽 01 民再 12 号民事判决：撤销原一、二审判决；驳回吴某某的全部诉讼请求。

裁判理由

法院生效裁判认为：根据《机动车交通事故责任强制保险条例》第三条、第二十一条、第四十一条的规定，以及案涉保险合同的约定，吴某某系被保险人，交强险和商业三者保险均属于第三者责任保险之范畴，赔付前提是被保险人应对第三者（受害人）承担赔偿责任。吴某某作为被保险人和机动车驾驶人，虽然发生事故时其身处车外，但仍是车辆的实际控制人、驾驶风险的引发人，应对本次事故产生的损失负全部责任。由于吴某某同时具备侵权人和受害人的双重身份，若认定责任保险应予理赔，则相当于允许吴某某向自己请求损害赔偿，显然违背了《侵权责任法》的基本原理和前述被保险人须对第三者负有赔偿责任的基本前提。原判决以发生事故时吴某某所处的物理位置判定其属于第三者，适用法律错误，应予纠正，故撤销一、二审判决，改判驳回吴某某的全部诉讼请求。

裁判要旨

根据《侵权责任法》原理，任何危险行为的直接操作者不能构成此类侵权案件的受害人。当被保险车辆发生交通事故时，即使本车人员脱离了被保险车辆，不能当然地视其为机动车第三者责任保险中的“第三者”，不应将其作为机动车第三者责任保险赔偿范围的理赔对象。

关联索引

《中华人民共和国道路交通安全法》第七十六条

《中华人民共和国保险法》第六十五条

《机动车交通事故责任强制保险条例》第三条、第二十一条、第四十一条

一审：福建省福州市闽清县人民法院（2020）闽0124民初2514号民事判决（2020年12月21日）

二审：福建省福州市中级人民法院（2021）闽01民终1817号民事判决（2021年3月31日）

再审：福建省福州市中级人民法院（2022）闽01民再12号民事判决（2022年6月28日）

商某诉某保险公司北京分公司等机动车交通事故责任纠纷案

——“零时起保”保险条款的效力认定

关键词：民事　机动车交通事故责任　商业三者险　零时起保保险条款效力认定

基本案情

商某请求法院判令，王某、冯某、某保险公司北京分公司赔偿商某医疗费22855.82元、住院伙食补助费800元、营养费6000元、护理费14022.84元、误工费47500元、鉴定费2100元、精神损害抚慰金5000元、交通费2000元，合计100278.66元。

法院经审理查明：2021年12月23日17时35分，在北京市大兴区六环路内环某桥西侧东100米，王某驾驶轻型厢式货车由东向西行驶时车辆前部与前方同向徐某驾驶的小型轿车（内乘商某等人）及张某驾驶的大型普通客车后部相撞，造成三车辆接触部位损坏，商某等人受伤。北京市公安局大兴分局交通支队高速路中队出具《道路交通事故认定书》，认定王某为全部责

任，徐某为无责，商某等为无责。事故发生后，商某前往北京市大兴区某医院住院治疗，实际住院3天。出院诊断为鼻骨骨折等。王某驾驶的轻型厢式货车在某保险公司北京分公司投保交强险20万元，交强险保险单载明投保时间和收费确认时间均为2021年12月23日10时59分，特别约定该保单自收费确认时刻起即时生效，本次事故发生在保险期间内。上述车辆在某保险公司北京分公司投保商业三者险100万元，商业三者险保险单载明收费确认时间为2021年12月23日10时59分，保险期间自2021年12月24日0时0分起至2022年12月23日24时0分止。对于本次交通事故是否发生在商业三者险的保险期间内，双方当事人有异议。案件审理过程中，某保险公司北京分公司已经赔偿因此次事故受伤的另一伤者，目前交强险项下医疗部分剩余14924.89元、伤残项下剩余179256.37元。

北京市大兴区人民法院于2022年12月30日作出（2022）京0115民初19710号民事判决：一、某保险公司北京分公司于本判决生效后10日内赔偿商某医疗费7462.44元、护理费9400元、误工费22500元、交通费1000元，合计40362.44元；二、王某、冯某于本判决生效后10日内赔偿商某医疗费15033.68元、住院伙食补助费800元、营养费3000元，合计18833.68元；三、驳回商某的其他诉讼请求。一审判决生效后，冯某向北京市大兴区人民法院提起再审申请。北京市大兴区人民法院于2023年2月15日作出（2023）京0115民申8号民事裁定：驳回冯某的再审申请。

裁判理由

法院生效裁判认为：关于冯某主张本案交通事故发生在某保险公司北京分公司所承保商业三者险的保险期间内一节，根据《保险法》(2015年修正）第十三条第一款“投保人提出保险要求，经保险人同意承保，保险合同成立。保险人应当及时向投保人签发保险单或者其他保险凭证”及第三款“依法成立的保险合同，自成立时生效。投保人和保险人可以对合同的效力约定附条件或者附期限”，根据已查明事实，投保人于2021年12月23日10时59分投保并缴纳保费，某保险公司北京分公司即刻同意承保并签发保险单，故涉案商业三者险保险合同于2021年12月23日10时59分成立并生效；根据上述法律第十四条规定，“保险合同成立后，投保人按照约定交付保险费，保险人按照约定的时间开始承担保险责任”，因某保险公司北京分公司签发保单后已及时交付投保人，保单上明确记载有保险期间的起止时间，即自2021年12月24日0时0分起至2022年12月23日24时0分止，故某保险公司北京分公司应在保单记载的保险期间内承担保险责任；因涉案交通事故的发生时间未在上述保险期间内，故不属商业三者险的保险事故，某保险公司北京分公司在商业三者险范围内不承担保险责任。

格式条款是当事人为了重复使用而预先拟定，并在订立合同时未与对方协商的条款；但现无证据证明投保人提出了该商业三者险合同在交费时起算保险期间，但某保险公司北京分公司予以拒绝的情况；而且投保人在收到保险单后未对保险期间提出异议，应视为对保险期间的认可；保险期间具有可协商性，无论何时起算保险时间，保险公司均应承担自此之后为期1年的保险责任，并非免除或者减轻保险公司责任；王某所驾驶车辆属货运性质，车辆初次登记日期为2017年12月15日，在2021年12月23日投保时经过多个保险期间，商业三者险保单中的投保人北京某商贸有限公司系企业，区别于对家庭车辆初次投保的一般人，冯某一方对商业三者险于次日零时生效应有认知；据此，对冯某关于“零时起保”条款无效的主张，不予采纳。

裁判要旨

1. 若保险人能够举证证明，在订立保险合同时，保险人已就“零时起保”条款，对一般情况下的投保人（如首次投保，被保险车辆系新车）作了明确说明，投保人已知悉并接受该条款的，则该条款应成为合同内容，具有法律效力；否则，“零时起保”条款不成为合同的内容。

2. 当投保人并非首次投保商业三者险，或者投保人是企业，或者被投保机动车系营运车辆等可以确认投保人对商业三者险条款熟悉时，应减轻保险公司的明确说明义务，可以认定“零时起保”保险条款有效；除非投保人举证证明其确实不知道关于保险期间的次日“零时起保”条款。

关联索引

《中华人民共和国保险法》第十三条、第十四条、第十七条

《中华人民共和国民法典》第四百九十六条

《最高人民法院关于适用〈中华人民共和国保险法〉若干问题的解释（二）》第九条

一审：北京市大兴区人民法院（2022）京0115民初19710号民事判决

（2022年12月30日）

再审：北京市大兴区人民法院（2023）京0115民申8号民事裁定（2023年2月15日）

某保险股份有限公司市中心支公司诉陈某某、杨某某、朱某某及林某某机动车交通事故责任纠纷案
——以家庭自用车辆投保从事网约车营运的保险责任认定

关键词：民事　机动车交通事故责任　家庭自用车辆　网约车　法定免责条款

基本案情

某保险股份有限公司市中心支公司（一审被告、二审上诉人，以下简称某保险支公司）诉称：（1）被保险机动车的使用性质发生改变，并导致危险程度显著增加发生的保险事故，属于《保险法》第五十二条规定的法定免责事由，对于该法定免责事由，保险人无须履行提示、明确说明义务，二审法院以某保险支公司对案涉免责条款未尽提示义务为由，判令某保险支公司在商业三者险限额内承担赔偿责任，适用法律错误。（2）虽然保险人对于法定免责事由无须履行提示说明义务，事实上某保险支公司提交的证据足以证明其已就免责条款尽到了提示、说明义务。本案属于电子保单，保险人通常通过手机或电脑操作流程完成其提示、明确说明义务。在电子投保过程中，投保流程分为浏览、电子签名、验证、支付四个环节，浏览环节前需识别保险公司的二维码，输入证件号验证，会弹出保险条款、免责事项说明书，在点击内容进行阅读后并进行电子签字后，再根据手机收到验证码进行验证，最后付款。某保险支公司提交的投保单中，投保人勾选同意上述条款，且在投保人声明中签字确认，足以证明保险人尽到了提示说明义务。原审法院以免责条款的文字未加黑加粗为由认定某保险支公司对案涉免责条款未尽提示说明义务，适用法律错误。请求法院判令：撤销一、二审判决，改判某保险支公司在交强险限额内向陈某某赔偿179323元，超过交强险限额的损失53609.71元，由杨某某、朱某某承担。

杨某某辩称：保险公司未履行告知义务，同时其并非全职驾驶网约车，只是偶尔顺路载客，请求维持二审判决。

陈某某辩称：请求维持二审判决。

朱某某、林某某均未提交书面或口头意见。

法院经审理查明：杨某某驾驶轿车在福建省漳州市中医院门口停车，车上乘员朱某某在开启车门时未确保安全，导致陈某某骑行的电动车与轿车发生碰撞并致陈某某受伤的交通事故，经交警芗城大队道路交通事故认定书认定，杨某某负本次事故同等责任，朱某某负本次事故同等责任，陈某某不负事故责任。事故发生后，陈某某当天被送往漳州市中医院救治，经诊断：右膝关节软组织挫伤等，后经司法鉴定中心鉴定，鉴定意见如下：（1）伤残等级为一处第十级；（2）误工期限为受伤后至伤残评定前一日，护理期限（含住院）为90日，营养期限为60日。陈某某户籍地为漳州市芗城区市区，应按城镇居民标准计算本案各项经济损失。事故发生时，案涉的驾驶员为杨某某，该车辆所有人为林某某，杨某某与林某某为夫妻关系；该车已向某保险支公司投保机动车交强险及商业第三者责任险，商业第三者责任险限额150万元，本事故发生在保险期间内。

福建省漳州市芗城区人民法院于2021年6月29日作出（2021）闽0602民初3271号民事判决，判令某保险支公司在交强险和商业第三者责任险赔偿限额内赔偿陈某某各项损失。宣判后，某保险支公司提出上诉。福建省漳州市中级人民法院于2021年9月23日作出（2021）闽06民终2621号民事判决：驳回上诉，维持原判。某保险支公司仍不服，向福建省高级人民法院申请再审，该案提审后，于2023年2月22日作出（2022）闽民再429号再审判决：撤销一、二审判决，改判某保险支公司在机动车交通事故责任强制保险限额内对陈某某进行赔偿。

裁判理由

法院生效裁判认为：《保险法》第五十二条规定："在合同有效期内，保险标的的危险程度显著增加的，被保险人应当按照合同约定及时通知保险人，保险人可以按照合同约定增加保险费或者解除合同。保险人解除合同的，应当将已收取的保险费，按照合同约定扣除自保险责任开始之日起至合同解除之日止应收的部分后，退还投保人。被保险人未履行前款规定的通知义务的，因保险标的的危险程度显著增加而发生的保险事故，保险人不承担赔偿保险金的责任。"《最高人民法院关于适用〈中华人民共和国保险法〉若干问题的解释（四）》第四条第一款规定："人民法院认定保险标的是否构成保险法第四十九条、第五十二条规定的'危险程度显著增加'时，应当综合考虑以下因素：（一）保险标的用途的改变……"本案中，杨某某以使用性质"家庭自用"对案涉车辆进行投保，后将该车辆用于开展网约车营运活动，因营运车辆相较于家庭自用车辆运行里程多，使用频率高，发生交通事故的概率明显上升，且案涉事故系在营运过程中发生，杨某某的行为显著增加了保险标的即案涉车辆的危险程度，但杨某某并未将车辆用途变更的情况及时通知某保险支公司，违反了《保险法》第五十二条的规定。《最高人民法院关于适用〈中华人民共和国保险法〉若干问题的解释（二）》第十条规定："保险人将法律、行政法规中的禁止性规定情形作为保险合同免责条款的免责事由，保险人对该条款作出提示后，投保人、被保险人或者受益人以保险人未履行明确说明义务为由主张该条款不成为合同内容的，人民法院不予支持。"因《保险法》第五十二条明确规定在特定情况下"保险人不承担赔偿保险金的责任"，即使保险人未就该类免责条款进行提示和明确说明，保险人仍可依据法律规定拒绝承担保险责任，二审法院以案涉保险合同中改变车辆使用性质的免责条款没有加粗加黑，不能说明某保险支公司对投保人杨某某就免责条款尽到提醒说明义务，故该免责条款不产生效力的认定不当，应予纠正。

裁判要旨

以家庭自用车辆投保后从事网约车营运，导致保险标的危险程度显著增加的，在营运过程中发生的交通事故，可在商业三者险范围内主张免责。

关联索引

《中华人民共和国保险法》第五十二条

《最高人民法院关于适用〈中华人民共和国保险法〉若干问题的解释（二）》第十条

《最高人民法院关于适用〈中华人民共和国保险法〉若干问题的解释（四）》第四条

一审：福建省漳州市芗城区人民法院（2021）闽0602民初3271号民事判决（2021年6月29日）

二审：福建省漳州市中级人民法院（2021）闽06民终2621号民事判决（2021年9月23日）

再审：福建省高级人民法院（2022）闽民再429号民事判决（2023年2月22日）

赵某、赵某某、倪某某诉某财产保险股份有限公司某公司、张某某机动车交通事故责任纠纷案

——保险免责条款为禁止性法律规定的，保险人说明义务的举证责任可以适当减轻

关键词：民事　机动车交通事故责任　无证驾驶　肇事后逃逸　保险免责条款　提示义务

基本案情

赵某、赵某某、倪某某诉称：2018年7月1日14时20分许，赵某驾驶棕色“长安”牌小型轿车（乘车人倪某某、赵某某），与对向行驶的张某某驾驶的轻型普通货车发生碰撞。事故经宁夏回族自治区石嘴山市公安局交通警察分局特勤大队认定，张某某系无证驾驶且事故发生后弃车逃逸，负全部责任，赵某、赵某某、倪某某无责任。张某某驾驶的轻型普通货车于2018年5月30日在某财产保险股份有限公司某公司（以下简称某财险某公司）投保了交强险及限额50万元的商业险。事故发生后，赵某、赵某某、倪某某在石嘴山市第二人民医院及银川国龙医院治疗，治疗费用未得到赔偿，遂向宁夏回族自治区石嘴山市大武口区人民法院起诉请求：判令张某某、某财险某公司赔偿赵某、赵某某、倪某某的医疗费损失和财产损失，判令某财险某公司在交强险限额范围内赔偿，超出部分由商业险根据合同承担赔偿责任，本案诉讼费由张某某、某财险某公司承担。

张某某辩称：对事故的发生无异议，对赵某等人主张的医疗费用和财产损失费用部分有异议。

某财险某公司辩称：张某某存在无证驾驶及事故发生后弃车逃逸的违法行为，按照交强险条例和保险合同的约定，对于赵某三人人身损害赔偿合理

的部分，在法院判决后享有向张某某追偿的权利，商业险属于免责拒赔范围。

法院经审理查明：2018年7月1日14时20分许，赵某驾驶棕色“长安”牌小型轿车（乘车人倪某某、赵某某），沿大武口区星海镇小沙路由南向北行驶至距浴山潭大街与小沙路路口500米处时，与对向行驶的张某某驾驶的轻型普通货车发生碰撞，致赵某、赵某某、倪某某受伤，双方车辆不同程度受损的交通事故。事故经石嘴山市公安局交通警察分局特勤大队认定，张某某系无证驾驶且事故发生后弃车逃逸，负全部责任，赵某、赵某某、倪某某无责任。张某某驾驶的轻型普通货车于2018年5月30日在某财险某公司投保了交强险及限额50万元的商业险。事故发生后，赵某、赵某某、倪某某在石嘴山市第二人民医院及银川国龙医院治疗。

一审中，某财险某公司提交《某财产保险股份有限公司机动车综合商业保险条款》，该保险条款第24条约定：“在上述保险责任范围内，下列情况下，不论任何原因造成的人身伤害、财产损失和费用，保险人均不负责赔偿：……（二）驾驶人有下列情形之一者：1.事故发生后，在未依法采取措施的情况下驾驶被保险机动车或者遗弃被保险机动车离开事故现场……3.无证驾驶，驾驶证被依法扣留、暂扣、吊销、注销期间……”欲证明：结合事故责任认定书，张某某存在该保险条款第24条第2款第1项、第3项规定的责任免除事由，保险人对于赵某、赵某某、倪某某的损失不负责赔偿。赵某、赵某某、倪某某及张某某在一审庭审中对该证据均无异议。

宁夏回族自治区石嘴山市大武口区人民法院于2018年10月23日作出（2018）宁0202民初3355号民事判决：一、某财险某公司自判决生效之日起10日内在交强险限额范围内赔偿赵某、赵某某、倪某某的损失11237.04元；二、某财险某公司自判决生效之日起10日内在商业三者险范围内赔偿赵某的财产损失30565元；三、驳回赵某、赵某某、倪某某的其他诉讼请求。某财险某公司不服一审判决，提起上诉。宁夏回族自治区石嘴山市中级人民法院于2018年12月26日作出（2018）宁02民终1147号民事判决：驳回上诉，维持原判。

某财险某公司不服二审判决，向宁夏回族自治区高级人民法院申请再审，宁夏回族自治区高级人民法院裁定指令石嘴山市中级人民法院再审本案。该院于2019年5月28日作出（2019）宁02民再8号民事判决，维持石嘴山市中级人民法院（2018）宁02民终1147号民事判决。宁夏回族自治区人民检察院认为：（2019）宁02民再8号民事判决适用法律不当，判决结果不当，向宁夏回族自治区高级人民法院提起抗诉。宁夏回族自治区高级人民法院于2020年6月30日作出（2020）宁民再23号民事判决：一、撤销宁夏回族自治区石嘴山市中级人民法院（2019）宁02民再8号民事判决、宁夏回族自治区石嘴山市中级人民法院（2018）宁02民终1147号民事判决、宁夏回族自治区石嘴山市大武口区人民法院（2018）宁0202民初3355号民事判决；二、某财险某公司于判决生效之日起10日内在交强险限额内赔偿赵某、赵某某、倪某某9237.04元；三、张某某于判决生效之日起10日内赔偿赵某、赵某某、倪某某经济损失32565元；四、驳回赵某、赵某某、倪某某其他诉讼请求。

裁判理由

法院生效裁判认为：根据《最高人民法院关于审理道路交通事故损害赔偿案件适用法律若干问题的解释》第十八条和《机动车交通事故责任强制保险条例》第二十二条的规定，驾驶人未取得驾驶资格或者醉酒的，保险公司在机动车交通事故责任强制保险责任限额范围内垫付抢救费用，并有权向致害人追偿，发生道路交通事故的造成受害人的财产损失，保险公司不承担赔偿责任。本案张某某无证驾驶导致交通事故的情形下，人保财险某公司只在交强险责任限额内对抢救受害人的费用承担赔偿垫付责任，对财产损失不应承担赔偿责任。《道路交通安全法》第十九条规定：“驾驶机动车，应当依法取得机动车驾驶证。”第一百零一条规定：“违反道路交通安全法律、法规的规定，发生重大交通事故，构成犯罪的，依法追究刑事责任，并由公安机关交通管理部门吊销机动车驾驶证。造成交通事故后逃逸的，由公安机关交通管理部门吊销机动车驾驶证，且终生不得重新取得机动车驾驶证。”《最高人民法院关于适用〈中华人民共和国保险法〉若干问题的解释（二）》第十条规定：“保险人将法律、行政法规中的禁止性规定情形作为保险合同免责条款的免责事由，保险人对该条款作出提示后，投保人、被保险人或者受益人以保险人未履行明确说明义务为由主张该条款不成为合同内容的，人民法院不予支持。”根据上述规定，无证驾驶、发生事故后逃逸，均是法律法规中所禁止的违法行为，保险人将该情形的保险事故作为保险合同的免责条款，其说明义务可以相对减轻。某财险某公司在本案一审诉讼中提交的保险单正本明确注明“本保险合同由保险条款、投保单、保险单、批单和特别约定组成”，且以黑体字明确有“重要提示”，提示投保人“详细阅读本保险中对应的保险条款特别是责任免除，投保人被保险义务”，亦对所涉免责条款在保险条款中加粗加黑。某财险某公司在本案一审中提交《某财产保险股份有限公司机动车综合商业保险条款》以证明在张某某所投保的机动车综合商业三者险种，保险条款第 24 条约定：驾驶人存在在事故发生后，在未依法采取措施的情况下驾驶被保险机动车或者遗弃被保险机动车离开事故现场，或存在无证驾驶，均属于保险人免除保险责任的事由。赵某、赵某某、倪某某及张某某在一审庭审中对该证据均无异议。某财险某公司据此主张其就商业保险条款中约定的无证驾驶、事故后逃逸属免责条款，已向张某某履行了提示义务，证据充分。二审判决以某财险某公司虽然在投保单上作出了提示，但并没有提供证据证实其同时尽到了以书面或者口头形式向张某某作出明确说明的义务为由，认定该条款对张某某不发生效力，并据此判令某财险某公司应在商业三者险限额范围内赔偿赵某财产损失，证据采信和适用法律不当。某财险某公司不应在商业三者险限额范围内赔偿赵某财产损失。《道路交通安全法》第七十六条规定：“机动车发生交通事故造成人身伤亡、财产损失的，由保险公司在机动车第三者责任强制保险责任限额范围内予以赔偿；不足的部分，按照下列规定承担赔偿责任：（一）机动车之间发生交通事故的，由有过错的一方承担赔偿责任；双方都有过错的，按照各自过错的比例分担责任……”张某某在本次事故中负全部责任，赵某、赵某某、倪某某无责任，某财险某公司在本案中对赵某、赵某某、倪某某的人身损失在交强险限额范围内承担赔偿责任，不足部分应由张某某承担。应由张某某对赵某、赵某某、倪某某的经济损失承担赔偿责任。

裁判要旨

对于保险人将法律禁止性规定作为免责事由的格式条款，保险人的提示和明确说明义务是否可以减轻或者免除。对于违反禁止性规定，应根据该规定的立法目的受到相应的行政处罚或者刑事处罚，并不当然对私法上的民事合同产生影响，更不产生免除保险责任的法律效果。因此，对于该种情形的免责条款，保险人仍需进行提示，但明确说明义务的举证责任可以适当减轻。

关联索引

《最高人民法院关于审理道路交通事故损害赔偿案件适用法律若干问题的解释》(2020年修正)第十五条(本案适用的是2012年12月21日施行的《最高人民法院关于审理道路交通事故损害赔偿案件适用法律若干问题的解释》第十八条)

《中华人民共和国道路交通安全法》第十九条、第七十六条、第一百零一条

《最高人民法院关于适用〈中华人民共和国保险法〉若干问题的解释(二)》第十条

一审：宁夏回族自治区石嘴山市大武口区人民法院(2018)宁0202民初3355号民事判决(2018年10月23日)

二审：宁夏回族自治区石嘴山市中级人民法院(2018)宁02民终1147号民事判决(2018年12月26日)

原审再审：宁夏回族自治区石嘴山市中级人民法院(2019)宁02民再8号民事判决(2019年5月28日)

再审：宁夏回族自治区高级人民法院(2020)宁民再23号民事判决(2020年6月30日)

孙某某诉罗某、刘某某、某保险公司机动车交通事故责任纠纷案

——因自身严重疾病对损害后果有一定影响不减轻侵权人赔偿责任

关键词：民事　机动车交通事故责任　外伤参与度　自身严重疾病　个人体质状况　特殊体质　侵权责任

基本案情

孙某某诉称：2013年6月27日被罗某驾驶刘某某所有的小轿车碰撞其驾驶的电动车，造成其受伤的交通事故。交警大队认定罗某承担事故全部责任，孙某某无责任。事故造成孙某某的损失有医疗费、护理费、住院伙食补助费、营养费、残疾赔偿金、精神损害抚慰金、交通费、被扶养人生活费、

后续治疗费等。请求判令罗某、刘某某、某保险公司共同赔偿孙某某损失633281元。

某保险公司辩称：其愿在交强险的责任限额范围内全额赔偿孙某某合理合法损失。经鉴定由于本次事故外伤在孙某某伤残发生中的参与度为25%，故交强险不足赔偿孙某某损失的部分由其公司在商业三者险的责任限额范围内按照参与度25%承担赔偿责任，另有若干赔偿项目不合理。

法院经审理查明：2013年6月27日23时05分左右，罗某驾驶小轿车沿省道东西线路往东山方向行驶至福建省诏安县大嵊桥大桥路段，在实施超车过程中与孙某某驾驶的正常行驶电动车发生碰撞，造成孙某某受伤的交通事故。经诏安县交警大队认定，罗某承担事故全部责任，孙某某不承担事故责任。孙某某受伤后被送往诏安县医院治疗。司法鉴定所出具法医临床鉴定意见书，结论：（1）孙某某的伤残等级为第四级；（2）孙某某有部分护理依赖需要；（3）孙某某的护理期限为5年；（4）孙某某的后续治疗费用约为2500元；（5）本次事故外伤在孙某某伤残发生中的参与度为25%。另查明，肇事车辆在某保险公司投保交强险和商业三者险，其中商业三者险的责任限额为50万元（不计免赔率）。

福建省漳州市诏安县人民法院于2014年12月29日作出（2014）诏民初字第1378号民事判决：一、某保险公司应赔偿孙某某221285.13元，于本判决发生法律效力后15日内履行完毕；二、驳回孙某某的其他诉讼请求。一审判决作出后，某财产保险公司提起上诉，福建省漳州市中级人民法院于2015年9月23日作出（2015）漳民终字第573号民事判决：一、维持诏安县人民法院（2014）诏民初字第1378号民事判决的第二项；二、变更诏安县人民法院（2014）诏民初字第1378号民事判决的第一项为：某保险公司应赔偿孙某某323444.50元，于判决发生法律效力后15日内履行完毕。孙某某不服终审判决，向福建省高级人民法院申请再审。福建省高级人民法院于2018年6月22日作出（2017）闽民再341号民事判决：一、撤销漳州市中级人民法院（2015）漳民终字第573号民事判决和漳州市诏安县人民法院（2014）诏民初字第1378号民事判决。二、某保险公司应在判决生效之日起10日内在交强险责任限额范围内赔偿孙某某12万元、在商业三者险责任限额范围内赔偿孙某某407089.01元，两项合计527089.01元。三、驳回孙某某的其他诉讼请求。

裁判理由

法院生效裁判认为：交通事故的受害人没有过错，其自身疾病状况对损害后果的影响不属于可以减轻侵权人责任的法定情形，侵权人应按其过错大小承担赔偿责任，保险公司亦应在相应的保险合同范围内承担保险理赔责任。

《侵权责任法》第六条第一款规定："行为人因过错侵害他人民事权益，应当承担侵权责任。"该款是对过错责任的规定。过错是行为人行为时的一种应受谴责的心理状态。正是由于这种应受谴责的心理状态，法律要对行为人所实施的行为作否定性评价，让其承担侵权责任。本案中，罗某负全部责任，孙某某不负事故责任。司法鉴定意见认定孙某某所受损伤交通事故因素参与度为25%，其个人原有基础疾病等因素占75%。孙某某的原有疾病是其身体的一种客观情况，与其主观心理状态无关。显然，不能将受害人原有疾病认定为一种应受谴责的主观心理状态。虽然孙某某有高血压病史，但其对事故的发生及损害后果的造成均无主观过错，其高血压病史仅是与事故造成后果存在客观上的介入因素，并无法律上的因果关系。故交通事故受害人没有过错，以其自身疾病对构成伤残的参与度作为减轻侵权人责任，不符合《侵权责任法》《道路交通安全法》的规定。按照受害人自身疾病对伤残结果的参与度比例扣减相应赔偿金属于适用法律错误。应撤销一、二审判决，改判罗某承担全部赔偿责任，由保险公司在交强险和机动车第三者责任险赔偿限额范围内支付孙某某赔偿款527089.01元。

裁判要旨

1. 最高人民法院第24号指导性案例明确的是道路交通事故损害的过错归责原则，与本案案情类似，应予参照适用，不能仅因案情的个别差异而不予参照适用。审理中有意见认为，最高人民法院第24号指导性案例与本案的案情不同，指导性案例是受害人的个人体质状况（骨质疏松）有参与度，本案是受害人自身严重疾病（脑梗塞、高血压）有参与度，故本案应考虑参与度问题。实际上在因果关系理论与实务中，一般将受害人身体原因这一介入因素统称为受害人"特殊体质"。"特殊体质"一般包含：体质状况，如骨质疏松、蛋壳脑袋等；严重疾病，如高血压、血友病等；残障情况，如身体、智力残疾等。其实就医学角度而言，骨质疏松、蛋壳脑袋、智力残疾等也可以认为是一种疾病。因此，在一般案件中作“体质”与“疾病”的区分并不严谨。24号指导案例确认了“蛋壳脑袋规则”。该规则认为，一个对他人犯有过失的人，不应计较受害人的个人特质，尽管受害人的这种个人特质增加了他遭受损害的可能性和程度；对于一个因受害人的头骨破裂而引起的损害赔偿请求，受害人的头骨异常易于破裂不能成为抗辩的理由，即侵权人不能以此作为减少应承担的损害赔偿金的理由。根据该指导性案例裁判要旨及理由说明可知，其参照的正是“蛋壳脑袋规则”，即虽有受害人特殊体质介入，导致损害后果扩大，侵权人也应就全部的损害后果负责。

2. 本案不适用原因力的责任分配。《侵权责任法》的归责可以分为责任构成和责任分配两个阶段。在责任构成阶段，考察的重点是各个要件的有无，缺乏任何一个要件都意味着对责任的否定，是一个“全有或全无”的阶段。而在责任分配阶段，考察的重点是各个要件的强度，进而综合决定责任的大小，这是一个“或多或少”的阶段。就“原因力”这个概念而言，其作为一个强度概念，则不属于责任构成阶段，而是责任分配中的一个因素。责任构成阶段没有原因力而只有原因，因此因果关系的“因”在一般侵权中必须是法律上认可的过错行为，而被侵权人的特殊体质不能被理解为是一种法律意义上的过错。而原因力是责任分配阶段的概念，这里的“因”就可以是任何参与责任分配的因素，因此特殊体质也可以是这里的“因”。责任分配阶段因为是法官综合考虑决定的阶段，可以出现不考虑特殊体质和考虑特殊体质两种情况。是否考虑受害人特殊体质对损害的原因力必须结合侵权人的过错程度、受害人自身的过错程度、侵权人行为的社会价值及其风险等因素综合考量。故24号指导性案例应当是综合考量了机动车拥有可以分散风险的保险、违章行为不具有社会价值、受害人没有过错等多种因素，进而认为不应考虑特殊体质的结果。当案件没有这些因素的时候，受害人的特殊体质又会被接受为可以减轻侵权人责任的原因力，即如医疗损害赔偿案件。

关联索引

《中华人民共和国民法典》第一千一百六十五条（本案适用的是2010年7月1日施行的《中华人民共和国侵权责任法》第六条）

一审：福建省漳州市诏安县人民法院（2014）诏民初字第1378号民事判决（2014年12月29日）

二审：福建省漳州市中级人民法院（2015）漳民终字第573号民事判决（2015年9月23日）

再审：福建省高级人民法院（2017）闽民再341号民事判决（2018年6月22日）

孔某某诉毋某某机动车交通事故责任纠纷案
——交通事故中燃油助力车的性质认定及责任承担

关键词：民事　机动车交通事故责任　燃油助力车　国家标准　交强险　机动车

基本案情

2014年6月12日，毋某某向法院提起诉讼，请求判令孔某某赔偿医疗费7596.32元、营养费110元、伙食补助费330元、护理费675元、鉴定费700元、伤残赔偿金22398.03元、精神赔偿金3000元，上述共计34809.35元，除去孔某某已经支付的2900元，剩余费用总计应赔偿31909.35元。

法院经审理查明：2013年11月14日8时30分许，孔某某驾驶无号牌助力车，经工业路由西向东行驶至工业路与民主路交叉口西侧时与经工业路由南向西左转弯进入工业路的毋某某驾驶的二轮自行车相撞，造成人员受伤、车辆损坏的交通事故。事故经焦作市公安局焦南分局交管巡防大队处理，作出2013N/11140830号《道路交通事故认定书》，认定责任如下：（1）孔某某无机动车驾驶证驾驶无号牌机动车未戴安全头盔上道路行驶，应承担事故同等责任；（2）毋某某驾驶非机动车进入道路未让行车辆，应承担事故同等责任。毋某某于事故当天入住焦作市第二人民医院救治，于2013年11月25日出院，实际住院11天。毋某某住院花费6462.32元。其中，孔某某垫付2900元。毋某某入院时主要诊断情况：急性颅脑损伤2级；外伤性蛛网膜下腔出血。毋某某出院证显示出院医嘱：（1）继续服药治疗；（2）两周后复查头颅CT排除慢性硬膜下血肿可能，门诊随诊。毋某某出院后产生两次诊疗费用，每次144.5元，共计289元。毋某某系焦作市城镇居民，1943年9月10日出生。孔某某所驾驶的无号牌车辆未投保交强险。2014年9月18日，根据孔某某申请，一审法院委托焦作某援法医临床司法鉴定所对毋某某的伤情进行了伤残等级鉴定，该鉴定机构出具了焦某援司鉴所【2014】临鉴字第×××号司法鉴定意见书，鉴定意见如下：毋某某的伤残等级为十级伤残。另查明，2013年度河南省城镇居民人均可支配收入22398.03元/年、居民服务业和其他服务业职工平均工资29041元/年。我国交强险死亡伤残赔偿限额为11万元、医疗费用赔偿限额1万元、财产损失赔偿限额为2000元。

河南省焦作市解放区人民法院于2014年12月29日作出（2014）解民二初字第489号民事判决：一、本判决生效后10日内，孔某某在交强险限额范围内赔偿毋某某医疗费4251.32元、营养费110元、伙食补助费330元、护理费675元、鉴定费700元、残疾赔偿金20158.23元、精神损害抚慰金3000元，上述费用合计29224.55元；二、驳回毋某某的其他诉讼请求。孔某某不服，提起上诉。河南省焦作市中级人民法院于2015年5月8日作出（2015）焦民二终字第00120号民事判决：一、撤销焦作市解放区人民法院（2014）解民二初字第489号民事判决；二、孔某某在接到本判决10日内赔偿毋某某各项损失共计14612.28元；三、驳回毋某某的其他诉讼请求。毋某某不服，向河南省焦作市中级人民法院申请再审。河南省焦作市中级人民法院于2016年5月20日作出（2016）豫08民申72号民事裁定：再审本案。焦作市中级人民法院于2016年7月21日作出（2016）豫08民再17号民事判决：一、撤销焦作市中级人民法院（2015）焦民二终字第00120号民事判决；二、维持焦作市解放区人民法院（2014）解民二初字第489号民事判决。

裁判理由

法院生效裁判认为：参照机动车运行安全技术条件，本案肇事的燃油助力车应是轻便摩托车，属于机动车范畴，应按规定上牌并购买交强险，并且公安交管部门已经在事故认定书中对车辆的性质属于机动车作出了认定。未依法投保交强险的机动车发生交通事故造成损害，当事人请求投保义务人在交强险责任限额范围内予以赔偿的，人民法院应予支持。本案中，孔某某所驾车辆系机动车且未按规定投保交强险，故毋某某要求孔某某在交强险限额内承担责任的主张符合法律规定。毋某某的再审请求成立，依法应予支持。二审判决认定孔某某所驾驶车辆不在机动车范围之内不当，应予纠正。

裁判要旨

1. 采用汽油作为动力装置驱动、设计最高时速大于20km、整车重量超过40kg的燃油助力车不符合非机动车的国家标准，故在机动车交通事故责任纠纷中应将燃油助力车认定为机动车。

2. 燃油助力车的所有人或者管理人应当按照《道路交通安全法》的规定投保机动车交通事故责任强制保险；未投保交强险的燃油助力车与行人发生交通事故的，燃油助力车的所有人或者管理人应当在交强险限额范围内承担赔偿责任。

关联索引

《中华人民共和国道路交通安全法》第十七条、第一百一十九条

《机动车运行安全技术条件（GB 7258–2012）》第3.5条

一审：河南省焦作市解放区人民法院（2014）解民二初字第489号民事判决（2014年12月29日）

二审：河南省焦作市中级人民法院（2015）焦民二终字第00120号民事判决（2015年5月8日）

再审审查：河南省焦作市中级人民法院（2016）豫08民申72号民事裁定（2016年5月20日）

再审判决：河南省焦作市中级人民法院（2016）豫08民再17号民事判决（2016年7月21日）

第五部分　法答网精选答问

能否依据交通事故责任认定中的“全责”或“主责”认定“好意同乘”规定中的“重大过失”？

答疑意见：《民法典》第一千二百一十七条规定的“好意同乘”中驾驶人重大过失一般指严重违反最基本的注意义务，例如驾驶人存在酒后驾驶、无证驾驶、行驶中闯红灯等明显违法行为情形。交通事故责任认定书中对驾驶人作出的全责或主责认定，只能作为评判的考量因素，不能仅凭此当然认定驾驶人存在重大过失。例如，驾驶人仅因通常认为的一般过失造成交通事故，但如果对方完全没有过错或者造成的是单方事故，在交通事故责任认定上仍会被评判为“全责”；反之，如果一方驾驶人存在无证驾驶等重大过失，但对方驾驶人同时存在醉酒驾驶等更为严重且直接导致事故的违法行为，在事故责任认定上可能会评判对方驾驶人为主责，无证驾驶一方因此仅被评判为次责，但在侵权责任过错评价上，可以评判双方都存在重大过失。因此，不能单纯以交通事故认定书上的事故责任认定判断行为人是否构成重大过失，而应当根据驾驶人的客观行为表现及主观心理状态等全案事实作出综合判断。

咨询人：山东省威海市中级人民法院　宋　杨

答疑专家：山东省高级人民法院审判监督二庭　孔祥雨

——法答网精选答问（第五批）

第六部分　相关规定

中华人民共和国民法典（节录）

（2020年5月28日第十三届全国人民代表大会第三次会议通过
2020年5月28日中华人民共和国主席令第四十五号公布
自2021年1月1日起施行）

第七编　侵权责任

第五章　机动车交通事故责任

第一千二百零八条　【机动车交通事故责任的法律适用】机动车发生交通事故造成损害的，依照道路交通安全法律和本法的有关规定承担赔偿责任。

第一千二百零九条　【机动车所有人、管理人与使用人不一致时的侵权责任】因租赁、借用等情形机动车所有人、管理人与使用人不是同一人时，发生交通事故造成损害，属于该机动车一方责任的，由机动车使用人承担赔偿责任；机动车所有人、管理人对损害的发生有过错的，承担相应的赔偿责任。

第一千二百一十条　【转让并交付但未办理登记的机动车侵权责任】当事人之间已经以买卖或者其他方式转让并交付机动车但是未办理登记，发生交通事故造成损害，属于该机动车一方责任的，由受让人承担赔偿责任。

第一千二百一十一条　【挂靠机动车侵权责任】以挂靠形式从事道路运输经营活动的机动车，发生交通事故造成损害，属于该机动车一方责任的，由挂靠人和被挂靠人承担连带责任。

第一千二百一十二条　【未经允许驾驶他人机动车侵权责任】未经允许驾驶他人机动车，发生交通事故造成损害，属于该机动车一方责任的，由机动车使用人承担赔偿责任；机动车所有人、管理人对损害的发生有过错的，承担相应的赔偿责任，但是本章另有规定的除外。

第一千二百一十三条　【交通事故责任承担主体赔偿顺序】机动车发生交通事故造成损害，属于该机动车一方责任的，先由承保机动车强制保险的保险人在强制保险责任限额范围内予以赔偿；不足部分，由承保机动车商业保险的保险人按照保险合同的约定予以赔偿；仍然不足或者没有投保机动车商业保险的，由侵权人赔偿。

第一千二百一十四条　【拼装车或报废车侵权责任】以买卖或者其他方式转让拼装或者已经达到报废标准的机动车，发生交通事故造成损害的，由转让人和受让人承担连带责任。

第一千二百一十五条　【盗窃、抢劫或抢夺机动车侵权责任】盗窃、抢劫或者抢夺的机动车发生交通事故造成损害的，由盗窃人、抢劫人或者抢夺人承担赔偿责任。盗窃人、抢劫人或者抢夺人与机动车使用人不是同一人，发生交通事故造成损害，属于该机动车一方责任的，由盗窃人、抢劫人或者抢夺人与机动车使用人承担连带责任。

保险人在机动车强制保险责任限额范围内垫付抢救费用的，有权向交通事故责任人追偿。

第一千二百一十六条　【肇事后逃逸责任及受害人救济】机动车驾驶人发生交通事故后逃逸，该机动车参加强制保险的，由保险人在机动车强制保险责任限额范围内予以赔偿；机动车不明、该机动车未参加强制保险或者抢救费用超过机动车强制保险责任限额，需要支付被侵权人人身伤亡的抢救、丧葬等费用的，由道路交通事故社会救助基金垫付。道路交通事故社会救助基金垫付后，其管理机构有权向交通事故责任人追偿。

第一千二百一十七条　【好意同乘的责任承担】非营运机动车发生交通事故造成无偿搭乘人损害，属于该机动车一方责任的，应当减轻其赔偿责任，但是机动车使用人有故意或者重大过失的除外。

中华人民共和国道路交通安全法

（2003年10月28日第十届全国人民代表大会常务委员会第五次会议通过
根据2007年12月29日第十届全国人民代表大会常务委员会第三十一次会议
《关于修改〈中华人民共和国道路交通安全法〉的决定》第一次修正
根据2011年4月22日第十一届全国人民代表大会常务委员会第二十次会议
《关于修改〈中华人民共和国道路交通安全法〉的决定》第二次修正
根据2021年4月29日第十三届全国人民代表大会常务委员会第二十八次
会议《关于修改〈中华人民共和国道路交通安全法〉
等八部法律的决定》第三次修正）

目　录

第一章　总　则

第一条　为了维护道路交通秩序，预防和减少交通事故，保护人身安全，保护公民、法人和其他组织的财产安全及其他合法权益，提高通行效率，制定本法。

第二条　中华人民共和国境内的车辆驾驶人、行人、乘车人以及与道路交通活动有关的单位和个人，都应当遵守本法。

第三条　道路交通安全工作，应当遵循依法管理、方便群众的原则，保障道路交通有序、安全、畅通。

第四条　各级人民政府应当保障道路交通安全管理工作与经济建设和社会发展相适应。

县级以上地方各级人民政府应当适应道路交通发展的需要，依据道路交通安全法律、法规和国家有关政策，制定道路交通安全管理规划，并组织实施。

第五条　国务院公安部门负责全国道路交通安全管理工作。县级以上地方各级人民政府公安机关交通管理部门负责本行政区域内的道路交通安全管理工作。

县级以上各级人民政府交通、建设管理部门依据各自职责，负责有关的道路交通工作。

第六条　各级人民政府应当经常进行道路交通安全教育，提高公民的道路交通安全意识。

公安机关交通管理部门及其交通警察执行职务时，应当加强道路交通安全法律、法规的宣传，并模范遵守道路交通安全法律、法规。

机关、部队、企业事业单位、社会团体以及其他组织，应当对本单位的人员进行道路交通安全教育。

教育行政部门、学校应当将道路交通安全教育纳入法制教育的内容。

新闻、出版、广播、电视等有关单位，有进行道路交通安全教育的义务。

第七条　对道路交通安全管理工作，应当加强科学研究，推广、使用先进的管理方法、技术、设备。

第二章　车辆和驾驶人

第一节　机动车、非机动车

第八条　国家对机动车实行登记制度。机动车经公安机关交通管理部门登记后，方可上道路行驶。尚未登记的机动车，需要临时上道路行驶的，应当取得临时通行牌证。

第九条　申请机动车登记，应当提交以下证明、凭证：

（一）机动车所有人的身份证明；

（二）机动车来历证明；

（三）机动车整车出厂合格证明或者进口机动车进口凭证；

（四）车辆购置税的完税证明或者免税凭证；

（五）法律、行政法规规定应当在机动车登记时提交的其他证明、凭证。

公安机关交通管理部门应当自受理申请之日起五个工作日内完成机动车登记审查工作，对符合前款规定条件的，应当发放机动车登记证书、号牌和行驶证；对不符合前款规定条件的，应当向申请人说明不予登记的理由。

公安机关交通管理部门以外的任何单位或者个人不得发放机动车号牌或者要求机动车悬挂其他号牌，本法另有规定的除外。

机动车登记证书、号牌、行驶证的式样由国务院公安部门规定并监制。

第十条　准予登记的机动车应当符合机动车国家安全技术标准。申请机动车登记时，应当接受对该机动车的安全技术检验。但是，经国家机动车产品主管部门依据机动车国家安全技术标准认定的企业生产的机动车型，该车型的新车在出厂时经检验符合机动车国家安全技术标准，获得检验合格证的，免予安全技术检验。

第十一条　驾驶机动车上道路行驶，应当悬挂机动车号牌，放置检验合格标志、保险标志，并随车携带机动车行驶证。

机动车号牌应当按照规定悬挂并保持清晰、完整，不得故意遮挡、污损。

任何单位和个人不得收缴、扣留机动车号牌。

第十二条　有下列情形之一的，应当办理相应的登记：

（一）机动车所有权发生转移的；

（二）机动车登记内容变更的；

（三）机动车用作抵押的；

（四）机动车报废的。

第十三条　对登记后上道路行驶的机动车，应当依照法律、行政法规的规定，根据车辆用途、载客载货数量、使用年限等不同情况，定期进行安全技术检验。对提供机动车行驶证和机动车第三者责任强制保险单的，机动车安全技术检验机构应当予以检验，任何单位不得附加其他条件。对符合机动车国家安全技术标准的，公安机关交通管理部门应当发给检验合格标志。

对机动车的安全技术检验实行社会化。具体办法由国务院规定。

机动车安全技术检验实行社会化的地方，任何单位不得要求机动车到指定的场所进行检验。

公安机关交通管理部门、机动车安全技术检验机构不得要求机动车到指定的场所进行维修、保养。

机动车安全技术检验机构对机动车检验收取费用，应当严格执行国务院价格主管部门核定的收费标准。

第十四条　国家实行机动车强制报废制度，根据机动车的安全技术状况和不同用途，规定不同的报废标准。

应当报废的机动车必须及时办理注销登记。

达到报废标准的机动车不得上道路行驶。报废的大型客、货车及其他营运车辆应当在公安机关交通管理部门的监督下解体。

第十五条　警车、消防车、救护车、工程救险车应当按照规定喷涂标志图案，安装警报器、标志灯具。其他机动车不得喷涂、安装、使用上述车辆专用的或者与其相类似的标志图案、警报器或者标志灯具。

警车、消防车、救护车、工程救险车应当严格按照规定的用途和条件使用。

公路监督检查的专用车辆，应当依照公路法的规定，设置统一的标志和示警灯。

第十六条　任何单位或者个人不得有下列行为：

（一）拼装机动车或者擅自改变机动车已登记的结构、构造或者特征；

（二）改变机动车型号、发动机号、车架号或者车辆识别代号；

（三）伪造、变造或者使用伪造、变造的机动车登记证书、号牌、行驶证、检验合格标志、保险标志；

（四）使用其他机动车的登记证书、号牌、行驶证、检验合格标志、保险标志。

第十七条 国家实行机动车第三者责任强制保险制度，设立道路交通事故社会救助基金。具体办法由国务院规定。

第十八条 依法应当登记的非机动车，经公安机关交通管理部门登记后，方可上道路行驶。

依法应当登记的非机动车的种类，由省、自治区、直辖市人民政府根据当地实际情况规定。

非机动车的外形尺寸、质量、制动器、车铃和夜间反光装置，应当符合非机动车安全技术标准。

第二节 机动车驾驶人

第十九条 驾驶机动车，应当依法取得机动车驾驶证。

申请机动车驾驶证，应当符合国务院公安部门规定的驾驶许可条件；经考试合格后，由公安机关交通管理部门发给相应类别的机动车驾驶证。

持有境外机动车驾驶证的人，符合国务院公安部门规定的驾驶许可条件，经公安机关交通管理部门考核合格的，可以发给中国的机动车驾驶证。

驾驶人应当按照驾驶证载明的准驾车型驾驶机动车；驾驶机动车时，应当随身携带机动车驾驶证。

公安机关交通管理部门以外的任何单位或者个人，不得收缴、扣留机动车驾驶证。

第二十条 机动车的驾驶培训实行社会化，由交通运输主管部门对驾驶培训学校、驾驶培训班实行备案管理，并对驾驶培训活动加强监督，其中专门的拖拉机驾驶培训学校、驾驶培训班由农业（农业机械）主管部门实行监督管理。

驾驶培训学校、驾驶培训班应当严格按照国家有关规定，对学员进行道路交通安全法律、法规、驾驶技能的培训，确保培训质量。

任何国家机关以及驾驶培训和考试主管部门不得举办或者参与举办驾驶

培训学校、驾驶培训班。

第二十一条　驾驶人驾驶机动车上道路行驶前，应当对机动车的安全技术性能进行认真检查；不得驾驶安全设施不全或者机件不符合技术标准等具有安全隐患的机动车。

第二十二条　机动车驾驶人应当遵守道路交通安全法律、法规的规定，按照操作规范安全驾驶、文明驾驶。

饮酒、服用国家管制的精神药品或者麻醉药品，或者患有妨碍安全驾驶机动车的疾病，或者过度疲劳影响安全驾驶的，不得驾驶机动车。

任何人不得强迫、指使、纵容驾驶人违反道路交通安全法律、法规和机动车安全驾驶要求驾驶机动车。

第二十三条　公安机关交通管理部门依照法律、行政法规的规定，定期对机动车驾驶证实施审验。

第二十四条　公安机关交通管理部门对机动车驾驶人违反道路交通安全法律、法规的行为，除依法给予行政处罚外，实行累积记分制度。公安机关交通管理部门对累积记分达到规定分值的机动车驾驶人，扣留机动车驾驶证，对其进行道路交通安全法律、法规教育，重新考试；考试合格的，发还其机动车驾驶证。

对遵守道路交通安全法律、法规，在一年内无累积记分的机动车驾驶人，可以延长机动车驾驶证的审验期。具体办法由国务院公安部门规定。

第三章　道路通行条件

第二十五条　全国实行统一的道路交通信号。

交通信号包括交通信号灯、交通标志、交通标线和交通警察的指挥。

交通信号灯、交通标志、交通标线的设置应当符合道路交通安全、畅通的要求和国家标准，并保持清晰、醒目、准确、完好。

根据通行需要，应当及时增设、调换、更新道路交通信号。增设、调换、更新限制性的道路交通信号，应当提前向社会公告，广泛进行宣传。

第二十六条　交通信号灯由红灯、绿灯、黄灯组成。红灯表示禁止通行，绿灯表示准许通行，黄灯表示警示。

第二十七条　铁路与道路平面交叉的道口，应当设置警示灯、警示标志或者安全防护设施。无人看守的铁路道口，应当在距道口一定距离处设置警示标志。

第二十八条 任何单位和个人不得擅自设置、移动、占用、损毁交通信号灯、交通标志、交通标线。

道路两侧及隔离带上种植的树木或者其他植物，设置的广告牌、管线等，应当与交通设施保持必要的距离，不得遮挡路灯、交通信号灯、交通标志，不得妨碍安全视距，不得影响通行。

第二十九条 道路、停车场和道路配套设施的规划、设计、建设，应当符合道路交通安全、畅通的要求，并根据交通需求及时调整。

公安机关交通管理部门发现已经投入使用的道路存在交通事故频发路段，或者停车场、道路配套设施存在交通安全严重隐患的，应当及时向当地人民政府报告，并提出防范交通事故、消除隐患的建议，当地人民政府应当及时作出处理决定。

第三十条 道路出现坍塌、坑漕、水毁、隆起等损毁或者交通信号灯、交通标志、交通标线等交通设施损毁、灭失的，道路、交通设施的养护部门或者管理部门应当设置警示标志并及时修复。

公安机关交通管理部门发现前款情形，危及交通安全，尚未设置警示标志的，应当及时采取安全措施，疏导交通，并通知道路、交通设施的养护部门或者管理部门。

第三十一条 未经许可，任何单位和个人不得占用道路从事非交通活动。

第三十二条 因工程建设需要占用、挖掘道路，或者跨越、穿越道路架设、增设管线设施，应当事先征得道路主管部门的同意；影响交通安全的，还应当征得公安机关交通管理部门的同意。

施工作业单位应当在经批准的路段和时间内施工作业，并在距离施工作业地点来车方向安全距离处设置明显的安全警示标志，采取防护措施；施工作业完毕，应当迅速清除道路上的障碍物，消除安全隐患，经道路主管部门和公安机关交通管理部门验收合格，符合通行要求后，方可恢复通行。

对未中断交通的施工作业道路，公安机关交通管理部门应当加强交通安全监督检查，维护道路交通秩序。

第三十三条 新建、改建、扩建的公共建筑、商业街区、居住区、大

（中）型建筑等，应当配建、增建停车场；停车泊位不足的，应当及时改建或者扩建；投入使用的停车场不得擅自停止使用或者改作他用。

在城市道路范围内，在不影响行人、车辆通行的情况下，政府有关部门可以施划停车泊位。

第三十四条　学校、幼儿园、医院、养老院门前的道路没有行人过街设施的，应当施划人行横道线，设置提示标志。

城市主要道路的人行道，应当按照规划设置盲道。盲道的设置应当符合国家标准。

第四章　道路通行规定

第一节　一般规定

第三十五条　机动车、非机动车实行右侧通行。

第三十六条　根据道路条件和通行需要，道路划分为机动车道、非机动车道和人行道的，机动车、非机动车、行人实行分道通行。没有划分机动车道、非机动车道和人行道的，机动车在道路中间通行，非机动车和行人在道路两侧通行。

第三十七条　道路划设专用车道的，在专用车道内，只准许规定的车辆通行，其他车辆不得进入专用车道内行驶。

第三十八条　车辆、行人应当按照交通信号通行；遇有交通警察现场指挥时，应当按照交通警察的指挥通行；在没有交通信号的道路上，应当在确保安全、畅通的原则下通行。

第三十九条　公安机关交通管理部门根据道路和交通流量的具体情况，可以对机动车、非机动车、行人采取疏导、限制通行、禁止通行等措施。遇有大型群众性活动、大范围施工等情况，需要采取限制交通的措施，或者作出与公众的道路交通活动直接有关的决定，应当提前向社会公告。

第四十条　遇有自然灾害、恶劣气象条件或者重大交通事故等严重影响交通安全的情形，采取其他措施难以保证交通安全时，公安机关交通管理部门可以实行交通管制。

第四十一条　有关道路通行的其他具体规定，由国务院规定。

第二节　机动车通行规定

第四十二条　机动车上道路行驶，不得超过限速标志标明的最高时速。在没有限速标志的路段，应当保持安全车速。

夜间行驶或者在容易发生危险的路段行驶，以及遇有沙尘、冰雹、雨、雪、雾、结冰等气象条件时，应当降低行驶速度。

第四十三条　同车道行驶的机动车，后车应当与前车保持足以采取紧急制动措施的安全距离。有下列情形之一的，不得超车：

（一）前车正在左转弯、掉头、超车的；

（二）与对面来车有会车可能的；

（三）前车为执行紧急任务的警车、消防车、救护车、工程救险车的；

（四）行经铁路道口、交叉路口、窄桥、弯道、陡坡、隧道、人行横道、市区交通流量大的路段等没有超车条件的。

第四十四条　机动车通过交叉路口，应当按照交通信号灯、交通标志、交通标线或者交通警察的指挥通过；通过没有交通信号灯、交通标志、交通标线或者交通警察指挥的交叉路口时，应当减速慢行，并让行人和优先通行的车辆先行。

第四十五条　机动车遇有前方车辆停车排队等候或者缓慢行驶时，不得借道超车或者占用对面车道，不得穿插等候的车辆。

在车道减少的路段、路口，或者在没有交通信号灯、交通标志、交通标线或者交通警察指挥的交叉路口遇到停车排队等候或者缓慢行驶时，机动车应当依次交替通行。

第四十六条　机动车通过铁路道口时，应当按照交通信号或者管理人员的指挥通行；没有交通信号或者管理人员的，应当减速或者停车，在确认安全后通过。

第四十七条　机动车行经人行横道时，应当减速行驶；遇行人正在通过人行横道，应当停车让行。

机动车行经没有交通信号的道路时，遇行人横过道路，应当避让。

第四十八条　机动车载物应当符合核定的载质量，严禁超载；载物的长、宽、高不得违反装载要求，不得遗洒、飘散载运物。

机动车运载超限的不可解体的物品，影响交通安全的，应当按照公安机关交通管理部门指定的时间、路线、速度行驶，悬挂明显标志。在公路上运载超限的不可解体的物品，并应当依照公路法的规定执行。

机动车载运爆炸物品、易燃易爆化学物品以及剧毒、放射性等危险物品，应当经公安机关批准后，按指定的时间、路线、速度行驶，悬挂警示标志并采取必要的安全措施。

第四十九条　机动车载人不得超过核定的人数，客运机动车不得违反规定载货。

第五十条　禁止货运机动车载客。

货运机动车需要附载作业人员的，应当设置保护作业人员的安全措施。

第五十一条　机动车行驶时，驾驶人、乘坐人员应当按规定使用安全带，摩托车驾驶人及乘坐人员应当按规定戴安全头盔。

第五十二条　机动车在道路上发生故障，需要停车排除故障时，驾驶人应当立即开启危险报警闪光灯，将机动车移至不妨碍交通的地方停放；难以移动的，应当持续开启危险报警闪光灯，并在来车方向设置警告标志等措施扩大示警距离，必要时迅速报警。

第五十三条　警车、消防车、救护车、工程救险车执行紧急任务时，可以使用警报器、标志灯具；在确保安全的前提下，不受行驶路线、行驶方向、行驶速度和信号灯的限制，其他车辆和行人应当让行。

警车、消防车、救护车、工程救险车非执行紧急任务时，不得使用警报器、标志灯具，不享有前款规定的道路优先通行权。

第五十四条　道路养护车辆、工程作业车进行作业时，在不影响过往车辆通行的前提下，其行驶路线和方向不受交通标志、标线限制，过往车辆和人员应当注意避让。

洒水车、清扫车等机动车应当按照安全作业标准作业；在不影响其他车辆通行的情况下，可以不受车辆分道行驶的限制，但是不得逆向行驶。

第五十五条　高速公路、大中城市中心城区内的道路，禁止拖拉机通行。其他禁止拖拉机通行的道路，由省、自治区、直辖市人民政府根据当地实际情况规定。

在允许拖拉机通行的道路上，拖拉机可以从事货运，但是不得用于载人。

第五十六条 机动车应当在规定地点停放。禁止在人行道上停放机动车；但是，依照本法第三十三条规定施划的停车泊位除外。

在道路上临时停车的，不得妨碍其他车辆和行人通行。

第三节 非机动车通行规定

第五十七条 驾驶非机动车在道路上行驶应当遵守有关交通安全的规定。非机动车应当在非机动车道内行驶；在没有非机动车道的道路上，应当靠车行道的右侧行驶。

第五十八条 残疾人机动轮椅车、电动自行车在非机动车道内行驶时，最高时速不得超过十五公里。

第五十九条 非机动车应当在规定地点停放。未设停放地点的，非机动车停放不得妨碍其他车辆和行人通行。

第六十条 驾驭畜力车，应当使用驯服的牲畜；驾驭畜力车横过道路时，驾驭人应当下车牵引牲畜；驾驭人离开车辆时，应当拴系牲畜。

第四节 行人和乘车人通行规定

第六十一条 行人应当在人行道内行走，没有人行道的靠路边行走。

第六十二条 行人通过路口或者横过道路，应当走人行横道或者过街设施；通过有交通信号灯的人行横道，应当按照交通信号灯指示通行；通过没有交通信号灯、人行横道的路口，或者在没有过街设施的路段横过道路，应当在确认安全后通过。

第六十三条 行人不得跨越、倚坐道路隔离设施，不得扒车、强行拦车或者实施妨碍道路交通安全的其他行为。

第六十四条 学龄前儿童以及不能辨认或者不能控制自己行为的精神疾病患者、智力障碍者在道路上通行，应当由其监护人、监护人委托的人或者对其负有管理、保护职责的人带领。

盲人在道路上通行，应当使用盲杖或者采取其他导盲手段，车辆应当避让盲人。

第六十五条 行人通过铁路道口时，应当按照交通信号或者管理人员的指挥通行；没有交通信号和管理人员的，应当在确认无火车驶临后，迅速通过。

第六十六条 乘车人不得携带易燃易爆等危险物品，不得向车外抛洒物品，不得有影响驾驶人安全驾驶的行为。

第五节 高速公路的特别规定

第六十七条 行人、非机动车、拖拉机、轮式专用机械车、铰接式客车、全挂拖斗车以及其他设计最高时速低于七十公里的机动车，不得进入高速公路。高速公路限速标志标明的最高时速不得超过一百二十公里。

第六十八条 机动车在高速公路上发生故障时，应当依照本法第五十二条的有关规定办理；但是，警告标志应当设置在故障车来车方向一百五十米以外，车上人员应当迅速转移到右侧路肩上或者应急车道内，并且迅速报警。

机动车在高速公路上发生故障或者交通事故，无法正常行驶的，应当由救援车、清障车拖曳、牵引。

第六十九条 任何单位、个人不得在高速公路上拦截检查行驶的车辆，公安机关的人民警察依法执行紧急公务除外。

第五章 交通事故处理

第七十条 在道路上发生交通事故，车辆驾驶人应当立即停车，保护现场；造成人身伤亡的，车辆驾驶人应当立即抢救受伤人员，并迅速报告执勤的交通警察或者公安机关交通管理部门。因抢救受伤人员变动现场的，应当标明位置。乘车人、过往车辆驾驶人、过往行人应当予以协助。

在道路上发生交通事故，未造成人身伤亡，当事人对事实及成因无争议的，可以即行撤离现场，恢复交通，自行协商处理损害赔偿事宜；不即行撤离现场的，应当迅速报告执勤的交通警察或者公安机关交通管理部门。

在道路上发生交通事故，仅造成轻微财产损失，并且基本事实清楚的，当事人应当先撤离现场再进行协商处理。

第七十一条 车辆发生交通事故后逃逸的，事故现场目击人员和其他知情人员应当向公安机关交通管理部门或者交通警察举报。举报属实的，公安机关交通管理部门应当给予奖励。

第七十二条 公安机关交通管理部门接到交通事故报警后，应当立即派交通警察赶赴现场，先组织抢救受伤人员，并采取措施，尽快恢复交通。

交通警察应当对交通事故现场进行勘验、检查，收集证据；因收集证据的需要，可以扣留事故车辆，但是应当妥善保管，以备核查。

对当事人的生理、精神状况等专业性较强的检验，公安机关交通管理部门应当委托专门机构进行鉴定。鉴定结论应当由鉴定人签名。

第七十三条 公安机关交通管理部门应当根据交通事故现场勘验、检查、调查情况和有关的检验、鉴定结论，及时制作交通事故认定书，作为处理交通事故的证据。交通事故认定书应当载明交通事故的基本事实、成因和当事人的责任，并送达当事人。

第七十四条 对交通事故损害赔偿的争议，当事人可以请求公安机关交通管理部门调解，也可以直接向人民法院提起民事诉讼。

经公安机关交通管理部门调解，当事人未达成协议或者调解书生效后不履行的，当事人可以向人民法院提起民事诉讼。

第七十五条 医疗机构对交通事故中的受伤人员应当及时抢救，不得因抢救费用未及时支付而拖延救治。肇事车辆参加机动车第三者责任强制保险的，由保险公司在责任限额范围内支付抢救费用；抢救费用超过责任限额的，未参加机动车第三者责任强制保险或者肇事后逃逸的，由道路交通事故社会救助基金先行垫付部分或者全部抢救费用，道路交通事故社会救助基金管理机构有权向交通事故责任人追偿。

第七十六条 机动车发生交通事故造成人身伤亡、财产损失的，由保险公司在机动车第三者责任强制保险责任限额范围内予以赔偿；不足的部分，按照下列规定承担赔偿责任：

（一）机动车之间发生交通事故的，由有过错的一方承担赔偿责任；双方都有过错的，按照各自过错的比例分担责任。

（二）机动车与非机动车驾驶人、行人之间发生交通事故，非机动车驾驶人、行人没有过错的，由机动车一方承担赔偿责任；有证据证明非机动车驾驶人、行人有过错的，根据过错程度适当减轻机动车一方的赔偿责任；机动车一方没有过错的，承担不超过百分之十的赔偿责任。

交通事故的损失是由非机动车驾驶人、行人故意碰撞机动车造成的，机动车一方不承担赔偿责任。

第七十七条　车辆在道路以外通行时发生的事故，公安机关交通管理部门接到报案的，参照本法有关规定办理。

第六章　执法监督

第七十八条　公安机关交通管理部门应当加强对交通警察的管理，提高交通警察的素质和管理道路交通的水平。

公安机关交通管理部门应当对交通警察进行法制和交通安全管理业务培训、考核。交通警察经考核不合格的，不得上岗执行职务。

第七十九条　公安机关交通管理部门及其交通警察实施道路交通安全管理，应当依据法定的职权和程序，简化办事手续，做到公正、严格、文明、高效。

第八十条　交通警察执行职务时，应当按照规定着装，佩带人民警察标志，持有人民警察证件，保持警容严整，举止端庄，指挥规范。

第八十一条　依照本法发放牌证等收取工本费，应当严格执行国务院价格主管部门核定的收费标准，并全部上缴国库。

第八十二条　公安机关交通管理部门依法实施罚款的行政处罚，应当依照有关法律、行政法规的规定，实施罚款决定与罚款收缴分离；收缴的罚款以及依法没收的违法所得，应当全部上缴国库。

第八十三条　交通警察调查处理道路交通安全违法行为和交通事故，有下列情形之一的，应当回避：

（一）是本案的当事人或者当事人的近亲属；

（二）本人或者其近亲属与本案有利害关系；

（三）与本案当事人有其他关系，可能影响案件的公正处理。

第八十四条　公安机关交通管理部门及其交通警察的行政执法活动，应当接受行政监察机关依法实施的监督。

公安机关督察部门应当对公安机关交通管理部门及其交通警察执行法律、法规和遵守纪律的情况依法进行监督。

上级公安机关交通管理部门应当对下级公安机关交通管理部门的执法活动进行监督。

第八十五条　公安机关交通管理部门及其交通警察执行职务，应当自觉接受社会和公民的监督。

任何单位和个人都有权对公安机关交通管理部门及其交通警察不严格执法以及违法违纪行为进行检举、控告。收到检举、控告的机关，应当依据职责及时查处。

第八十六条 任何单位不得给公安机关交通管理部门下达或者变相下达罚款指标；公安机关交通管理部门不得以罚款数额作为考核交通警察的标准。

公安机关交通管理部门及其交通警察对超越法律、法规规定的指令，有权拒绝执行，并同时向上级机关报告。

第七章 法律责任

第八十七条 公安机关交通管理部门及其交通警察对道路交通安全违法行为，应当及时纠正。

公安机关交通管理部门及其交通警察应当依据事实和本法的有关规定对道路交通安全违法行为予以处罚。对于情节轻微，未影响道路通行的，指出违法行为，给予口头警告后放行。

第八十八条 对道路交通安全违法行为的处罚种类包括：警告、罚款、暂扣或者吊销机动车驾驶证、拘留。

第八十九条 行人、乘车人、非机动车驾驶人违反道路交通安全法律、法规关于道路通行规定的，处警告或者五元以上五十元以下罚款；非机动车驾驶人拒绝接受罚款处罚的，可以扣留其非机动车。

第九十条 机动车驾驶人违反道路交通安全法律、法规关于道路通行规定的，处警告或者二十元以上二百元以下罚款。本法另有规定的，依照规定处罚。

第九十一条 饮酒后驾驶机动车的，处暂扣六个月机动车驾驶证，并处一千元以上二千元以下罚款。因饮酒后驾驶机动车被处罚，再次饮酒后驾驶机动车的，处十日以下拘留，并处一千元以上二千元以下罚款，吊销机动车驾驶证。

醉酒驾驶机动车的，由公安机关交通管理部门约束至酒醒，吊销机动车驾驶证，依法追究刑事责任；五年内不得重新取得机动车驾驶证。

饮酒后驾驶营运机动车的，处十五日拘留，并处五千元罚款，吊销机动车驾驶证，五年内不得重新取得机动车驾驶证。

醉酒驾驶营运机动车的，由公安机关交通管理部门约束至酒醒，吊销机动车驾驶证，依法追究刑事责任；十年内不得重新取得机动车驾驶证，重新取得机动车驾驶证后，不得驾驶营运机动车。

饮酒后或者醉酒驾驶机动车发生重大交通事故，构成犯罪的，依法追究刑事责任，并由公安机关交通管理部门吊销机动车驾驶证，终生不得重新取得机动车驾驶证。

第九十二条 公路客运车辆载客超过额定乘员的，处二百元以上五百元以下罚款；超过额定乘员百分之二十或者违反规定载货的，处五百元以上二千元以下罚款。

货运机动车超过核定载质量的，处二百元以上五百元以下罚款；超过核定载质量百分之三十或者违反规定载客的，处五百元以上二千元以下罚款。

有前两款行为的，由公安机关交通管理部门扣留机动车至违法状态消除。

运输单位的车辆有本条第一款、第二款规定的情形，经处罚不改的，对直接负责的主管人员处二千元以上五千元以下罚款。

第九十三条 对违反道路交通安全法律、法规关于机动车停放、临时停车规定的，可以指出违法行为，并予以口头警告，令其立即驶离。

机动车驾驶人不在现场或者虽在现场但拒绝立即驶离，妨碍其他车辆、行人通行的，处二十元以上二百元以下罚款，并可以将该机动车拖移至不妨碍交通的地点或者公安机关交通管理部门指定的地点停放。公安机关交通管理部门拖车不得向当事人收取费用，并应当及时告知当事人停放地点。

因采取不正确的方法拖车造成机动车损坏的，应当依法承担补偿责任。

第九十四条 机动车安全技术检验机构实施机动车安全技术检验超过国务院价格主管部门核定的收费标准收取费用的，退还多收取的费用，并由价格主管部门依照《中华人民共和国价格法》的有关规定给予处罚。

机动车安全技术检验机构不按照机动车国家安全技术标准进行检验，出具虚假检验结果的，由公安机关交通管理部门处所收检验费用五倍以上十倍以下罚款，并依法撤销其检验资格；构成犯罪的，依法追究刑事责任。

第九十五条 上道路行驶的机动车未悬挂机动车号牌，未放置检验合格标志、保险标志，或者未随车携带行驶证、驾驶证的，公安机关交通管理部门应当扣留机动车，通知当事人提供相应的牌证、标志或者补办相应手续，并可以依照本法第九十条的规定予以处罚。当事人提供相应的牌证、标志或者补办相应手续的，应当及时退还机动车。

故意遮挡、污损或者不按规定安装机动车号牌的，依照本法第九十条的规定予以处罚。

第九十六条 伪造、变造或者使用伪造、变造的机动车登记证书、号牌、行驶证、驾驶证的，由公安机关交通管理部门予以收缴，扣留该机动车，处十五日以下拘留，并处二千元以上五千元以下罚款；构成犯罪的，依法追究刑事责任。

伪造、变造或者使用伪造、变造的检验合格标志、保险标志的，由公安机关交通管理部门予以收缴，扣留该机动车，处十日以下拘留，并处一千元以上三千元以下罚款；构成犯罪的，依法追究刑事责任。

使用其他车辆的机动车登记证书、号牌、行驶证、检验合格标志、保险标志的，由公安机关交通管理部门予以收缴，扣留该机动车，处二千元以上五千元以下罚款。

当事人提供相应的合法证明或者补办相应手续的，应当及时退还机动车。

第九十七条 非法安装警报器、标志灯具的，由公安机关交通管理部门强制拆除，予以收缴，并处二百元以上二千元以下罚款。

第九十八条 机动车所有人、管理人未按照国家规定投保机动车第三者责任强制保险的，由公安机关交通管理部门扣留车辆至依照规定投保后，并处依照规定投保最低责任限额应缴纳的保险费的二倍罚款。

依照前款缴纳的罚款全部纳入道路交通事故社会救助基金。具体办法由国务院规定。

第九十九条 有下列行为之一的，由公安机关交通管理部门处二百元以上二千元以下罚款：

（一）未取得机动车驾驶证、机动车驾驶证被吊销或者机动车驾驶证被暂扣期间驾驶机动车的；

（二）将机动车交由未取得机动车驾驶证或者机动车驾驶证被吊销、暂扣的人驾驶的；

（三）造成交通事故后逃逸，尚不构成犯罪的；

（四）机动车行驶超过规定时速百分之五十的；

（五）强迫机动车驾驶人违反道路交通安全法律、法规和机动车安全驾驶要求驾驶机动车，造成交通事故，尚不构成犯罪的；

（六）违反交通管制的规定强行通行，不听劝阻的；

（七）故意损毁、移动、涂改交通设施，造成危害后果，尚不构成犯罪的；

（八）非法拦截、扣留机动车辆，不听劝阻，造成交通严重阻塞或者较大财产损失的。

行为人有前款第二项、第四项情形之一的，可以并处吊销机动车驾驶证；有第一项、第三项、第五项至第八项情形之一的，可以并处十五日以下拘留。

第一百条　驾驶拼装的机动车或者已达到报废标准的机动车上道路行驶的，公安机关交通管理部门应当予以收缴，强制报废。

对驾驶前款所列机动车上道路行驶的驾驶人，处二百元以上二千元以下罚款，并吊销机动车驾驶证。

出售已达到报废标准的机动车的，没收违法所得，处销售金额等额的罚款，对该机动车依照本条第一款的规定处理。

第一百零一条　违反道路交通安全法律、法规的规定，发生重大交通事故，构成犯罪的，依法追究刑事责任，并由公安机关交通管理部门吊销机动车驾驶证。

造成交通事故后逃逸的，由公安机关交通管理部门吊销机动车驾驶证，且终生不得重新取得机动车驾驶证。

第一百零二条　对六个月内发生二次以上特大交通事故负有主要责任或者全部责任的专业运输单位，由公安机关交通管理部门责令消除安全隐患，未消除安全隐患的机动车，禁止上道路行驶。

第一百零三条　国家机动车产品主管部门未按照机动车国家安全技术标准严格审查，许可不合格机动车型投入生产的，对负有责任的主管人员和其他直接责任人员给予降级或者撤职的行政处分。

机动车生产企业经国家机动车产品主管部门许可生产的机动车型，不执行机动车国家安全技术标准或者不严格进行机动车成品质量检验，致使质量不合格的机动车出厂销售的，由质量技术监督部门依照《中华人民共和国产品质量法》的有关规定给予处罚。

擅自生产、销售未经国家机动车产品主管部门许可生产的机动车型的，没收非法生产、销售的机动车成品及配件，可以并处非法产品价值三倍以上五倍以下罚款；有营业执照的，由工商行政管理部门吊销营业执照，没有营业执照的，予以查封。

生产、销售拼装的机动车或者生产、销售擅自改装的机动车的，依照本条第三款的规定处罚。

有本条第二款、第三款、第四款所列违法行为，生产或者销售不符合机动车国家安全技术标准的机动车，构成犯罪的，依法追究刑事责任。

第一百零四条 未经批准，擅自挖掘道路、占用道路施工或者从事其他影响道路交通安全活动的，由道路主管部门责令停止违法行为，并恢复原状，可以依法给予罚款；致使通行的人员、车辆及其他财产遭受损失的，依法承担赔偿责任。

有前款行为，影响道路交通安全活动的，公安机关交通管理部门可以责令停止违法行为，迅速恢复交通。

第一百零五条 道路施工作业或者道路出现损毁，未及时设置警示标志、未采取防护措施，或者应当设置交通信号灯、交通标志、交通标线而没有设置或者应当及时变更交通信号灯、交通标志、交通标线而没有及时变更，致使通行的人员、车辆及其他财产遭受损失的，负有相关职责的单位应当依法承担赔偿责任。

第一百零六条 在道路两侧及隔离带上种植树木、其他植物或者设置广告牌、管线等，遮挡路灯、交通信号灯、交通标志，妨碍安全视距的，由公安机关交通管理部门责令行为人排除妨碍；拒不执行的，处二百元以上二千元以下罚款，并强制排除妨碍，所需费用由行为人负担。

第一百零七条 对道路交通违法行为人予以警告、二百元以下罚款，交通警察可以当场作出行政处罚决定，并出具行政处罚决定书。

行政处罚决定书应当载明当事人的违法事实、行政处罚的依据、处罚内容、时间、地点以及处罚机关名称，并由执法人员签名或者盖章。

第一百零八条 当事人应当自收到罚款的行政处罚决定书之日起十五日内，到指定的银行缴纳罚款。

对行人、乘车人和非机动车驾驶人的罚款，当事人无异议的，可以当场予以收缴罚款。

罚款应当开具省、自治区、直辖市财政部门统一制发的罚款收据；不出具财政部门统一制发的罚款收据的，当事人有权拒绝缴纳罚款。

第一百零九条　当事人逾期不履行行政处罚决定的，作出行政处罚决定的行政机关可以采取下列措施：

（一）到期不缴纳罚款的，每日按罚款数额的百分之三加处罚款；

（二）申请人民法院强制执行。

第一百一十条　执行职务的交通警察认为应当对道路交通违法行为人给予暂扣或者吊销机动车驾驶证处罚的，可以先予扣留机动车驾驶证，并在二十四小时内将案件移交公安机关交通管理部门处理。

道路交通违法行为人应当在十五日内到公安机关交通管理部门接受处理。无正当理由逾期未接受处理的，吊销机动车驾驶证。

公安机关交通管理部门暂扣或者吊销机动车驾驶证的，应当出具行政处罚决定书。

第一百一十一条　对违反本法规定予以拘留的行政处罚，由县、市公安局、公安分局或者相当于县一级的公安机关裁决。

第一百一十二条　公安机关交通管理部门扣留机动车、非机动车，应当当场出具凭证，并告知当事人在规定期限内到公安机关交通管理部门接受处理。

公安机关交通管理部门对被扣留的车辆应当妥善保管，不得使用。

逾期不来接受处理，并且经公告三个月仍不来接受处理的，对扣留的车辆依法处理。

第一百一十三条　暂扣机动车驾驶证的期限从处罚决定生效之日起计算；处罚决定生效前先予扣留机动车驾驶证的，扣留一日折抵暂扣期限一日。

吊销机动车驾驶证后重新申请领取机动车驾驶证的期限，按照机动车驾驶证管理规定办理。

第一百一十四条　公安机关交通管理部门根据交通技术监控记录资料，可以对违法的机动车所有人或者管理人依法予以处罚。对能够确定驾驶人的，可以依照本法的规定依法予以处罚。

第一百一十五条 交通警察有下列行为之一的，依法给予行政处分：

（一）为不符合法定条件的机动车发放机动车登记证书、号牌、行驶证、检验合格标志的；

（二）批准不符合法定条件的机动车安装、使用警车、消防车、救护车、工程救险车的警报器、标志灯具，喷涂标志图案的；

（三）为不符合驾驶许可条件、未经考试或者考试不合格人员发放机动车驾驶证的；

（四）不执行罚款决定与罚款收缴分离制度或者不按规定将依法收取的费用、收缴的罚款及没收的违法所得全部上缴国库的；

（五）举办或者参与举办驾驶学校或者驾驶培训班、机动车修理厂或者收费停车场等经营活动的；

（六）利用职务上的便利收受他人财物或者谋取其他利益的；

（七）违法扣留车辆、机动车行驶证、驾驶证、车辆号牌的；

（八）使用依法扣留的车辆的；

（九）当场收取罚款不开具罚款收据或者不如实填写罚款额的；

（十）徇私舞弊，不公正处理交通事故的；

（十一）故意刁难，拖延办理机动车牌证的；

（十二）非执行紧急任务时使用警报器、标志灯具的；

（十三）违反规定拦截、检查正常行驶的车辆的；

（十四）非执行紧急公务时拦截搭乘机动车的；

（十五）不履行法定职责的。

公安机关交通管理部门有前款所列行为之一的，对直接负责的主管人员和其他直接责任人员给予相应的行政处分。

第一百一十六条 依照本法第一百一十五条的规定，给予交通警察行政处分的，在作出行政处分决定前，可以停止其执行职务；必要时，可以予以禁闭。

依照本法第一百一十五条的规定，交通警察受到降级或者撤职行政处分的，可以予以辞退。

交通警察受到开除处分或者被辞退的，应当取消警衔；受到撤职以下行政处分的交通警察，应当降低警衔。

第一百一十七条　交通警察利用职权非法占有公共财物，索取、收受贿赂，或者滥用职权、玩忽职守，构成犯罪的，依法追究刑事责任。

第一百一十八条　公安机关交通管理部门及其交通警察有本法第一百一十五条所列行为之一，给当事人造成损失的，应当依法承担赔偿责任。

第八章　附　则

第一百一十九条　本法中下列用语的含义：

（一）“道路”，是指公路、城市道路和虽在单位管辖范围但允许社会机动车通行的地方，包括广场、公共停车场等用于公众通行的场所。

（二）“车辆”，是指机动车和非机动车。

（三）“机动车”，是指以动力装置驱动或者牵引，上道路行驶的供人员乘用或者用于运送物品以及进行工程专项作业的轮式车辆。

（四）“非机动车”，是指以人力或者畜力驱动，上道路行驶的交通工具，以及虽有动力装置驱动但设计最高时速、空车质量、外形尺寸符合有关国家标准的残疾人机动轮椅车、电动自行车等交通工具。

（五）“交通事故”，是指车辆在道路上因过错或者意外造成的人身伤亡或者财产损失的事件。

第一百二十条　中国人民解放军和中国人民武装警察部队在编机动车牌证、在编机动车检验以及机动车驾驶人考核工作，由中国人民解放军、中国人民武装警察部队有关部门负责。

第一百二十一条　对上道路行驶的拖拉机，由农业（农业机械）主管部门行使本法第八条、第九条、第十三条、第十九条、第二十三条规定的公安机关交通管理部门的管理职权。

农业（农业机械）主管部门依照前款规定行使职权，应当遵守本法有关规定，并接受公安机关交通管理部门的监督；对违反规定的，依照本法有关规定追究法律责任。

本法施行前由农业（农业机械）主管部门发放的机动车牌证，在本法施行后继续有效。

第一百二十二条　国家对入境的境外机动车的道路交通安全实施统一管理。

第一百二十三条 省、自治区、直辖市人民代表大会常务委员会可以根据本地区的实际情况，在本法规定的罚款幅度内，规定具体的执行标准。

第一百二十四条 本法自2004年5月1日起施行。

中华人民共和国道路交通安全法实施条例

（2004年4月30日中华人民共和国国务院令第405号公布　根据2017年10月7日《国务院关于修改部分行政法规的决定》修订）

第一章　总　则

第一条 根据《中华人民共和国道路交通安全法》（以下简称道路交通安全法）的规定，制定本条例。

第二条 中华人民共和国境内的车辆驾驶人、行人、乘车人以及与道路交通活动有关的单位和个人，应当遵守道路交通安全法和本条例。

第三条 县级以上地方各级人民政府应当建立、健全道路交通安全工作协调机制，组织有关部门对城市建设项目进行交通影响评价，制定道路交通安全管理规划，确定管理目标，制定实施方案。

第二章　车辆和驾驶人

第一节　机动车

第四条 机动车的登记，分为注册登记、变更登记、转移登记、抵押登记和注销登记。

第五条 初次申领机动车号牌、行驶证的，应当向机动车所有人住所地的公安机关交通管理部门申请注册登记。

申请机动车注册登记，应当交验机动车，并提交以下证明、凭证：

（一）机动车所有人的身份证明；

（二）购车发票等机动车来历证明；

（三）机动车整车出厂合格证明或者进口机动车进口凭证；

（四）车辆购置税完税证明或者免税凭证；

（五）机动车第三者责任强制保险凭证；

（六）法律、行政法规规定应当在机动车注册登记时提交的其他证明、凭证。

不属于国务院机动车产品主管部门规定免予安全技术检验的车型的，还应当提供机动车安全技术检验合格证明。

第六条　已注册登记的机动车有下列情形之一的，机动车所有人应当向登记该机动车的公安机关交通管理部门申请变更登记：

（一）改变机动车车身颜色的；

（二）更换发动机的；

（三）更换车身或者车架的；

（四）因质量有问题，制造厂更换整车的；

（五）营运机动车改为非营运机动车或者非营运机动车改为营运机动车的；

（六）机动车所有人的住所迁出或者迁入公安机关交通管理部门管辖区域的。

申请机动车变更登记，应当提交下列证明、凭证，属于前款第（一）项、第（二）项、第（三）项、第（四）项、第（五）项情形之一的，还应当交验机动车；属于前款第（二）项、第（三）项情形之一的，还应当同时提交机动车安全技术检验合格证明：

（一）机动车所有人的身份证明；

（二）机动车登记证书；

（三）机动车行驶证。

机动车所有人的住所在公安机关交通管理部门管辖区域内迁移、机动车所有人的姓名（单位名称）或者联系方式变更的，应当向登记该机动车的公安机关交通管理部门备案。

第七条　已注册登记的机动车所有权发生转移的，应当及时办理转移登记。

申请机动车转移登记，当事人应当向登记该机动车的公安机关交通管理部门交验机动车，并提交以下证明、凭证：

（一）当事人的身份证明；

（二）机动车所有权转移的证明、凭证；

（三）机动车登记证书；

（四）机动车行驶证。

第八条 机动车所有人将机动车作为抵押物抵押的，机动车所有人应当向登记该机动车的公安机关交通管理部门申请抵押登记。

第九条 已注册登记的机动车达到国家规定的强制报废标准的，公安机关交通管理部门应当在报废期满的2个月前通知机动车所有人办理注销登记。机动车所有人应当在报废期满前将机动车交售给机动车回收企业，由机动车回收企业将报废的机动车登记证书、号牌、行驶证交公安机关交通管理部门注销。机动车所有人逾期不办理注销登记的，公安机关交通管理部门应当公告该机动车登记证书、号牌、行驶证作废。

因机动车灭失申请注销登记的，机动车所有人应当向公安机关交通管理部门提交本人身份证明，交回机动车登记证书。

第十条 办理机动车登记的申请人提交的证明、凭证齐全、有效的，公安机关交通管理部门应当当场办理登记手续。

人民法院、人民检察院以及行政执法部门依法查封、扣押的机动车，公安机关交通管理部门不予办理机动车登记。

第十一条 机动车登记证书、号牌、行驶证丢失或者损毁，机动车所有人申请补发的，应当向公安机关交通管理部门提交本人身份证明和申请材料。公安机关交通管理部门经与机动车登记档案核实后，在收到申请之日起15日内补发。

第十二条 税务部门、保险机构可以在公安机关交通管理部门的办公场所集中办理与机动车有关的税费缴纳、保险合同订立等事项。

第十三条 机动车号牌应当悬挂在车前、车后指定位置，保持清晰、完整。重型、中型载货汽车及其挂车、拖拉机及其挂车的车身或者车厢后部应当喷涂放大的牌号，字样应当端正并保持清晰。

机动车检验合格标志、保险标志应当粘贴在机动车前窗右上角。

机动车喷涂、粘贴标识或者车身广告的，不得影响安全驾驶。

第十四条　用于公路营运的载客汽车、重型载货汽车、半挂牵引车应当安装、使用符合国家标准的行驶记录仪。交通警察可以对机动车行驶速度、连续驾驶时间以及其他行驶状态信息进行检查。安装行驶记录仪可以分步实施，实施步骤由国务院机动车产品主管部门会同有关部门规定。

第十五条　机动车安全技术检验由机动车安全技术检验机构实施。机动车安全技术检验机构应当按照国家机动车安全技术检验标准对机动车进行检验，对检验结果承担法律责任。

质量技术监督部门负责对机动车安全技术检验机构实行计量认证管理，对机动车安全技术检验设备进行检定，对执行国家机动车安全技术检验标准的情况进行监督。

机动车安全技术检验项目由国务院公安部门会同国务院质量技术监督部门规定。

第十六条　机动车应当从注册登记之日起，按照下列期限进行安全技术检验：

（一）营运载客汽车 5 年以内每年检验 1 次；超过 5 年的，每 6 个月检验 1 次；

（二）载货汽车和大型、中型非营运载客汽车 10 年以内每年检验 1 次；超过 10 年的，每 6 个月检验 1 次；

（三）小型、微型非营运载客汽车 6 年以内每 2 年检验 1 次；超过 6 年的，每年检验 1 次；超过 15 年的，每 6 个月检验 1 次；

（四）摩托车 4 年以内每 2 年检验 1 次；超过 4 年的，每年检验 1 次；

（五）拖拉机和其他机动车每年检验 1 次。

营运机动车在规定检验期限内经安全技术检验合格的，不再重复进行安全技术检验。

第十七条　已注册登记的机动车进行安全技术检验时，机动车行驶证记载的登记内容与该机动车的有关情况不符，或者未按照规定提供机动车第三者责任强制保险凭证的，不予通过检验。

第十八条　警车、消防车、救护车、工程救险车标志图案的喷涂以及警报器、标志灯具的安装、使用规定，由国务院公安部门制定。

第二节　机动车驾驶人

第十九条　符合国务院公安部门规定的驾驶许可条件的人，可以向公安机关交通管理部门申请机动车驾驶证。

机动车驾驶证由国务院公安部门规定式样并监制。

第二十条　学习机动车驾驶，应当先学习道路交通安全法律、法规和相关知识，考试合格后，再学习机动车驾驶技能。

在道路上学习驾驶，应当按照公安机关交通管理部门指定的路线、时间进行。在道路上学习机动车驾驶技能应当使用教练车，在教练员随车指导下进行，与教学无关的人员不得乘坐教练车。学员在学习驾驶中有道路交通安全违法行为或者造成交通事故的，由教练员承担责任。

第二十一条　公安机关交通管理部门应当对申请机动车驾驶证的人进行考试，对考试合格的，在5日内核发机动车驾驶证；对考试不合格的，书面说明理由。

第二十二条　机动车驾驶证的有效期为6年，本条例另有规定的除外。

机动车驾驶人初次申领机动车驾驶证后的12个月为实习期。在实习期内驾驶机动车的，应当在车身后部粘贴或者悬挂统一式样的实习标志。

机动车驾驶人在实习期内不得驾驶公共汽车、营运客车或者执行任务的警车、消防车、救护车、工程救险车以及载有爆炸物品、易燃易爆化学物品、剧毒或者放射性等危险物品的机动车；驾驶的机动车不得牵引挂车。

第二十三条　公安机关交通管理部门对机动车驾驶人的道路交通安全违法行为除给予行政处罚外，实行道路交通安全违法行为累积记分（以下简称记分）制度，记分周期为12个月。对在一个记分周期内记分达到12分的，由公安机关交通管理部门扣留其机动车驾驶证，该机动车驾驶人应当按照规定参加道路交通安全法律、法规的学习并接受考试。考试合格的，记分予以清除，发还机动车驾驶证；考试不合格的，继续参加学习和考试。

应当给予记分的道路交通安全违法行为及其分值，由国务院公安部门根据道路交通安全违法行为的危害程度规定。

公安机关交通管理部门应当提供记分查询方式供机动车驾驶人查询。

第二十四条　机动车驾驶人在一个记分周期内记分未达到12分，所处罚款已经缴纳的，记分予以清除；记分虽未达到 12 分，但尚有罚款未缴纳的，记分转入下一记分周期。

机动车驾驶人在一个记分周期内记分 2 次以上达到 12 分的，除按照第二十三条的规定扣留机动车驾驶证、参加学习、接受考试外，还应当接受驾驶技能考试。考试合格的，记分予以清除，发还机动车驾驶证；考试不合格的，继续参加学习和考试。

接受驾驶技能考试的，按照本人机动车驾驶证载明的最高准驾车型考试。

第二十五条　机动车驾驶人记分达到 12 分，拒不参加公安机关交通管理部门通知的学习，也不接受考试的，由公安机关交通管理部门公告其机动车驾驶证停止使用。

第二十六条　机动车驾驶人在机动车驾驶证的 6 年有效期内，每个记分周期均未达到 12 分的，换发 10 年有效期的机动车驾驶证；在机动车驾驶证的 10 年有效期内，每个记分周期均未达到 12 分的，换发长期有效的机动车驾驶证。

换发机动车驾驶证时，公安机关交通管理部门应当对机动车驾驶证进行审验。

第二十七条　机动车驾驶证丢失、损毁，机动车驾驶人申请补发的，应当向公安机关交通管理部门提交本人身份证明和申请材料。公安机关交通管理部门经与机动车驾驶证档案核实后，在收到申请之日起 3 日内补发。

第二十八条　机动车驾驶人在机动车驾驶证丢失、损毁、超过有效期或者被依法扣留、暂扣期间以及记分达到 12 分的，不得驾驶机动车。

第三章　道路通行条件

第二十九条　交通信号灯分为：机动车信号灯、非机动车信号灯、人行横道信号灯、车道信号灯、方向指示信号灯、闪光警告信号灯、道路与铁路平面交叉道口信号灯。

第三十条　交通标志分为：指示标志、警告标志、禁令标志、指路标志、旅游区标志、道路施工安全标志和辅助标志。

道路交通标线分为：指示标线、警告标线、禁止标线。

第三十一条　交通警察的指挥分为：手势信号和使用器具的交通指挥

信号。

第三十二条 道路交叉路口和行人横过道路较为集中的路段应当设置人行横道、过街天桥或者过街地下通道。

在盲人通行较为集中的路段，人行横道信号灯应当设置声响提示装置。

第三十三条 城市人民政府有关部门可以在不影响行人、车辆通行的情况下，在城市道路上施划停车泊位，并规定停车泊位的使用时间。

第三十四条 开辟或者调整公共汽车、长途汽车的行驶路线或者车站，应当符合交通规划和安全、畅通的要求。

第三十五条 道路养护施工单位在道路上进行养护、维修时，应当按照规定设置规范的安全警示标志和安全防护设施。道路养护施工作业车辆、机械应当安装示警灯，喷涂明显的标志图案，作业时应当开启示警灯和危险报警闪光灯。对未中断交通的施工作业道路，公安机关交通管理部门应当加强交通安全监督检查。发生交通阻塞时，及时做好分流、疏导，维护交通秩序。

道路施工需要车辆绕行的，施工单位应当在绕行处设置标志；不能绕行的，应当修建临时通道，保证车辆和行人通行。需要封闭道路中断交通的，除紧急情况外，应当提前5日向社会公告。

第三十六条 道路或者交通设施养护部门、管理部门应当在急弯、陡坡、临崖、临水等危险路段，按照国家标准设置警告标志和安全防护设施。

第三十七条 道路交通标志、标线不规范，机动车驾驶人容易发生辨认错误的，交通标志、标线的主管部门应当及时予以改善。

道路照明设施应当符合道路建设技术规范，保持照明功能完好。

第四章 道路通行规定

第一节 一般规定

第三十八条 机动车信号灯和非机动车信号灯表示：

（一）绿灯亮时，准许车辆通行，但转弯的车辆不得妨碍被放行的直行车辆、行人通行；

（二）黄灯亮时，已越过停止线的车辆可以继续通行；

（三）红灯亮时，禁止车辆通行。

在未设置非机动车信号灯和人行横道信号灯的路口，非机动车和行人应当按照机动车信号灯的表示通行。

红灯亮时，右转弯的车辆在不妨碍被放行的车辆、行人通行的情况下，可以通行。

第三十九条　人行横道信号灯表示：

（一）绿灯亮时，准许行人通过人行横道；

（二）红灯亮时，禁止行人进入人行横道，但是已经进入人行横道的，可以继续通过或者在道路中心线处停留等候。

第四十条　车道信号灯表示：

（一）绿色箭头灯亮时，准许本车道车辆按指示方向通行；

（二）红色叉形灯或者箭头灯亮时，禁止本车道车辆通行。

第四十一条　方向指示信号灯的箭头方向向左、向上、向右分别表示左转、直行、右转。

第四十二条　闪光警告信号灯为持续闪烁的黄灯，提示车辆、行人通行时注意瞭望，确认安全后通过。

第四十三条　道路与铁路平面交叉道口有两个红灯交替闪烁或者一个红灯亮时，表示禁止车辆、行人通行；红灯熄灭时，表示允许车辆、行人通行。

第二节　机动车通行规定

第四十四条　在道路同方向划有 2 条以上机动车道的，左侧为快速车道，右侧为慢速车道。在快速车道行驶的机动车应当按照快速车道规定的速度行驶，未达到快速车道规定的行驶速度的，应当在慢速车道行驶。摩托车应当在最右侧车道行驶。有交通标志标明行驶速度的，按照标明的行驶速度行驶。慢速车道内的机动车超越前车时，可以借用快速车道行驶。

在道路同方向划有 2 条以上机动车道的，变更车道的机动车不得影响相关车道内行驶的机动车的正常行驶。

第四十五条　机动车在道路上行驶不得超过限速标志、标线标明的速度。在没有限速标志、标线的道路上，机动车不得超过下列最高行驶速度：

（一）没有道路中心线的道路，城市道路为每小时 30 公里，公路为每小时 40 公里；

（二）同方向只有1条机动车道的道路，城市道路为每小时50公里，公路为每小时70公里。

第四十六条 机动车行驶中遇有下列情形之一的，最高行驶速度不得超过每小时30公里，其中拖拉机、电瓶车、轮式专用机械车不得超过每小时15公里：

（一）进出非机动车道，通过铁路道口、急弯路、窄路、窄桥时；

（二）掉头、转弯、下陡坡时；

（三）遇雾、雨、雪、沙尘、冰雹，能见度在50米以内时；

（四）在冰雪、泥泞的道路上行驶时；

（五）牵引发生故障的机动车时。

第四十七条 机动车超车时，应当提前开启左转向灯、变换使用远、近光灯或者鸣喇叭。在没有道路中心线或者同方向只有1条机动车道的道路上，前车遇后车发出超车信号时，在条件许可的情况下，应当降低速度、靠右让路。后车应当在确认有充足的安全距离后，从前车的左侧超越，在与被超车辆拉开必要的安全距离后，开启右转向灯，驶回原车道。

第四十八条 在没有中心隔离设施或者没有中心线的道路上，机动车遇相对方向来车时应当遵守下列规定：

（一）减速靠右行驶，并与其他车辆、行人保持必要的安全距离；

（二）在有障碍的路段，无障碍的一方先行；但有障碍的一方已驶入障碍路段而无障碍的一方未驶入时，有障碍的一方先行；

（三）在狭窄的坡路，上坡的一方先行；但下坡的一方已行至中途而上坡的一方未上坡时，下坡的一方先行；

（四）在狭窄的山路，不靠山体的一方先行；

（五）夜间会车应当在距相对方向来车150米以外改用近光灯，在窄路、窄桥与非机动车会车时应当使用近光灯。

第四十九条 机动车在有禁止掉头或者禁止左转弯标志、标线的地点以及在铁路道口、人行横道、桥梁、急弯、陡坡、隧道或者容易发生危险的路段，不得掉头。

机动车在没有禁止掉头或者没有禁止左转弯标志、标线的地点可以掉头，但不得妨碍正常行驶的其他车辆和行人的通行。

第五十条 机动车倒车时，应当察明车后情况，确认安全后倒车。不得在铁路道口、交叉路口、单行路、桥梁、急弯、陡坡或者隧道中倒车。

第五十一条 机动车通过有交通信号灯控制的交叉路口，应当按照下列规定通行：

（一）在划有导向车道的路口，按所需行进方向驶入导向车道；

（二）准备进入环形路口的让已在路口内的机动车先行；

（三）向左转弯时，靠路口中心点左侧转弯。转弯时开启转向灯，夜间行驶开启近光灯；

（四）遇放行信号时，依次通过；

（五）遇停止信号时，依次停在停止线以外。没有停止线的，停在路口以外；

（六）向右转弯遇有同车道前车正在等候放行信号时，依次停车等候；

（七）在没有方向指示信号灯的交叉路口，转弯的机动车让直行的车辆、行人先行。相对方向行驶的右转弯机动车让左转弯车辆先行。

第五十二条 机动车通过没有交通信号灯控制也没有交通警察指挥的交叉路口，除应当遵守第五十一条第（二）项、第（三）项的规定外，还应当遵守下列规定：

（一）有交通标志、标线控制的，让优先通行的一方先行；

（二）没有交通标志、标线控制的，在进入路口前停车瞭望，让右方道路的来车先行；

（三）转弯的机动车让直行的车辆先行；

（四）相对方向行驶的右转弯的机动车让左转弯的车辆先行。

第五十三条 机动车遇有前方交叉路口交通阻塞时，应当依次停在路口以外等候，不得进入路口。

机动车在遇有前方机动车停车排队等候或者缓慢行驶时，应当依次排队，不得从前方车辆两侧穿插或者超越行驶，不得在人行横道、网状线区域内停车等候。

机动车在车道减少的路口、路段，遇有前方机动车停车排队等候或者缓慢行驶的，应当每车道一辆依次交替驶入车道减少后的路口、路段。

第五十四条 机动车载物不得超过机动车行驶证上核定的载质量，装载长度、宽度不得超出车厢，并应当遵守下列规定：

（一）重型、中型载货汽车，半挂车载物，高度从地面起不得超过 4 米，载运集装箱的车辆不得超过 4.2 米；

（二）其他载货的机动车载物，高度从地面起不得超过 2.5 米；

（三）摩托车载物，高度从地面起不得超过 1.5 米，长度不得超出车身 0.2 米。两轮摩托车载物宽度左右各不得超出车把 0.15 米；三轮摩托车载物宽度不得超过车身。

载客汽车除车身外部的行李架和内置的行李箱外，不得载货。载客汽车行李架载货，从车顶起高度不得超过 0.5 米，从地面起高度不得超过 4 米。

第五十五条 机动车载人应当遵守下列规定：

（一）公路载客汽车不得超过核定的载客人数，但按照规定免票的儿童除外，在载客人数已满的情况下，按照规定免票的儿童不得超过核定载客人数的 10%；

（二）载货汽车车厢不得载客。在城市道路上，货运机动车在留有安全位置的情况下，车厢内可以附载临时作业人员 1 人至 5 人；载物高度超过车厢栏板时，货物上不得载人；

（三）摩托车后座不得乘坐未满 12 周岁的未成年人，轻便摩托车不得载人。

第五十六条 机动车牵引挂车应当符合下列规定：

（一）载货汽车、半挂牵引车、拖拉机只允许牵引 1 辆挂车。挂车的灯光信号、制动、连接、安全防护等装置应当符合国家标准；

（二）小型载客汽车只允许牵引旅居挂车或者总质量 700 千克以下的挂车。挂车不得载人；

（三）载货汽车所牵引挂车的载质量不得超过载货汽车本身的载质量。

大型、中型载客汽车，低速载货汽车，三轮汽车以及其他机动车不得牵引挂车。

第五十七条 机动车应当按照下列规定使用转向灯：

（一）向左转弯、向左变更车道、准备超车、驶离停车地点或者掉头时，应当提前开启左转向灯；

（二）向右转弯、向右变更车道、超车完毕驶回原车道、靠路边停车时，应当提前开启右转向灯。

第五十八条 机动车在夜间没有路灯、照明不良或者遇有雾、雨、雪、沙尘、冰雹等低能见度情况下行驶时，应当开启前照灯、示廓灯和后位灯，但同方向行驶的后车与前车近距离行驶时，不得使用远光灯。机动车雾天行驶应当开启雾灯和危险报警闪光灯。

第五十九条 机动车在夜间通过急弯、坡路、拱桥、人行横道或者没有交通信号灯控制的路口时，应当交替使用远近光灯示意。

机动车驶近急弯、坡道顶端等影响安全视距的路段以及超车或者遇有紧急情况时，应当减速慢行，并鸣喇叭示意。

第六十条 机动车在道路上发生故障或者发生交通事故，妨碍交通又难以移动的，应当按照规定开启危险报警闪光灯并在车后50米至100米处设置警告标志，夜间还应当同时开启示廓灯和后位灯。

第六十一条 牵引故障机动车应当遵守下列规定：

（一）被牵引的机动车除驾驶人外不得载人，不得拖带挂车；

（二）被牵引的机动车宽度不得大于牵引机动车的宽度；

（三）使用软连接牵引装置时，牵引车与被牵引车之间的距离应当大于4米小于10米；

（四）对制动失效的被牵引车，应当使用硬连接牵引装置牵引；

（五）牵引车和被牵引车均应当开启危险报警闪光灯。

汽车吊车和轮式专用机械车不得牵引车辆。摩托车不得牵引车辆或者被其他车辆牵引。

转向或者照明、信号装置失效的故障机动车，应当使用专用清障车拖曳。

第六十二条 驾驶机动车不得有下列行为：

（一）在车门、车厢没有关好时行车；

（二）在机动车驾驶室的前后窗范围内悬挂、放置妨碍驾驶人视线的物品；

（三）拨打接听手持电话、观看电视等妨碍安全驾驶的行为；

（四）下陡坡时熄火或者空挡滑行；

（五）向道路上抛撒物品；

（六）驾驶摩托车手离车把或者在车把上悬挂物品；

（七）连续驾驶机动车超过 4 小时未停车休息或者停车休息时间少于 20 分钟；

（八）在禁止鸣喇叭的区域或者路段鸣喇叭。

第六十三条 机动车在道路上临时停车，应当遵守下列规定：

（一）在设有禁停标志、标线的路段，在机动车道与非机动车道、人行道之间设有隔离设施的路段以及人行横道、施工地段，不得停车；

（二）交叉路口、铁路道口、急弯路、宽度不足 4 米的窄路、桥梁、陡坡、隧道以及距离上述地点 50 米以内的路段，不得停车；

（三）公共汽车站、急救站、加油站、消防栓或者消防队（站）门前以及距离上述地点 30 米以内的路段，除使用上述设施的以外，不得停车；

（四）车辆停稳前不得开车门和上下人员，开关车门不得妨碍其他车辆和行人通行；

（五）路边停车应当紧靠道路右侧，机动车驾驶人不得离车，上下人员或者装卸物品后，立即驶离；

（六）城市公共汽车不得在站点以外的路段停车上下乘客。

第六十四条 机动车行经漫水路或者漫水桥时，应当停车察明水情，确认安全后，低速通过。

第六十五条 机动车载运超限物品行经铁路道口的，应当按照当地铁路部门指定的铁路道口、时间通过。

机动车行经渡口，应当服从渡口管理人员指挥，按照指定地点依次待渡。机动车上下渡船时，应当低速慢行。

第六十六条 警车、消防车、救护车、工程救险车在执行紧急任务遇交通受阻时，可以断续使用警报器，并遵守下列规定：

（一）不得在禁止使用警报器的区域或者路段使用警报器；

（二）夜间在市区不得使用警报器；

（三）列队行驶时，前车已经使用警报器的，后车不再使用警报器。

第六十七条 在单位院内、居民居住区内，机动车应当低速行驶，避让行人；有限速标志的，按照限速标志行驶。

第三节　非机动车通行规定

第六十八条　非机动车通过有交通信号灯控制的交叉路口，应当按照下列规定通行：

（一）转弯的非机动车让直行的车辆、行人优先通行；

（二）遇有前方路口交通阻塞时，不得进入路口；

（三）向左转弯时，靠路口中心点的右侧转弯；

（四）遇有停止信号时，应当依次停在路口停止线以外。没有停止线的，停在路口以外；

（五）向右转弯遇有同方向前车正在等候放行信号时，在本车道内能够转弯的，可以通行；不能转弯的，依次等候。

第六十九条　非机动车通过没有交通信号灯控制也没有交通警察指挥的交叉路口，除应当遵守第六十八条第（一）项、第（二）项和第（三）项的规定外，还应当遵守下列规定：

（一）有交通标志、标线控制的，让优先通行的一方先行；

（二）没有交通标志、标线控制的，在路口外慢行或者停车瞭望，让右方道路的来车先行；

（三）相对方向行驶的右转弯的非机动车让左转弯的车辆先行。

第七十条　驾驶自行车、电动自行车、三轮车在路段上横过机动车道，应当下车推行，有人行横道或者行人过街设施的，应当从人行横道或者行人过街设施通过；没有人行横道、没有行人过街设施或者不便使用行人过街设施的，在确认安全后直行通过。

因非机动车道被占用无法在本车道内行驶的非机动车，可以在受阻的路段借用相邻的机动车道行驶，并在驶过被占用路段后迅速驶回非机动车道。机动车遇此情况应当减速让行。

第七十一条　非机动车载物，应当遵守下列规定：

（一）自行车、电动自行车、残疾人机动轮椅车载物，高度从地面起不得超过 1.5 米，宽度左右各不得超出车把 0.15 米，长度前端不得超出车轮，后端不得超出车身 0.3 米；

（二）三轮车、人力车载物，高度从地面起不得超过 2 米，宽度左右各不得超出车身 0.2 米，长度不得超出车身 1 米；

（三）畜力车载物，高度从地面起不得超过 2.5 米，宽度左右各不得超出车身 0.2 米，长度前端不得超出车辕，后端不得超出车身 1 米。

自行车载人的规定，由省、自治区、直辖市人民政府根据当地实际情况制定。

第七十二条 在道路上驾驶自行车、三轮车、电动自行车、残疾人机动轮椅车应当遵守下列规定：

（一）驾驶自行车、三轮车必须年满 12 周岁；

（二）驾驶电动自行车和残疾人机动轮椅车必须年满 16 周岁；

（三）不得醉酒驾驶；

（四）转弯前应当减速慢行，伸手示意，不得突然猛拐，超越前车时不得妨碍被超越的车辆行驶；

（五）不得牵引、攀扶车辆或者被其他车辆牵引，不得双手离把或者手中持物；

（六）不得扶身并行、互相追逐或者曲折竞驶；

（七）不得在道路上骑独轮自行车或者 2 人以上骑行的自行车；

（八）非下肢残疾的人不得驾驶残疾人机动轮椅车；

（九）自行车、三轮车不得加装动力装置；

（十）不得在道路上学习驾驶非机动车。

第七十三条 在道路上驾驭畜力车应当年满 16 周岁，并遵守下列规定：

（一）不得醉酒驾驭；

（二）不得并行，驾驭人不得离开车辆；

（三）行经繁华路段、交叉路口、铁路道口、人行横道、急弯路、宽度不足 4 米的窄路或者窄桥、陡坡、隧道或者容易发生危险的路段，不得超车。驾驭两轮畜力车应当下车牵引牲畜；

（四）不得使用未经驯服的牲畜驾车，随车幼畜须拴系；

（五）停放车辆应当拉紧车闸，拴系牲畜。

第四节 行人和乘车人通行规定

第七十四条 行人不得有下列行为：

（一）在道路上使用滑板、旱冰鞋等滑行工具；

（二）在车行道内坐卧、停留、嬉闹；

（三）追车、抛物击车等妨碍道路交通安全的行为。

第七十五条　行人横过机动车道，应当从行人过街设施通过；没有行人过街设施的，应当从人行横道通过；没有人行横道的，应当观察来往车辆的情况，确认安全后直行通过，不得在车辆临近时突然加速横穿或者中途倒退、折返。

第七十六条　行人列队在道路上通行，每横列不得超过 2 人，但在已经实行交通管制的路段不受限制。

第七十七条　乘坐机动车应当遵守下列规定：

（一）不得在机动车道上拦乘机动车；

（二）在机动车道上不得从机动车左侧上下车；

（三）开关车门不得妨碍其他车辆和行人通行；

（四）机动车行驶中，不得干扰驾驶，不得将身体任何部分伸出车外，不得跳车；

（五）乘坐两轮摩托车应当正向骑坐。

第五节　高速公路的特别规定

第七十八条　高速公路应当标明车道的行驶速度，最高车速不得超过每小时 120 公里，最低车速不得低于每小时 60 公里。

在高速公路上行驶的小型载客汽车最高车速不得超过每小时 120 公里，其他机动车不得超过每小时 100 公里，摩托车不得超过每小时 80 公里。

同方向有 2 条车道的，左侧车道的最低车速为每小时 100 公里；同方向有 3 条以上车道的，最左侧车道的最低车速为每小时 110 公里，中间车道的最低车速为每小时 90 公里。道路限速标志标明的车速与上述车道行驶车速的规定不一致的，按照道路限速标志标明的车速行驶。

第七十九条　机动车从匝道驶入高速公路，应当开启左转向灯，在不妨碍已在高速公路内的机动车正常行驶的情况下驶入车道。

机动车驶离高速公路时，应当开启右转向灯，驶入减速车道，降低车速后驶离。

第八十条 机动车在高速公路上行驶，车速超过每小时100公里时，应当与同车道前车保持100米以上的距离，车速低于每小时100公里时，与同车道前车距离可以适当缩短，但最小距离不得少于50米。

第八十一条 机动车在高速公路上行驶，遇有雾、雨、雪、沙尘、冰雹等低能见度气象条件时，应当遵守下列规定：

（一）能见度小于200米时，开启雾灯、近光灯、示廓灯和前后位灯，车速不得超过每小时60公里，与同车道前车保持100米以上的距离；

（二）能见度小于100米时，开启雾灯、近光灯、示廓灯、前后位灯和危险报警闪光灯，车速不得超过每小时40公里，与同车道前车保持50米以上的距离；

（三）能见度小于50米时，开启雾灯、近光灯、示廓灯、前后位灯和危险报警闪光灯，车速不得超过每小时20公里，并从最近的出口尽快驶离高速公路。

遇有前款规定情形时，高速公路管理部门应当通过显示屏等方式发布速度限制、保持车距等提示信息。

第八十二条 机动车在高速公路上行驶，不得有下列行为：

（一）倒车、逆行、穿越中央分隔带掉头或者在车道内停车；

（二）在匝道、加速车道或者减速车道上超车；

（三）骑、轧车行道分界线或者在路肩上行驶；

（四）非紧急情况时在应急车道行驶或者停车；

（五）试车或者学习驾驶机动车。

第八十三条 在高速公路上行驶的载货汽车车厢不得载人。两轮摩托车在高速公路行驶时不得载人。

第八十四条 机动车通过施工作业路段时，应当注意警示标志，减速行驶。

第八十五条 城市快速路的道路交通安全管理，参照本节的规定执行。

高速公路、城市快速路的道路交通安全管理工作，省、自治区、直辖市人民政府公安机关交通管理部门可以指定设区的市人民政府公安机关交通管理部门或者相当于同级的公安机关交通管理部门承担。

第五章　交通事故处理

第八十六条　机动车与机动车、机动车与非机动车在道路上发生未造成人身伤亡的交通事故，当事人对事实及成因无争议的，在记录交通事故的时间、地点、对方当事人的姓名和联系方式、机动车牌号、驾驶证号、保险凭证号、碰撞部位，并共同签名后，撤离现场，自行协商损害赔偿事宜。当事人对交通事故事实及成因有争议的，应当迅速报警。

第八十七条　非机动车与非机动车或者行人在道路上发生交通事故，未造成人身伤亡，且基本事实及成因清楚的，当事人应当先撤离现场，再自行协商处理损害赔偿事宜。当事人对交通事故事实及成因有争议的，应当迅速报警。

第八十八条　机动车发生交通事故，造成道路、供电、通讯等设施损毁的，驾驶人应当报警等候处理，不得驶离。机动车可以移动的，应当将机动车移至不妨碍交通的地点。公安机关交通管理部门应当将事故有关情况通知有关部门。

第八十九条　公安机关交通管理部门或者交通警察接到交通事故报警，应当及时赶赴现场，对未造成人身伤亡，事实清楚，并且机动车可以移动的，应当在记录事故情况后责令当事人撤离现场，恢复交通。对拒不撤离现场的，予以强制撤离。

对属于前款规定情况的道路交通事故，交通警察可以适用简易程序处理，并当场出具事故认定书。当事人共同请求调解的，交通警察可以当场对损害赔偿争议进行调解。

对道路交通事故造成人员伤亡和财产损失需要勘验、检查现场的，公安机关交通管理部门应当按照勘查现场工作规范进行。现场勘查完毕，应当组织清理现场，恢复交通。

第九十条　投保机动车第三者责任强制保险的机动车发生交通事故，因抢救受伤人员需要保险公司支付抢救费用的，由公安机关交通管理部门通知保险公司。

抢救受伤人员需要道路交通事故救助基金垫付费用的，由公安机关交通管理部门通知道路交通事故社会救助基金管理机构。

第九十一条 公安机关交通管理部门应当根据交通事故当事人的行为对发生交通事故所起的作用以及过错的严重程度，确定当事人的责任。

第九十二条 发生交通事故后当事人逃逸的，逃逸的当事人承担全部责任。但是，有证据证明对方当事人也有过错的，可以减轻责任。

当事人故意破坏、伪造现场、毁灭证据的，承担全部责任。

第九十三条 公安机关交通管理部门对经过勘验、检查现场的交通事故应当在勘查现场之日起10日内制作交通事故认定书。对需要进行检验、鉴定的，应当在检验、鉴定结果确定之日起5日内制作交通事故认定书。

第九十四条 当事人对交通事故损害赔偿有争议，各方当事人一致请求公安机关交通管理部门调解的，应当在收到交通事故认定书之日起10日内提出书面调解申请。

对交通事故致死的，调解从办理丧葬事宜结束之日起开始；对交通事故致伤的，调解从治疗终结或者定残之日起开始；对交通事故造成财产损失的，调解从确定损失之日起开始。

第九十五条 公安机关交通管理部门调解交通事故损害赔偿争议的期限为10日。调解达成协议的，公安机关交通管理部门应当制作调解书送交各方当事人，调解书经各方当事人共同签字后生效；调解未达成协议的，公安机关交通管理部门应当制作调解终结书送交各方当事人。

交通事故损害赔偿项目和标准依照有关法律的规定执行。

第九十六条 对交通事故损害赔偿的争议，当事人向人民法院提起民事诉讼的，公安机关交通管理部门不再受理调解申请。

公安机关交通管理部门调解期间，当事人向人民法院提起民事诉讼的，调解终止。

第九十七条 车辆在道路以外发生交通事故，公安机关交通管理部门接到报案的，参照道路交通安全法和本条例的规定处理。

车辆、行人与火车发生的交通事故以及在渡口发生的交通事故，依照国家有关规定处理。

第六章 执法监督

第九十八条 公安机关交通管理部门应当公开办事制度、办事程序，建立警风警纪监督员制度，自觉接受社会和群众的监督。

第九十九条 公安机关交通管理部门及其交通警察办理机动车登记，发放号牌，对驾驶人考试、发证，处理道路交通安全违法行为，处理道路交通事故，应当严格遵守有关规定，不得越权执法，不得延迟履行职责，不得擅自改变处罚的种类和幅度。

第一百条 公安机关交通管理部门应当公布举报电话，受理群众举报投诉，并及时调查核实，反馈查处结果。

第一百零一条 公安机关交通管理部门应当建立执法质量考核评议、执法责任制和执法过错追究制度，防止和纠正道路交通安全执法中的错误或者不当行为。

第七章 法律责任

第一百零二条 违反本条例规定的行为，依照道路交通安全法和本条例的规定处罚。

第一百零三条 以欺骗、贿赂等不正当手段取得机动车登记或者驾驶许可的，收缴机动车登记证书、号牌、行驶证或者机动车驾驶证，撤销机动车登记或者机动车驾驶许可；申请人在3年内不得申请机动车登记或者机动车驾驶许可。

第一百零四条 机动车驾驶人有下列行为之一，又无其他机动车驾驶人即时替代驾驶的，公安机关交通管理部门除依法给予处罚外，可以将其驾驶的机动车移至不妨碍交通的地点或者有关部门指定的地点停放：

（一）不能出示本人有效驾驶证的；

（二）驾驶的机动车与驾驶证载明的准驾车型不符的；

（三）饮酒、服用国家管制的精神药品或者麻醉药品、患有妨碍安全驾驶的疾病，或者过度疲劳仍继续驾驶的；

（四）学习驾驶人员没有教练人员随车指导单独驾驶的。

第一百零五条 机动车驾驶人有饮酒、醉酒、服用国家管制的精神药品或者麻醉药品嫌疑的，应当接受测试、检验。

第一百零六条 公路客运载客汽车超过核定乘员、载货汽车超过核定载质量的，公安机关交通管理部门依法扣留机动车后，驾驶人应当将超载的乘车人转运、将超载的货物卸载，费用由超载机动车的驾驶人或者所有人承担。

第一百零七条 依照道路交通安全法第九十二条、第九十五条、第九十六条、第九十八条的规定被扣留的机动车，驾驶人或者所有人、管理人30日内没有提供被扣留机动车的合法证明，没有补办相应手续，或者不前来接受处理，经公安机关交通管理部门通知并且经公告3个月仍不前来接受处理的，由公安机关交通管理部门将该机动车送交有资格的拍卖机构拍卖，所得价款上缴国库；非法拼装的机动车予以拆除；达到报废标准的机动车予以报废；机动车涉及其他违法犯罪行为的，移交有关部门处理。

第一百零八条 交通警察按照简易程序当场作出行政处罚的，应当告知当事人道路交通安全违法行为的事实、处罚的理由和依据，并将行政处罚决定书当场交付被处罚人。

第一百零九条 对道路交通安全违法行为人处以罚款或者暂扣驾驶证处罚的，由违法行为发生地的县级以上人民政府公安机关交通管理部门或者相当于同级的公安机关交通管理部门作出决定；对处以吊销机动车驾驶证处罚的，由设区的市人民政府公安机关交通管理部门或者相当于同级的公安机关交通管理部门作出决定。

公安机关交通管理部门对非本辖区机动车的道路交通安全违法行为没有当场处罚的，可以由机动车登记地的公安机关交通管理部门处罚。

第一百一十条 当事人对公安机关交通管理部门及其交通警察的处罚有权进行陈述和申辩，交通警察应当充分听取当事人的陈述和申辩，不得因当事人陈述、申辩而加重其处罚。

第八章 附 则

第一百一十一条 本条例所称上道路行驶的拖拉机，是指手扶拖拉机等最高设计行驶速度不超过每小时20公里的轮式拖拉机和最高设计行驶速度不超过每小时40公里、牵引挂车方可从事道路运输的轮式拖拉机。

第一百一十二条 农业（农业机械）主管部门应当定期向公安机关交通管理部门提供拖拉机登记、安全技术检验以及拖拉机驾驶证发放的资料、数据。公安机关交通管理部门对拖拉机驾驶人作出暂扣、吊销驾驶证处罚或者记分处理的，应当定期将处罚决定书和记分情况通报有关的农业（农业机械）

主管部门。吊销驾驶证的，还应当将驾驶证送交有关的农业（农业机械）主管部门。

第一百一十三条 境外机动车入境行驶，应当向入境地的公安机关交通管理部门申请临时通行号牌、行驶证。临时通行号牌、行驶证应当根据行驶需要，载明有效日期和允许行驶的区域。

入境的境外机动车申请临时通行号牌、行驶证以及境外人员申请机动车驾驶许可的条件、考试办法由国务院公安部门规定。

第一百一十四条 机动车驾驶许可考试的收费标准，由国务院价格主管部门规定。

第一百一十五条 本条例自2004年5月1日起施行。1960年2月11日国务院批准、交通部发布的《机动车管理办法》，1988年3月9日国务院发布的《中华人民共和国道路交通管理条例》，1991年9月22日国务院发布的《道路交通事故处理办法》，同时废止。

机动车交通事故责任强制保险条例

（2006年3月21日中华人民共和国国务院令第462号公布　根据2012年3月30日《国务院关于修改〈机动车交通事故责任强制保险条例〉的决定》第一次修订　根据2012年12月17日《国务院关于修改〈机动车交通事故责任强制保险条例〉的决定》第二次修订　根据2016年2月6日《国务院关于修改部分行政法规的决定》第三次修订　根据2019年3月2日《国务院关于修改部分行政法规的决定》第四次修订）

第一章 总 则

第一条 为了保障机动车道路交通事故受害人依法得到赔偿，促进道路交通安全，根据《中华人民共和国道路交通安全法》、《中华人民共和国保险法》，制定本条例。

第二条　在中华人民共和国境内道路上行驶的机动车的所有人或者管理人，应当依照《中华人民共和国道路交通安全法》的规定投保机动车交通事故责任强制保险。

机动车交通事故责任强制保险的投保、赔偿和监督管理，适用本条例。

第三条　本条例所称机动车交通事故责任强制保险，是指由保险公司对被保险机动车发生道路交通事故造成本车人员、被保险人以外的受害人的人身伤亡、财产损失，在责任限额内予以赔偿的强制性责任保险。

第四条　国务院保险监督管理机构依法对保险公司的机动车交通事故责任强制保险业务实施监督管理。

公安机关交通管理部门、农业（农业机械）主管部门（以下统称机动车管理部门）应当依法对机动车参加机动车交通事故责任强制保险的情况实施监督检查。对未参加机动车交通事故责任强制保险的机动车，机动车管理部门不得予以登记，机动车安全技术检验机构不得予以检验。

公安机关交通管理部门及其交通警察在调查处理道路交通安全违法行为和道路交通事故时，应当依法检查机动车交通事故责任强制保险的保险标志。

第二章　投　保

第五条　保险公司可以从事机动车交通事故责任强制保险业务。

为了保证机动车交通事故责任强制保险制度的实行，国务院保险监督管理机构有权要求保险公司从事机动车交通事故责任强制保险业务。

除保险公司外，任何单位或者个人不得从事机动车交通事故责任强制保险业务。

第六条　机动车交通事故责任强制保险实行统一的保险条款和基础保险费率。国务院保险监督管理机构按照机动车交通事故责任强制保险业务总体上不盈利不亏损的原则审批保险费率。

国务院保险监督管理机构在审批保险费率时，可以聘请有关专业机构进行评估，可以举行听证会听取公众意见。

第七条　保险公司的机动车交通事故责任强制保险业务，应当与其他保险业务分开管理，单独核算。

国务院保险监督管理机构应当每年对保险公司的机动车交通事故责任强

制保险业务情况进行核查，并向社会公布；根据保险公司机动车交通事故责任强制保险业务的总体盈利或者亏损情况，可以要求或者允许保险公司相应调整保险费率。

调整保险费率的幅度较大的，国务院保险监督管理机构应当进行听证。

第八条 被保险机动车没有发生道路交通安全违法行为和道路交通事故的，保险公司应当在下一年度降低其保险费率。在此后的年度内，被保险机动车仍然没有发生道路交通安全违法行为和道路交通事故的，保险公司应当继续降低其保险费率，直至最低标准。被保险机动车发生道路交通安全违法行为或者道路交通事故的，保险公司应当在下一年度提高其保险费率。多次发生道路交通安全违法行为、道路交通事故，或者发生重大道路交通事故的，保险公司应当加大提高其保险费率的幅度。在道路交通事故中被保险人没有过错的，不提高其保险费率。降低或者提高保险费率的标准，由国务院保险监督管理机构会同国务院公安部门制定。

第九条 国务院保险监督管理机构、国务院公安部门、国务院农业主管部门以及其他有关部门应当逐步建立有关机动车交通事故责任强制保险、道路交通安全违法行为和道路交通事故的信息共享机制。

第十条 投保人在投保时应当选择从事机动车交通事故责任强制保险业务的保险公司，被选择的保险公司不得拒绝或者拖延承保。

国务院保险监督管理机构应当将从事机动车交通事故责任强制保险业务的保险公司向社会公示。

第十一条 投保人投保时，应当向保险公司如实告知重要事项。

重要事项包括机动车的种类、厂牌型号、识别代码、牌照号码、使用性质和机动车所有人或者管理人的姓名（名称）、性别、年龄、住所、身份证或者驾驶证号码（组织机构代码）、续保前该机动车发生事故的情况以及国务院保险监督管理机构规定的其他事项。

第十二条 签订机动车交通事故责任强制保险合同时，投保人应当一次支付全部保险费；保险公司应当向投保人签发保险单、保险标志。保险单、保险标志应当注明保险单号码、车牌号码、保险期限、保险公司的名称、地址和理赔电话号码。

被保险人应当在被保险机动车上放置保险标志。

保险标志式样全国统一。保险单、保险标志由国务院保险监督管理机构监制。任何单位或者个人不得伪造、变造或者使用伪造、变造的保险单、保险标志。

第十三条 签订机动车交通事故责任强制保险合同时，投保人不得在保险条款和保险费率之外，向保险公司提出附加其他条件的要求。

签订机动车交通事故责任强制保险合同时，保险公司不得强制投保人订立商业保险合同以及提出附加其他条件的要求。

第十四条 保险公司不得解除机动车交通事故责任强制保险合同；但是，投保人对重要事项未履行如实告知义务的除外。

投保人对重要事项未履行如实告知义务，保险公司解除合同前，应当书面通知投保人，投保人应当自收到通知之日起5日内履行如实告知义务；投保人在上述期限内履行如实告知义务的，保险公司不得解除合同。

第十五条 保险公司解除机动车交通事故责任强制保险合同的，应当收回保险单和保险标志，并书面通知机动车管理部门。

第十六条 投保人不得解除机动车交通事故责任强制保险合同，但有下列情形之一的除外：

（一）被保险机动车被依法注销登记的；

（二）被保险机动车办理停驶的；

（三）被保险机动车经公安机关证实丢失的。

第十七条 机动车交通事故责任强制保险合同解除前，保险公司应当按照合同承担保险责任。

合同解除时，保险公司可以收取自保险责任开始之日起至合同解除之日止的保险费，剩余部分的保险费退还投保人。

第十八条 被保险机动车所有权转移的，应当办理机动车交通事故责任强制保险合同变更手续。

第十九条 机动车交通事故责任强制保险合同期满，投保人应当及时续保，并提供上一年度的保险单。

第二十条 机动车交通事故责任强制保险的保险期间为1年，但有下列情形之一的，投保人可以投保短期机动车交通事故责任强制保险：

（一）境外机动车临时入境的；

（二）机动车临时上道路行驶的；

（三）机动车距规定的报废期限不足 1 年的；

（四）国务院保险监督管理机构规定的其他情形。

第三章　赔　偿

第二十一条　被保险机动车发生道路交通事故造成本车人员、被保险人以外的受害人人身伤亡、财产损失的，由保险公司依法在机动车交通事故责任强制保险责任限额范围内予以赔偿。

道路交通事故的损失是由受害人故意造成的，保险公司不予赔偿。

第二十二条　有下列情形之一的，保险公司在机动车交通事故责任强制保险责任限额范围内垫付抢救费用，并有权向致害人追偿：

（一）驾驶人未取得驾驶资格或者醉酒的；

（二）被保险机动车被盗抢期间肇事的；

（三）被保险人故意制造道路交通事故的。

有前款所列情形之一，发生道路交通事故的，造成受害人的财产损失，保险公司不承担赔偿责任。

第二十三条　机动车交通事故责任强制保险在全国范围内实行统一的责任限额。责任限额分为死亡伤残赔偿限额、医疗费用赔偿限额、财产损失赔偿限额以及被保险人在道路交通事故中无责任的赔偿限额。

机动车交通事故责任强制保险责任限额由国务院保险监督管理机构会同国务院公安部门、国务院卫生主管部门、国务院农业主管部门规定。

第二十四条　国家设立道路交通事故社会救助基金（以下简称救助基金）。有下列情形之一时，道路交通事故中受害人人身伤亡的丧葬费用、部分或者全部抢救费用，由救助基金先行垫付，救助基金管理机构有权向道路交通事故责任人追偿：

（一）抢救费用超过机动车交通事故责任强制保险责任限额的；

（二）肇事机动车未参加机动车交通事故责任强制保险的；

（三）机动车肇事后逃逸的。

第二十五条　救助基金的来源包括：

（一）按照机动车交通事故责任强制保险的保险费的一定比例提取的

资金；

（二）对未按照规定投保机动车交通事故责任强制保险的机动车的所有人、管理人的罚款；

（三）救助基金管理机构依法向道路交通事故责任人追偿的资金；

（四）救助基金孳息；

（五）其他资金。

第二十六条 救助基金的具体管理办法，由国务院财政部门会同国务院保险监督管理机构、国务院公安部门、国务院卫生主管部门、国务院农业主管部门制定试行。

第二十七条 被保险机动车发生道路交通事故，被保险人或者受害人通知保险公司的，保险公司应当立即给予答复，告知被保险人或者受害人具体的赔偿程序等有关事项。

第二十八条 被保险机动车发生道路交通事故的，由被保险人向保险公司申请赔偿保险金。保险公司应当自收到赔偿申请之日起 1 日内，书面告知被保险人需要向保险公司提供的与赔偿有关的证明和资料。

第二十九条 保险公司应当自收到被保险人提供的证明和资料之日起 5 日内，对是否属于保险责任作出核定，并将结果通知被保险人；对不属于保险责任的，应当书面说明理由；对属于保险责任的，在与被保险人达成赔偿保险金的协议后 10 日内，赔偿保险金。

第三十条 被保险人与保险公司对赔偿有争议的，可以依法申请仲裁或者向人民法院提起诉讼。

第三十一条 保险公司可以向被保险人赔偿保险金，也可以直接向受害人赔偿保险金。但是，因抢救受伤人员需要保险公司支付或者垫付抢救费用的，保险公司在接到公安机关交通管理部门通知后，经核对应当及时向医疗机构支付或者垫付抢救费用。

因抢救受伤人员需要救助基金管理机构垫付抢救费用的，救助基金管理机构在接到公安机关交通管理部门通知后，经核对应当及时向医疗机构垫付抢救费用。

第三十二条 医疗机构应当参照国务院卫生主管部门组织制定的有关临床诊疗指南，抢救、治疗道路交通事故中的受伤人员。

第三十三条　保险公司赔偿保险金或者垫付抢救费用，救助基金管理机构垫付抢救费用，需要向有关部门、医疗机构核实有关情况的，有关部门、医疗机构应当予以配合。

第三十四条　保险公司、救助基金管理机构的工作人员对当事人的个人隐私应当保密。

第三十五条　道路交通事故损害赔偿项目和标准依照有关法律的规定执行。

第四章　罚　则

第三十六条　保险公司以外的单位或者个人，非法从事机动车交通事故责任强制保险业务的，由国务院保险监督管理机构予以取缔；构成犯罪的，依法追究刑事责任；尚不构成犯罪的，由国务院保险监督管理机构没收违法所得，违法所得 20 万元以上的，并处违法所得 1 倍以上 5 倍以下罚款；没有违法所得或者违法所得不足 20 万元的，处 20 万元以上 100 万元以下罚款。

第三十七条　保险公司违反本条例规定，有下列行为之一的，由国务院保险监督管理机构责令改正，处 5 万元以上 30 万元以下罚款；情节严重的，可以限制业务范围、责令停止接受新业务或者吊销经营保险业务许可证：

（一）拒绝或者拖延承保机动车交通事故责任强制保险的；

（二）未按照统一的保险条款和基础保险费率从事机动车交通事故责任强制保险业务的；

（三）未将机动车交通事故责任强制保险业务和其他保险业务分开管理，单独核算的；

（四）强制投保人订立商业保险合同的；

（五）违反规定解除机动车交通事故责任强制保险合同的；

（六）拒不履行约定的赔偿保险金义务的；

（七）未按照规定及时支付或者垫付抢救费用的。

第三十八条　机动车所有人、管理人未按照规定投保机动车交通事故责任强制保险的，由公安机关交通管理部门扣留机动车，通知机动车所有人、管理人依照规定投保，处依照规定投保最低责任限额应缴纳的保险费的 2 倍罚款。

机动车所有人、管理人依照规定补办机动车交通事故责任强制保险的，应当及时退还机动车。

第三十九条 上道路行驶的机动车未放置保险标志的，公安机关交通管理部门应当扣留机动车，通知当事人提供保险标志或者补办相应手续，可以处警告或者 20 元以上 200 元以下罚款。

当事人提供保险标志或者补办相应手续的，应当及时退还机动车。

第四十条 伪造、变造或者使用伪造、变造的保险标志，或者使用其他机动车的保险标志，由公安机关交通管理部门予以收缴，扣留该机动车，处 200 元以上 2000 元以下罚款；构成犯罪的，依法追究刑事责任。

当事人提供相应的合法证明或者补办相应手续的，应当及时退还机动车。

第五章 附 则

第四十一条 本条例下列用语的含义：

（一）投保人，是指与保险公司订立机动车交通事故责任强制保险合同，并按照合同负有支付保险费义务的机动车的所有人、管理人。

（二）被保险人，是指投保人及其允许的合法驾驶人。

（三）抢救费用，是指机动车发生道路交通事故导致人员受伤时，医疗机构参照国务院卫生主管部门组织制定的有关临床诊疗指南，对生命体征不平稳和虽然生命体征平稳但如果不采取处理措施会产生生命危险，或者导致残疾、器官功能障碍，或者导致病程明显延长的受伤人员，采取必要的处理措施所发生的医疗费用。

第四十二条 挂车不投保机动车交通事故责任强制保险。发生道路交通事故造成人身伤亡、财产损失的，由牵引车投保的保险公司在机动车交通事故责任强制保险责任限额范围内予以赔偿；不足的部分，由牵引车方和挂车方依照法律规定承担赔偿责任。

第四十三条 机动车在道路以外的地方通行时发生事故，造成人身伤亡、财产损失的赔偿，比照适用本条例。

第四十四条 中国人民解放军和中国人民武装警察部队在编机动车参加机动车交通事故责任强制保险的办法，由中国人民解放军和中国人民武装警察部队另行规定。

第四十五条　机动车所有人、管理人自本条例施行之日起3个月内投保机动车交通事故责任强制保险；本条例施行前已经投保商业性机动车第三者责任保险的，保险期满，应当投保机动车交通事故责任强制保险。

第四十六条　本条例自2006年7月1日起施行。

道路交通事故处理程序规定

（2017年7月22日公安部令第146号发布　自2018年5月1日起施行）

目　录

第一章　总　则

第一条　为了规范道路交通事故处理程序，保障公安机关交通管理部门依法履行职责，保护道路交通事故当事人的合法权益，根据《中华人民共和国道路交通安全法》及其实施条例等有关法律、行政法规，制定本规定。

第二条　处理道路交通事故，应当遵循合法、公正、公开、便民、效率的原则，尊重和保障人权，保护公民的人格尊严。

第三条　道路交通事故分为财产损失事故、伤人事故和死亡事故。

财产损失事故是指造成财产损失，尚未造成人员伤亡的道路交通事故。

伤人事故是指造成人员受伤，尚未造成人员死亡的道路交通事故。

死亡事故是指造成人员死亡的道路交通事故。

第四条　道路交通事故的调查处理应当由公安机关交通管理部门负责。

财产损失事故可以由当事人自行协商处理，但法律法规及本规定另有规定的除外。

第五条　交通警察经过培训并考试合格，可以处理适用简易程序的道路交通事故。

处理伤人事故，应当由具有道路交通事故处理初级以上资格的交通警察主办。

处理死亡事故，应当由具有道路交通事故处理中级以上资格的交通警察主办。

第六条　公安机关交通管理部门处理道路交通事故应当使用全国统一的交通管理信息系统。

鼓励应用先进的科技装备和先进技术处理道路交通事故。

第七条　交通警察处理道路交通事故，应当按照规定使用执法记录设备。

第八条　公安机关交通管理部门应当建立与司法机关、保险机构等有关部门间的数据信息共享机制，提高道路交通事故处理工作信息化水平。

第二章　管　辖

第九条　道路交通事故由事故发生地的县级公安机关交通管理部门管辖。未设立县级公安机关交通管理部门的，由设区的市公安机关交通管理部门管辖。

第十条　道路交通事故发生在两个以上管辖区域的，由事故起始点所在地公安机关交通管理部门管辖。

对管辖权有争议的，由共同的上一级公安机关交通管理部门指定管辖。指定管辖前，最先发现或者最先接到报警的公安机关交通管理部门应当先行处理。

第十一条　上级公安机关交通管理部门在必要的时候，可以处理下级公安机关交通管理部门管辖的道路交通事故，或者指定下级公安机关交通管理部门限时将案件移送其他下级公安机关交通管理部门处理。

案件管辖权发生转移的，处理时限从案件接收之日起计算。

第十二条　中国人民解放军、中国人民武装警察部队人员、车辆发生道路交通事故的，按照本规定处理。依法应当吊销、注销中国人民解放军、中国人民武装警察部队核发的机动车驾驶证以及对现役军人实施行政拘留或者追究刑事责任的，移送中国人民解放军、中国人民武装警察部队有关部门处理。

上道路行驶的拖拉机发生道路交通事故的，按照本规定处理。公安机关交通管理部门对拖拉机驾驶人依法暂扣、吊销、注销驾驶证或者记分处理的，应当将决定书和记分情况通报有关的农业（农业机械）主管部门。吊销、注销驾驶证的，还应当将驾驶证送交有关的农业（农业机械）主管部门。

第三章　报警和受案

第十三条　发生死亡事故、伤人事故的，或者发生财产损失事故且有下列情形之一的，当事人应当保护现场并立即报警：

（一）驾驶人无有效机动车驾驶证或者驾驶的机动车与驾驶证载明的准驾车型不符的；

（二）驾驶人有饮酒、服用国家管制的精神药品或者麻醉药品嫌疑的；

（三）驾驶人有从事校车业务或者旅客运输，严重超过额定乘员载客，或者严重超过规定时速行驶嫌疑的；

（四）机动车无号牌或者使用伪造、变造的号牌的；

（五）当事人不能自行移动车辆的；

（六）一方当事人离开现场的；

（七）有证据证明事故是由一方故意造成的。

驾驶人必须在确保安全的原则下，立即组织车上人员疏散到路外安全地点，避免发生次生事故。驾驶人已因道路交通事故死亡或者受伤无法行动的，车上其他人员应当自行组织疏散。

第十四条 发生财产损失事故且有下列情形之一，车辆可以移动的，当事人应当组织车上人员疏散到路外安全地点，在确保安全的原则下，采取现场拍照或者标划事故车辆现场位置等方式固定证据，将车辆移至不妨碍交通的地点后报警：

（一）机动车无检验合格标志或者无保险标志的；

（二）碰撞建筑物、公共设施或者其他设施的。

第十五条 载运爆炸性、易燃性、毒害性、放射性、腐蚀性、传染病病原体等危险物品车辆发生事故的，当事人应当立即报警，危险物品车辆驾驶人、押运人应当按照危险物品安全管理法律、法规、规章以及有关操作规程的规定，采取相应的应急处置措施。

第十六条 公安机关及其交通管理部门接到报警的，应当受理，制作受案登记表并记录下列内容：

（一）报警方式、时间，报警人姓名、联系方式，电话报警的，还应当记录报警电话；

（二）发生或者发现道路交通事故的时间、地点；

（三）人员伤亡情况；

（四）车辆类型、车辆号牌号码，是否载有危险物品以及危险物品的种类、是否发生泄漏等；

（五）涉嫌交通肇事逃逸的，还应当询问并记录肇事车辆的车型、颜色、特征及其逃逸方向、逃逸驾驶人的体貌特征等有关情况。

报警人不报姓名的，应当记录在案。报警人不愿意公开姓名的，应当为其保密。

第十七条 接到道路交通事故报警后，需要派员到现场处置，或者接到出警指令的，公安机关交通管理部门应当立即派交通警察赶赴现场。

第十八条 发生道路交通事故后当事人未报警，在事故现场撤除后，当事人又报警请求公安机关交通管理部门处理的，公安机关交通管理部门应当按照本规定第十六条规定的记录内容予以记录，并在三日内作出是否接受案件的决定。

经核查道路交通事故事实存在的，公安机关交通管理部门应当受理，制作受案登记表；经核查无法证明道路交通事故事实存在，或者不属于公安机关交通管理部门管辖的，应当书面告知当事人，并说明理由。

第四章　自行协商

第十九条　机动车与机动车、机动车与非机动车发生财产损失事故，当事人应当在确保安全的原则下，采取现场拍照或者标划事故车辆现场位置等方式固定证据后，立即撤离现场，将车辆移至不妨碍交通的地点，再协商处理损害赔偿事宜，但有本规定第十三条第一款情形的除外。

非机动车与非机动车或者行人发生财产损失事故，当事人应当先撤离现场，再协商处理损害赔偿事宜。

对应当自行撤离现场而未撤离的，交通警察应当责令当事人撤离现场；造成交通堵塞的，对驾驶人处以200元罚款。

第二十条　发生可以自行协商处理的财产损失事故，当事人可以通过互联网在线自行协商处理；当事人对事实及成因有争议的，可以通过互联网共同申请公安机关交通管理部门在线确定当事人的责任。

当事人报警的，交通警察、警务辅助人员可以指导当事人自行协商处理。当事人要求交通警察到场处理的，应当指派交通警察到现场调查处理。

第二十一条　当事人自行协商达成协议的，制作道路交通事故自行协商协议书，并共同签名。道路交通事故自行协商协议书应当载明事故发生的时间、地点、天气、当事人姓名、驾驶证号或者身份证号、联系方式、机动车种类和号牌号码、保险公司、保险凭证号、事故形态、碰撞部位、当事人的责任等内容。

第二十二条　当事人自行协商达成协议的，可以按照下列方式履行道路交通事故损害赔偿：

（一）当事人自行赔偿；

（二）到投保的保险公司或者道路交通事故保险理赔服务场所办理损害赔

偿事宜。

当事人自行协商达成协议后未履行的，可以申请人民调解委员会调解或者向人民法院提起民事诉讼。

第五章　简易程序

第二十三条　公安机关交通管理部门可以适用简易程序处理以下道路交通事故，但有交通肇事、危险驾驶犯罪嫌疑的除外：

（一）财产损失事故；

（二）受伤当事人伤势轻微，各方当事人一致同意适用简易程序处理的伤人事故。

适用简易程序的，可以由一名交通警察处理。

第二十四条　交通警察适用简易程序处理道路交通事故时，应当在固定现场证据后，责令当事人撤离现场，恢复交通。拒不撤离现场的，予以强制撤离。当事人无法及时移动车辆影响通行和交通安全的，交通警察应当将车辆移至不妨碍交通的地点。具有本规定第十三条第一款第一项、第二项情形之一的，按照《中华人民共和国道路交通安全法实施条例》第一百零四条规定处理。

撤离现场后，交通警察应当根据现场固定的证据和当事人、证人陈述等，认定并记录道路交通事故发生的时间、地点、天气、当事人姓名、驾驶证号或者身份证号、联系方式、机动车种类和号牌号码、保险公司、保险凭证号、道路交通事故形态、碰撞部位等，并根据本规定第六十条确定当事人的责任，当场制作道路交通事故认定书。不具备当场制作条件的，交通警察应当在三日内制作道路交通事故认定书。

道路交通事故认定书应当由当事人签名，并现场送达当事人。当事人拒绝签名或者接收的，交通警察应当在道路交通事故认定书上注明情况。

第二十五条　当事人共同请求调解的，交通警察应当当场进行调解，并在道路交通事故认定书上记录调解结果，由当事人签名，送达当事人。

第二十六条　有下列情形之一的，不适用调解，交通警察可以在道路交通事故认定书上载明有关情况后，将道路交通事故认定书送达当事人：

（一）当事人对道路交通事故认定有异议的；

（二）当事人拒绝在道路交通事故认定书上签名的；

（三）当事人不同意调解的。

第六章　调　查

第一节　一般规定

第二十七条　除简易程序外，公安机关交通管理部门对道路交通事故进行调查时，交通警察不得少于二人。

交通警察调查时应当向被调查人员出示《人民警察证》，告知被调查人依法享有的权利和义务，向当事人发送联系卡。联系卡载明交通警察姓名、办公地址、联系方式、监督电话等内容。

第二十八条　交通警察调查道路交通事故时，应当合法、及时、客观、全面地收集证据。

第二十九条　对发生一次死亡三人以上道路交通事故的，公安机关交通管理部门应当开展深度调查；对造成其他严重后果或者存在严重安全问题的道路交通事故，可以开展深度调查。具体程序另行规定。

第二节　现场处置和调查

第三十条　交通警察到达事故现场后，应当立即进行下列工作：

（一）按照事故现场安全防护有关标准和规范的要求划定警戒区域，在安全距离位置放置发光或者反光锥筒和警告标志，确定专人负责现场交通指挥和疏导。因道路交通事故导致交通中断或者现场处置、勘查需要采取封闭道路等交通管制措施的，还应当视情在事故现场来车方向提前组织分流，放置绕行提示标志；

（二）组织抢救受伤人员；

（三）指挥救护、勘查等车辆停放在安全和便于抢救、勘查的位置，开启警灯，夜间还应当开启危险报警闪光灯和示廓灯；

（四）查找道路交通事故当事人和证人，控制肇事嫌疑人；

（五）其他需要立即开展的工作。

第三十一条　道路交通事故造成人员死亡的，应当经急救、医疗人员或者法医确认，并由具备资质的医疗机构出具死亡证明。尸体应当存放在殡葬服务单位或者医疗机构等有停尸条件的场所。

第三十二条 交通警察应当对事故现场开展下列调查工作：

（一）勘查事故现场，查明事故车辆、当事人、道路及其空间关系和事故发生时的天气情况；

（二）固定、提取或者保全现场证据材料；

（三）询问当事人、证人并制作询问笔录；现场不具备制作询问笔录条件的，可以通过录音、录像记录询问过程；

（四）其他调查工作。

第三十三条 交通警察勘查道路交通事故现场，应当按照有关法规和标准的规定，拍摄现场照片，绘制现场图，及时提取、采集与案件有关的痕迹、物证等，制作现场勘查笔录。现场勘查过程中发现当事人涉嫌利用交通工具实施其他犯罪的，应当妥善保护犯罪现场和证据，控制犯罪嫌疑人，并立即报告公安机关主管部门。

发生一次死亡三人以上事故的，应当进行现场摄像，必要时可以聘请具有专门知识的人参加现场勘验、检查。

现场图、现场勘查笔录应当由参加勘查的交通警察、当事人和见证人签名。当事人、见证人拒绝签名或者无法签名以及无见证人的，应当记录在案。

第三十四条 痕迹、物证等证据可能因时间、地点、气象等原因导致改变、毁损、灭失的，交通警察应当及时固定、提取或者保全。

对涉嫌饮酒或者服用国家管制的精神药品、麻醉药品驾驶车辆的人员，公安机关交通管理部门应当按照《道路交通安全违法行为处理程序规定》及时抽血或者提取尿样等检材，送交有检验鉴定资质的机构进行检验。

车辆驾驶人员当场死亡的，应当及时抽血检验。不具备抽血条件的，应当由医疗机构或者鉴定机构出具证明。

第三十五条 交通警察应当核查当事人的身份证件、机动车驾驶证、机动车行驶证、检验合格标志、保险标志等。

对交通肇事嫌疑人可以依法传唤。对在现场发现的交通肇事嫌疑人，经出示《人民警察证》，可以口头传唤，并在询问笔录中注明嫌疑人到案经过、到案时间和离开时间。

第三十六条 勘查事故现场完毕后，交通警察应当清点并登记现场遗留物品，迅速组织清理现场，尽快恢复交通。

现场遗留物品能够当场发还的，应当当场发还并做记录；当场无法确定所有人的，应当登记，并妥善保管，待所有人确定后，及时发还。

第三十七条 因调查需要，公安机关交通管理部门可以向有关单位、个人调取汽车行驶记录仪、卫星定位装置、技术监控设备的记录资料以及其他与事故有关的证据材料。

第三十八条 因调查需要，公安机关交通管理部门可以组织道路交通事故当事人、证人对肇事嫌疑人、嫌疑车辆等进行辨认。

辨认应当在交通警察的主持下进行。主持辨认的交通警察不得少于二人。多名辨认人对同一辨认对象进行辨认时，应当由辨认人个别进行。

辨认时，应当将辨认对象混杂在特征相类似的其他对象中，不得给辨认人任何暗示。辨认肇事嫌疑人时，被辨认的人数不得少于七人；对肇事嫌疑人照片进行辨认的，不得少于十人的照片。辨认嫌疑车辆时，同类车辆不得少于五辆；对肇事嫌疑车辆照片进行辨认时，不得少于十辆的照片。

对尸体等特定辨认对象进行辨认，或者辨认人能够准确描述肇事嫌疑人、嫌疑车辆独有特征的，不受数量的限制。

对肇事嫌疑人的辨认，辨认人不愿意公开进行时，可以在不暴露辨认人的情况下进行，并应当为其保守秘密。

对辨认经过和结果，应当制作辨认笔录，由交通警察、辨认人、见证人签名。必要时，应当对辨认过程进行录音或者录像。

第三十九条 因收集证据的需要，公安机关交通管理部门可以扣留事故车辆，并开具行政强制措施凭证。扣留的车辆应当妥善保管。

公安机关交通管理部门不得扣留事故车辆所载货物。对所载货物在核实重量、体积及货物损失后，通知机动车驾驶人或者货物所有人自行处理。无法通知当事人或者当事人不自行处理的，按照《公安机关办理行政案件程序规定》的有关规定办理。

严禁公安机关交通管理部门指定停车场停放扣留的事故车辆。

第四十条 当事人涉嫌犯罪的，因收集证据的需要，公安机关交通管理部门可以依据《中华人民共和国刑事诉讼法》《公安机关办理刑事案件程序规定》，扣押机动车驾驶证等与事故有关的物品、证件，并按照规定出具扣押法律文书。扣押的物品应当妥善保管。

对扣押的机动车驾驶证等物品、证件，作为证据使用的，应当随案移送，并制作随案移送清单一式两份，一份留存，一份交人民检察院。对于实物不宜移送的，应当将其清单、照片或者其他证明文件随案移送。待人民法院作出生效判决后，按照人民法院的通知，依法作出处理。

第四十一条 经过调查，不属于公安机关交通管理部门管辖的，应当将案件移送有关部门并书面通知当事人，或者告知当事人处理途径。

公安机关交通管理部门在调查过程中，发现当事人涉嫌交通肇事、危险驾驶犯罪的，应当按照《中华人民共和国刑事诉讼法》《公安机关办理刑事案件程序规定》立案侦查。发现当事人有其他违法犯罪嫌疑的，应当及时移送有关部门，移送不影响事故的调查和处理。

第四十二条 投保机动车交通事故责任强制保险的车辆发生道路交通事故，因抢救受伤人员需要保险公司支付抢救费用的，公安机关交通管理部门应当书面通知保险公司。

抢救受伤人员需要道路交通事故社会救助基金垫付费用的，公安机关交通管理部门应当书面通知道路交通事故社会救助基金管理机构。

道路交通事故造成人员死亡需要救助基金垫付丧葬费用的，公安机关交通管理部门应当在送达尸体处理通知书的同时，告知受害人亲属向道路交通事故社会救助基金管理机构提出书面垫付申请。

第三节　交通肇事逃逸查缉

第四十三条 公安机关交通管理部门应当根据管辖区域和道路情况，制定交通肇事逃逸案件查缉预案，并组织专门力量办理交通肇事逃逸案件。

发生交通肇事逃逸案件后，公安机关交通管理部门应当立即启动查缉预案，布置警力堵截，并通过全国机动车缉查布控系统查缉。

第四十四条 案发地公安机关交通管理部门可以通过发协查通报、向社会公告等方式要求协查、举报交通肇事逃逸车辆或者侦破线索。发出协查通报或者向社会公告时，应当提供交通肇事逃逸案件基本事实、交通肇事逃逸车辆情况、特征及逃逸方向等有关情况。

中国人民解放军和中国人民武装警察部队车辆涉嫌交通肇事逃逸的，公安机关交通管理部门应当通报中国人民解放军、中国人民武装警察部队有关部门。

第四十五条　接到协查通报的公安机关交通管理部门，应当立即布置堵截或者排查。发现交通肇事逃逸车辆或者嫌疑车辆的，应当予以扣留，依法传唤交通肇事逃逸人或者与协查通报相符的嫌疑人，并及时将有关情况通知案发地公安机关交通管理部门。案发地公安机关交通管理部门应当立即派交通警察前往办理移交。

第四十六条　公安机关交通管理部门查获交通肇事逃逸车辆或者交通肇事逃逸嫌疑人后，应当按原范围撤销协查通报，并通过全国机动车缉查布控系统撤销布控。

第四十七条　公安机关交通管理部门侦办交通肇事逃逸案件期间，交通肇事逃逸案件的受害人及其家属向公安机关交通管理部门询问案件侦办情况的，除依法不应当公开的内容外，公安机关交通管理部门应当告知并做好记录。

第四十八条　道路交通事故社会救助基金管理机构已经为受害人垫付抢救费用或者丧葬费用的，公安机关交通管理部门应当在交通肇事逃逸案件侦破后及时书面告知道路交通事故社会救助基金管理机构交通肇事逃逸驾驶人的有关情况。

第四节　检验、鉴定

第四十九条　需要进行检验、鉴定的，公安机关交通管理部门应当按照有关规定，自事故现场调查结束之日起三日内委托具备资质的鉴定机构进行检验、鉴定。

尸体检验应当在死亡之日起三日内委托。对交通肇事逃逸车辆的检验、鉴定自查获肇事嫌疑车辆之日起三日内委托。

对现场调查结束之日起三日后需要检验、鉴定的，应当报经上一级公安机关交通管理部门批准。

对精神疾病的鉴定，由具有精神病鉴定资质的鉴定机构进行。

第五十条　检验、鉴定费用由公安机关交通管理部门承担，但法律法规另有规定或者当事人自行委托伤残评定、财产损失评估的除外。

第五十一条 公安机关交通管理部门应当与鉴定机构确定检验、鉴定完成的期限，确定的期限不得超过三十日。超过三十日的，应当报经上一级公安机关交通管理部门批准，但最长不得超过六十日。

第五十二条 尸体检验不得在公众场合进行。为了确定死因需要解剖尸体的，应当征得死者家属同意。死者家属不同意解剖尸体的，经县级以上公安机关或者上一级公安机关交通管理部门负责人批准，可以解剖尸体，并且通知死者家属到场，由其在解剖尸体通知书上签名。

死者家属无正当理由拒不到场或者拒绝签名的，交通警察应当在解剖尸体通知书上注明。对身份不明的尸体，无法通知死者家属的，应当记录在案。

第五十三条 尸体检验报告确定后，应当书面通知死者家属在十日内办理丧葬事宜。无正当理由逾期不办理的应记录在案，并经县级以上公安机关或者上一级公安机关交通管理部门负责人批准，由公安机关或者上一级公安机关交通管理部门处理尸体，逾期存放的费用由死者家属承担。

对于没有家属、家属不明或者因自然灾害等不可抗力导致无法通知或者通知后家属拒绝领回的，经县级以上公安机关或者上一级公安机关交通管理部门负责人批准，可以及时处理。

对身份不明的尸体，由法医提取人身识别检材，并对尸体拍照、采集相关信息后，由公安机关交通管理部门填写身份不明尸体信息登记表，并在设区的市级以上报纸刊登认尸启事。登报后三十日仍无人认领的，经县级以上公安机关或者上一级公安机关交通管理部门负责人批准，可以及时处理。

因宗教习俗等原因对尸体处理期限有特殊需要的，经县级以上公安机关或者上一级公安机关交通管理部门负责人批准，可以紧急处理。

第五十四条 鉴定机构应当在规定的期限内完成检验、鉴定，并出具书面检验报告、鉴定意见，由鉴定人签名，鉴定意见还应当加盖机构印章。检验报告、鉴定意见应当载明以下事项：

（一）委托人；

（二）委托日期和事项；

（三）提交的相关材料；

（四）检验、鉴定的时间；

（五）依据和结论性意见，通过分析得出结论性意见的，应当有分析证明过程。

检验报告、鉴定意见应当附有鉴定机构、鉴定人的资质证明或者其他证明文件。

第五十五条　公安机关交通管理部门应当对检验报告、鉴定意见进行审核，并在收到检验报告、鉴定意见之日起五日内，将检验报告、鉴定意见复印件送达当事人，但有下列情形之一的除外：

（一）检验、鉴定程序违法或者违反相关专业技术要求，可能影响检验报告、鉴定意见公正、客观的；

（二）鉴定机构、鉴定人不具备鉴定资质和条件的；

（三）检验报告、鉴定意见明显依据不足的；

（四）故意作虚假鉴定的；

（五）鉴定人应当回避而没有回避的；

（六）检材虚假或者检材被损坏、不具备鉴定条件的；

（七）其他可能影响检验报告、鉴定意见公正、客观的情形。

检验报告、鉴定意见有前款规定情形之一的，经县级以上公安机关交通管理部门负责人批准，应当在收到检验报告、鉴定意见之日起三日内重新委托检验、鉴定。

第五十六条　当事人对检验报告、鉴定意见有异议，申请重新检验、鉴定的，应当自公安机关交通管理部门送达之日起三日内提出书面申请，经县级以上公安机关交通管理部门负责人批准，原办案单位应当重新委托检验、鉴定。检验报告、鉴定意见不具有本规定第五十五条第一款情形的，经县级以上公安机关交通管理部门负责人批准，由原办案单位作出不准予重新检验、鉴定的决定，并在作出决定之日起三日内书面通知申请人。

同一交通事故的同一检验、鉴定事项，重新检验、鉴定以一次为限。

第五十七条　重新检验、鉴定应当另行委托鉴定机构。

第五十八条　自检验报告、鉴定意见确定之日起五日内，公安机关交通管理部门应当通知当事人领取扣留的事故车辆。

因扣留车辆发生的费用由作出决定的公安机关交通管理部门承担，但公安机关交通管理部门通知当事人领取，当事人逾期未领取产生的停车费用由当事人自行承担。

经通知当事人三十日后不领取的车辆，经公告三个月仍不领取的，对扣留的车辆依法处理。

第七章　认定与复核

第一节　道路交通事故认定

第五十九条　道路交通事故认定应当做到事实清楚、证据确实充分、适用法律正确、责任划分公正、程序合法。

第六十条　公安机关交通管理部门应当根据当事人的行为对发生道路交通事故所起的作用以及过错的严重程度，确定当事人的责任。

（一）因一方当事人的过错导致道路交通事故的，承担全部责任；

（二）因两方或者两方以上当事人的过错发生道路交通事故的，根据其行为对事故发生的作用以及过错的严重程度，分别承担主要责任、同等责任和次要责任；

（三）各方均无导致道路交通事故的过错，属于交通意外事故的，各方均无责任。

一方当事人故意造成道路交通事故的，他方无责任。

第六十一条　当事人有下列情形之一的，承担全部责任：

（一）发生道路交通事故后逃逸的；

（二）故意破坏、伪造现场、毁灭证据的。

为逃避法律责任追究，当事人弃车逃逸以及潜逃藏匿的，如有证据证明其他当事人也有过错，可以适当减轻责任，但同时有证据证明逃逸当事人有第一款第二项情形的，不予减轻。

第六十二条　公安机关交通管理部门应当自现场调查之日起十日内制作道路交通事故认定书。交通肇事逃逸案件在查获交通肇事车辆和驾驶人后十日内制作道路交通事故认定书。对需要进行检验、鉴定的，应当在检验报告、鉴定意见确定之日起五日内制作道路交通事故认定书。

有条件的地方公安机关交通管理部门可以试行在互联网公布道路交通事故认定书，但对涉及的国家秘密、商业秘密或者个人隐私，应当保密。

第六十三条　发生死亡事故以及复杂、疑难的伤人事故后，公安机关交通管理部门应当在制作道路交通事故认定书或者道路交通事故证明前，召集各方当事人到场，公开调查取得的证据。

证人要求保密或者涉及国家秘密、商业秘密以及个人隐私的，按照有关法律法规的规定执行。

当事人不到场的，公安机关交通管理部门应当予以记录。

第六十四条　道路交通事故认定书应当载明以下内容：

（一）道路交通事故当事人、车辆、道路和交通环境等基本情况；

（二）道路交通事故发生经过；

（三）道路交通事故证据及事故形成原因分析；

（四）当事人导致道路交通事故的过错及责任或者意外原因；

（五）作出道路交通事故认定的公安机关交通管理部门名称和日期。

道路交通事故认定书应当由交通警察签名或者盖章，加盖公安机关交通管理部门道路交通事故处理专用章。

第六十五条　道路交通事故认定书应当在制作后三日内分别送达当事人，并告知申请复核、调解和提起民事诉讼的权利、期限。

当事人收到道路交通事故认定书后，可以查阅、复制、摘录公安机关交通管理部门处理道路交通事故的证据材料，但证人要求保密或者涉及国家秘密、商业秘密以及个人隐私的，按照有关法律法规的规定执行。公安机关交通管理部门对当事人复制的证据材料应当加盖公安机关交通管理部门事故处理专用章。

第六十六条　交通肇事逃逸案件尚未侦破，受害一方当事人要求出具道路交通事故认定书的，公安机关交通管理部门应当在接到当事人书面申请后十日内，根据本规定第六十一条确定各方当事人责任，制作道路交通事故认定书，并送达受害方当事人。道路交通事故认定书应当载明事故发生的时间、地点、受害人情况及调查得到的事实，以及受害方当事人的责任。

交通肇事逃逸案件侦破后，已经按照前款规定制作道路交通事故认定书的，应当按照本规定第六十一条重新确定责任，制作道路交通事故认定书，分别送达当事人。重新制作的道路交通事故认定书除应当载明本规定第六十四条规定的内容外，还应当注明撤销原道路交通事故认定书。

第六十七条 道路交通事故基本事实无法查清、成因无法判定的，公安机关交通管理部门应当出具道路交通事故证明，载明道路交通事故发生的时间、地点、当事人情况及调查得到的事实，分别送达当事人，并告知申请复核、调解和提起民事诉讼的权利、期限。

第六十八条 由于事故当事人、关键证人处于抢救状态或者因其他客观原因导致无法及时取证，现有证据不足以认定案件基本事实的，经上一级公安机关交通管理部门批准，道路交通事故认定的时限可中止计算，并书面告知各方当事人或者其代理人，但中止的时间最长不得超过六十日。

当中止认定的原因消失，或者中止期满受伤人员仍然无法接受调查的，公安机关交通管理部门应当在五日内，根据已经调查取得的证据制作道路交通事故认定书或者出具道路交通事故证明。

第六十九条 伤人事故符合下列条件，各方当事人一致书面申请快速处理的，经县级以上公安机关交通管理部门负责人批准，可以根据已经取得的证据，自当事人申请之日起五日内制作道路交通事故认定书：

（一）当事人不涉嫌交通肇事、危险驾驶犯罪的；

（二）道路交通事故基本事实及成因清楚，当事人无异议的。

第七十条 对尚未查明身份的当事人，公安机关交通管理部门应当在道路交通事故认定书或者道路交通事故证明中予以注明，待身份信息查明以后，制作书面补充说明送达各方当事人。

第二节 复 核

第七十一条 当事人对道路交通事故认定或者出具道路交通事故证明有异议的，可以自道路交通事故认定书或者道路交通事故证明送达之日起三日内提出书面复核申请。当事人逾期提交复核申请的，不予受理，并书面通知申请人。

复核申请应当载明复核请求及其理由和主要证据。同一事故的复核以一次为限。

第七十二条 复核申请人通过作出道路交通事故认定的公安机关交通管理部门提出复核申请的，作出道路交通事故认定的公安机关交通管理部门应当自收到复核申请之日起二日内将复核申请连同道路交通事故有关材料移送上一级公安机关交通管理部门。

复核申请人直接向上一级公安机关交通管理部门提出复核申请的，上一级公安机关交通管理部门应当通知作出道路交通事故认定的公安机关交通管理部门自收到通知之日起五日内提交案卷材料。

第七十三条 除当事人逾期提交复核申请的情形外，上一级公安机关交通管理部门收到复核申请之日即为受理之日。

第七十四条 上一级公安机关交通管理部门自受理复核申请之日起三十日内，对下列内容进行审查，并作出复核结论：

（一）道路交通事故认定的事实是否清楚、证据是否确实充分、适用法律是否正确、责任划分是否公正；

（二）道路交通事故调查及认定程序是否合法；

（三）出具道路交通事故证明是否符合规定。

复核原则上采取书面审查的形式，但当事人提出要求或者公安机关交通管理部门认为有必要时，可以召集各方当事人到场，听取各方意见。

办理复核案件的交通警察不得少于二人。

第七十五条 复核审查期间，申请人提出撤销复核申请的，公安机关交通管理部门应当终止复核，并书面通知各方当事人。

受理复核申请后，任何一方当事人就该事故向人民法院提起诉讼并经人民法院受理的，公安机关交通管理部门应当将受理当事人复核申请的有关情况告知相关人民法院。

受理复核申请后，人民检察院对交通肇事犯罪嫌疑人作出批准逮捕决定的，公安机关交通管理部门应当将受理当事人复核申请的有关情况告知相关人民检察院。

第七十六条 上一级公安机关交通管理部门认为原道路交通事故认定事实清楚、证据确实充分、适用法律正确、责任划分公正、程序合法的，应当作出维持原道路交通事故认定的复核结论。

上一级公安机关交通管理部门认为调查及认定程序存在瑕疵，但不影响道路交通事故认定的，在责令原办案单位补正或者作出合理解释后，可以作出维持原道路交通事故认定的复核结论。

上一级公安机关交通管理部门认为原道路交通事故认定有下列情形之一

的，应当作出责令原办案单位重新调查、认定的复核结论：

（一）事实不清的；

（二）主要证据不足的；

（三）适用法律错误的；

（四）责任划分不公正的；

（五）调查及认定违反法定程序可能影响道路交通事故认定的。

第七十七条 上一级公安机关交通管理部门审查原道路交通事故证明后，按下列规定处理：

（一）认为事故成因确属无法查清，应当作出维持原道路交通事故证明的复核结论；

（二）认为事故成因仍需进一步调查的，应当作出责令原办案单位重新调查、认定的复核结论。

第七十八条 上一级公安机关交通管理部门应当在作出复核结论后三日内将复核结论送达各方当事人。公安机关交通管理部门认为必要的，应当召集各方当事人，当场宣布复核结论。

第七十九条 上一级公安机关交通管理部门作出责令重新调查、认定的复核结论后，原办案单位应当在十日内依照本规定重新调查，重新作出道路交通事故认定，撤销原道路交通事故认定书或者原道路交通事故证明。

重新调查需要检验、鉴定的，原办案单位应当在检验报告、鉴定意见确定之日起五日内，重新作出道路交通事故认定。

重新作出道路交通事故认定的，原办案单位应当送达各方当事人，并报上一级公安机关交通管理部门备案。

第八十条 上一级公安机关交通管理部门可以设立道路交通事故复核委员会，由办理复核案件的交通警察会同相关行业代表、社会专家学者等人员共同组成，负责案件复核，并以上一级公安机关交通管理部门的名义作出复核结论。

第八章 处罚执行

第八十一条 公安机关交通管理部门应当按照《道路交通安全违法行为处理程序规定》，对当事人的道路交通安全违法行为依法作出处罚。

第八十二条　对发生道路交通事故构成犯罪，依法应当吊销驾驶人机动车驾驶证的，应当在人民法院作出有罪判决后，由设区的市公安机关交通管理部门依法吊销机动车驾驶证。同时具有逃逸情形的，公安机关交通管理部门应当同时依法作出终生不得重新取得机动车驾驶证的决定。

第八十三条　专业运输单位六个月内两次发生一次死亡三人以上事故，且单位或者车辆驾驶人对事故承担全部责任或者主要责任的，专业运输单位所在地的公安机关交通管理部门应当报经设区的市公安机关交通管理部门批准后，作出责令限期消除安全隐患的决定，禁止未消除安全隐患的机动车上道路行驶，并通报道路交通事故发生地及运输单位所在地的人民政府有关行政管理部门。

第九章　损害赔偿调解

第八十四条　当事人可以采取以下方式解决道路交通事故损害赔偿争议：

（一）申请人民调解委员会调解；

（二）申请公安机关交通管理部门调解；

（三）向人民法院提起民事诉讼。

第八十五条　当事人申请人民调解委员会调解，达成调解协议后，双方当事人认为有必要的，可以根据《中华人民共和国人民调解法》共同向人民法院申请司法确认。

当事人申请人民调解委员会调解，调解未达成协议的，当事人可以直接向人民法院提起民事诉讼，或者自人民调解委员会作出终止调解之日起三日内，一致书面申请公安机关交通管理部门进行调解。

第八十六条　当事人申请公安机关交通管理部门调解的，应当在收到道路交通事故认定书、道路交通事故证明或者上一级公安机关交通管理部门维持原道路交通事故认定的复核结论之日起十日内一致书面申请。

当事人申请公安机关交通管理部门调解，调解未达成协议的，当事人可以依法向人民法院提起民事诉讼，或者申请人民调解委员会进行调解。

第八十七条　公安机关交通管理部门应当按照合法、公正、自愿、及时的原则进行道路交通事故损害赔偿调解。

道路交通事故损害赔偿调解应当公开进行，但当事人申请不予公开的除外。

第八十八条 公安机关交通管理部门应当与当事人约定调解的时间、地点，并于调解时间三日前通知当事人。口头通知的，应当记入调解记录。

调解参加人因故不能按期参加调解的，应当在预定调解时间一日前通知承办的交通警察，请求变更调解时间。

第八十九条 参加损害赔偿调解的人员包括：

（一）道路交通事故当事人及其代理人；

（二）道路交通事故车辆所有人或者管理人；

（三）承保机动车保险的保险公司人员；

（四）公安机关交通管理部门认为有必要参加的其他人员。

委托代理人应当出具由委托人签名或者盖章的授权委托书。授权委托书应当载明委托事项和权限。

参加损害赔偿调解的人员每方不得超过三人。

第九十条 公安机关交通管理部门受理调解申请后，应当按照下列规定日期开始调解：

（一）造成人员死亡的，从规定的办理丧葬事宜时间结束之日起；

（二）造成人员受伤的，从治疗终结之日起；

（三）因伤致残的，从定残之日起；

（四）造成财产损失的，从确定损失之日起。

公安机关交通管理部门受理调解申请时已超过前款规定的时间，调解自受理调解申请之日起开始。

公安机关交通管理部门应当自调解开始之日起十日内制作道路交通事故损害赔偿调解书或者道路交通事故损害赔偿调解终结书。

第九十一条 交通警察调解道路交通事故损害赔偿，按照下列程序实施：

（一）告知各方当事人权利、义务；

（二）听取各方当事人的请求及理由；

（三）根据道路交通事故认定书认定的事实以及《中华人民共和国道路交通安全法》第七十六条的规定，确定当事人承担的损害赔偿责任；

（四）计算损害赔偿的数额，确定各方当事人承担的比例，人身损害赔偿的标准按照《中华人民共和国侵权责任法》《最高人民法院关于审理人身损害赔偿案件适用法律若干问题的解释》《最高人民法院关于审理道路交通事故损害赔偿案件适用法律若干问题的解释》等有关规定执行，财产损失的修复费用、折价赔偿费用按照实际价值或者评估机构的评估结论计算；

（五）确定赔偿履行方式及期限。

第九十二条 因确定损害赔偿的数额，需要进行伤残评定、财产损失评估的，由各方当事人协商确定有资质的机构进行，但财产损失数额巨大涉嫌刑事犯罪的，由公安机关交通管理部门委托。

当事人委托伤残评定、财产损失评估的费用，由当事人承担。

第九十三条 经调解达成协议的，公安机关交通管理部门应当当场制作道路交通事故损害赔偿调解书，由各方当事人签字，分别送达各方当事人。

调解书应当载明以下内容：

（一）调解依据；

（二）道路交通事故认定书认定的基本事实和损失情况；

（三）损害赔偿的项目和数额；

（四）各方的损害赔偿责任及比例；

（五）赔偿履行方式和期限；

（六）调解日期。

经调解各方当事人未达成协议的，公安机关交通管理部门应当终止调解，制作道路交通事故损害赔偿调解终结书，送达各方当事人。

第九十四条 有下列情形之一的，公安机关交通管理部门应当终止调解，并记录在案：

（一）调解期间有一方当事人向人民法院提起民事诉讼的；

（二）一方当事人无正当理由不参加调解的；

（三）一方当事人调解过程中退出调解的。

第九十五条 有条件的地方公安机关交通管理部门可以联合有关部门，设置道路交通事故保险理赔服务场所。

第十章 涉外道路交通事故处理

第九十六条 外国人在中华人民共和国境内发生道路交通事故的，除按照本规定执行外，还应当按照办理涉外案件的有关法律、法规、规章的规定执行。

公安机关交通管理部门处理外国人发生的道路交通事故，应当告知当事人我国法律、法规、规章规定的当事人在处理道路交通事故中的权利和义务。

第九十七条 外国人发生道路交通事故有下列情形之一的，不准其出境：

（一）涉嫌犯罪的；

（二）有未了结的道路交通事故损害赔偿案件，人民法院决定不准出境的；

（三）法律、行政法规规定不准出境的其他情形。

第九十八条 外国人发生道路交通事故并承担全部责任或者主要责任的，公安机关交通管理部门应当告知道路交通事故损害赔偿权利人可以向人民法院提出采取诉前保全措施的请求。

第九十九条 公安机关交通管理部门在处理道路交通事故过程中，使用中华人民共和国通用的语言文字。对不通晓我国语言文字的，应当为其提供翻译；当事人通晓我国语言文字而不需要他人翻译的，应当出具书面声明。

经公安机关交通管理部门批准，外国人可以自行聘请翻译，翻译费由当事人承担。

第一百条 享有外交特权与豁免的人员发生道路交通事故时，应当主动出示有效身份证件，交通警察认为应当给予暂扣或者吊销机动车驾驶证处罚的，可以扣留其机动车驾驶证。需要对享有外交特权与豁免的人员进行调查的，可以约谈，谈话时仅限于与道路交通事故有关的内容。需要检验、鉴定车辆的，公安机关交通管理部门应当征得其同意，并在检验、鉴定后立即发还。

公安机关交通管理部门应当根据收集的证据，制作道路交通事故认定书送达当事人，当事人拒绝接收的，送达至其所在机构；没有所在机构或者所在机构不明确的，由当事人所属国家的驻华使领馆转交送达。

享有外交特权与豁免的人员应当配合公安机关交通管理部门的调查和检验、鉴定。对于经核查确实享有外交特权与豁免但不同意接受调查或者检验、鉴定的，公安机关交通管理部门应当将有关情况记录在案，损害赔偿事宜通过外交途径解决。

第一百零一条 公安机关交通管理部门处理享有外交特权与豁免的外国

人发生人员死亡事故的，应当将其身份、证件及事故经过、损害后果等基本情况记录在案，并将有关情况迅速通报省级人民政府外事部门和该外国人所属国家的驻华使馆或者领馆。

第一百零二条　外国驻华领事机构、国际组织、国际组织驻华代表机构享有特权与豁免的人员发生道路交通事故的，公安机关交通管理部门参照本规定第一百条、第一百零一条规定办理，但《中华人民共和国领事特权与豁免条例》、中国已参加的国际公约以及我国与有关国家或者国际组织缔结的协议有不同规定的除外。

第十一章　执法监督

第一百零三条　公安机关警务督察部门可以依法对公安机关交通管理部门及其交通警察处理道路交通事故工作进行现场督察，查处违纪违法行为。

上级公安机关交通管理部门对下级公安机关交通管理部门处理道路交通事故工作进行监督，发现错误应当及时纠正，造成严重后果的，依纪依法追究有关人员的责任。

第一百零四条　公安机关交通管理部门及其交通警察处理道路交通事故，应当公开办事制度、办事程序，建立警风警纪监督员制度，并自觉接受社会和群众的监督。

任何单位和个人都有权对公安机关交通管理部门及其交通警察不依法严格公正处理道路交通事故、利用职务上的便利收受他人财物或者谋取其他利益、徇私舞弊、滥用职权、玩忽职守以及其他违纪违法行为进行检举、控告。收到检举、控告的机关，应当依据职责及时查处。

第一百零五条　在调查处理道路交通事故时，交通警察或者公安机关检验、鉴定人员有下列情形之一的，应当回避：

（一）是本案的当事人或者是当事人的近亲属的；

（二）本人或者其近亲属与本案有利害关系的；

（三）与本案当事人有其他关系，可能影响案件公正处理的。

交通警察或者公安机关检验、鉴定人员需要回避的，由本级公安机关交通管理部门负责人或者检验、鉴定人员所属的公安机关决定。公安机关交通管理部门负责人需要回避的，由公安机关或者上一级公安机关交通管理部门负责人决定。

对当事人提出的回避申请，公安机关交通管理部门应当在二日内作出决定，并通知申请人。

第一百零六条 人民法院、人民检察院审理、审查道路交通事故案件，需要公安机关交通管理部门提供有关证据的，公安机关交通管理部门应当在接到调卷公函之日起三日内，或者按照其时限要求，将道路交通事故案件调查材料正本移送人民法院或者人民检察院。

第一百零七条 公安机关交通管理部门对查获交通肇事逃逸车辆及人员提供有效线索或者协助的人员、单位，应当给予表彰和奖励。

公安机关交通管理部门及其交通警察接到协查通报不配合协查并造成严重后果的，由公安机关或者上级公安机关交通管理部门追究有关人员和单位主管领导的责任。

第十二章 附 则

第一百零八条 道路交通事故处理资格等级管理规定由公安部另行制定，资格证书式样全国统一。

第一百零九条 公安机关交通管理部门应当在邻省、市（地）、县交界的国、省、县道上，以及辖区内交通流量集中的路段，设置标有管辖地公安机关交通管理部门名称及道路交通事故报警电话号码的提示牌。

第一百一十条 车辆在道路以外通行时发生的事故，公安机关交通管理部门接到报案的，参照本规定处理。涉嫌犯罪的，及时移送有关部门。

第一百一十一条 执行本规定所需要的法律文书式样，由公安部制定。公安部没有制定式样，执法工作中需要的其他法律文书，省级公安机关可以制定式样。

当事人自行协商处理损害赔偿事宜的，可以自行制作协议书，但应当符合本规定第二十一条关于协议书内容的规定。

第一百一十二条 本规定中下列用语的含义是：

（一）“交通肇事逃逸”，是指发生道路交通事故后，当事人为逃避法律责任，驾驶或者遗弃车辆逃离道路交通事故现场以及潜逃藏匿的行为。

（二）“深度调查”，是指以有效防范道路交通事故为目的，对道路交通事故发生的深层次原因以及道路交通安全相关因素开展延伸调查，分析查找安全隐患及管理漏洞，并提出从源头解决问题的意见和建议的活动。

（三）“检验报告、鉴定意见确定”，是指检验报告、鉴定意见复印件送达当事人之日起三日内，当事人未申请重新检验、鉴定的，以及公安机关交通管理部门批准重新检验、鉴定，鉴定机构出具检验报告、鉴定意见的。

（四）“外国人”，是指不具有中国国籍的人。

（五）本规定所称的“一日”、“二日”、“三日”、“五日”、“十日”，是指工作日，不包括节假日。

（六）本规定所称的“以上”、“以下”均包括本数在内。

（七）“县级以上公安机关交通管理部门”，是指县级以上人民政府公安机关交通管理部门或者相当于同级的公安机关交通管理部门。

（八）“设区的市公安机关交通管理部门”，是指设区的市人民政府公安机关交通管理部门或者相当于同级的公安机关交通管理部门。

（九）“设区的市公安机关”，是指设区的市人民政府公安机关或者相当于同级的公安机关。

第一百一十三条　本规定没有规定的道路交通事故案件办理程序，依照《公安机关办理行政案件程序规定》《公安机关办理刑事案件程序规定》的有关规定执行。

第一百一十四条　本规定自 2018 年 5 月 1 日起施行。2008 年 8 月 17 日发布的《道路交通事故处理程序规定》（公安部令第 104 号）同时废止。

最高人民法院
关于审理铁路运输人身损害赔偿纠纷案件适用法律若干问题的解释

（2010年1月4日最高人民法院审判委员会第1482次会议通过　根据2020年12月23日最高人民法院审判委员会第1823次会议通过的《最高人民法院关于修改〈最高人民法院关于在民事审判工作中适用《中华人民共和国工会法》若干问题的解释〉等二十七件民事类司法解释的决定》第一次修正　根据2021年11月24日最高人民法院审判委员会第1853次会议通过的《最高人民法院关于修改〈最高人民法院关于审理铁路运输人身损害赔偿纠纷案件适用法律若干问题的解释〉的决定》第二次修正　该修正自2022年1月1日起施行）

为正确审理铁路运输人身损害赔偿纠纷案件，依法维护各方当事人的合法权益，根据《中华人民共和国民法典》《中华人民共和国铁路法》《中华人民共和国民事诉讼法》等法律的规定，结合审判实践，就有关适用法律问题作如下解释：

第一条　人民法院审理铁路行车事故及其他铁路运营事故造成的铁路运输人身损害赔偿纠纷案件，适用本解释。

铁路运输企业在客运合同履行过程中造成旅客人身损害的赔偿纠纷案件，不适用本解释；与铁路运输企业建立劳动合同关系或者形成劳动关系的铁路职工在执行职务中发生的人身损害，依照有关调整劳动关系的法律规定及其他相关法律规定处理。

第二条　铁路运输人身损害的受害人以及死亡受害人的近亲属为赔偿权利人，有权请求赔偿。

第三条　赔偿权利人要求对方当事人承担侵权责任的，由事故发生地、列车最先到达地或者被告住所地铁路运输法院管辖。

前款规定的地区没有铁路运输法院的，由高级人民法院指定的其他人民法院管辖。

第四条　铁路运输造成人身损害的，铁路运输企业应当承担赔偿责任；法律另有规定的，依照其规定。

第五条　铁路行车事故及其他铁路运营事故造成人身损害，有下列情形之一的，铁路运输企业不承担赔偿责任：

（一）不可抗力造成的；

（二）受害人故意以卧轨、碰撞等方式造成的；

（三）法律规定铁路运输企业不承担赔偿责任的其他情形造成的。

第六条　因受害人的过错行为造成人身损害，依照法律规定应当由铁路运输企业承担赔偿责任的，根据受害人的过错程度可以适当减轻铁路运输企业的赔偿责任，并按照以下情形分别处理：

（一）铁路运输企业未充分履行安全防护、警示等义务，铁路运输企业承担事故主要责任的，应当在全部损害的百分之九十至百分之六十之间承担赔偿责任；铁路运输企业承担事故同等责任的，应当在全部损害的百分之六十至百分之五十之间承担赔偿责任；铁路运输企业承担事故次要责任的，应当在全部损害的百分之四十至百分之十之间承担赔偿责任；

（二）铁路运输企业已充分履行安全防护、警示等义务，受害人仍施以过错行为的，铁路运输企业应当在全部损害的百分之十以内承担赔偿责任。

铁路运输企业已充分履行安全防护、警示等义务，受害人不听从值守人员劝阻强行通过铁路平交道口、人行过道，或者明知危险后果仍然无视警示规定沿铁路线路纵向行走、坐卧故意造成人身损害的，铁路运输企业不承担赔偿责任，但是有证据证明并非受害人故意造成损害的除外。

第七条　铁路运输造成无民事行为能力人人身损害的，铁路运输企业应当承担赔偿责任；监护人有过错的，按照过错程度减轻铁路运输企业的赔偿责任。

铁路运输造成限制民事行为能力人人身损害的，铁路运输企业应当承担赔偿责任；监护人或者受害人自身有过错的，按照过错程度减轻铁路运输企业的赔偿责任。

第八条　铁路机车车辆与机动车发生碰撞造成机动车驾驶人员以外的人人身损害的，由铁路运输企业与机动车一方对受害人承担连带赔偿责任。铁路运输企业与机动车一方之间的责任份额根据各自责任大小确定；难以确定责任大小的，平均承担责任。对受害人实际承担赔偿责任超出应当承担份额的一方，有权向另一方追偿。

铁路机车车辆与机动车发生碰撞造成机动车驾驶人员人身损害的，按照本解释第四条至第六条的规定处理。

第九条 在非铁路运输企业实行监护的铁路无人看守道口发生事故造成人身损害的，由铁路运输企业按照本解释的有关规定承担赔偿责任。道口管理单位有过错的，铁路运输企业对赔偿权利人承担赔偿责任后，有权向道口管理单位追偿。

第十条 对于铁路桥梁、涵洞等设施负有管理、维护等职责的单位，因未尽职责使该铁路桥梁、涵洞等设施不能正常使用，导致行人、车辆穿越铁路线路造成人身损害的，铁路运输企业按照本解释有关规定承担赔偿责任后，有权向该单位追偿。

第十一条 有权作出事故认定的组织依照《铁路交通事故应急救援和调查处理条例》等有关规定制作的事故认定书，经庭审质证，对于事故认定书所认定的事实，当事人没有相反证据和理由足以推翻的，人民法院应当作为认定事实的根据。

第十二条 在专用铁路及铁路专用线上因运输造成人身损害，依法应当由肇事工具或者设备的所有人、使用人或者管理人承担赔偿责任的，适用本解释。

第十三条 本院以前发布的司法解释与本解释不一致的，以本解释为准。